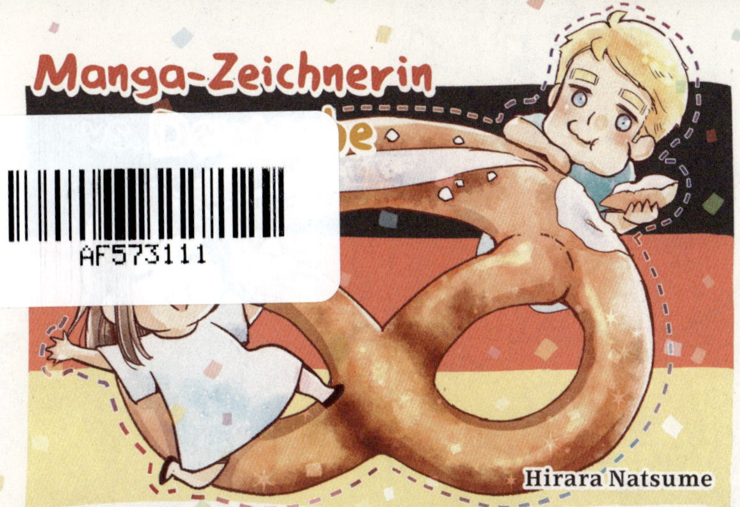

Kapitel 1 Der Tag, an dem die Verzweiflung über meine zerbrochene Beziehung mit meinem Ex, für den ich noch immer Gefühle hatte, zur Bekanntschaft mit einem Deutschen führte

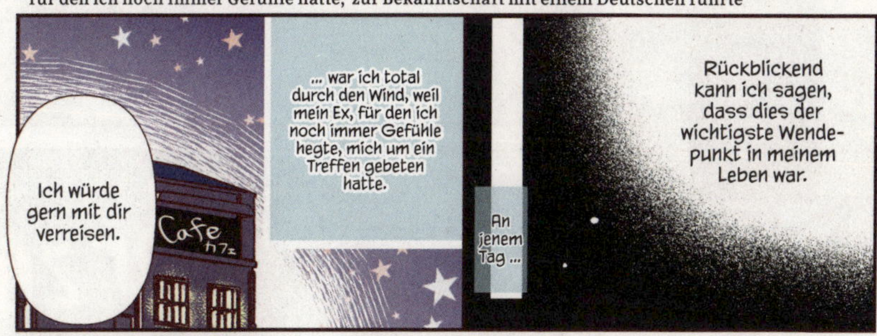

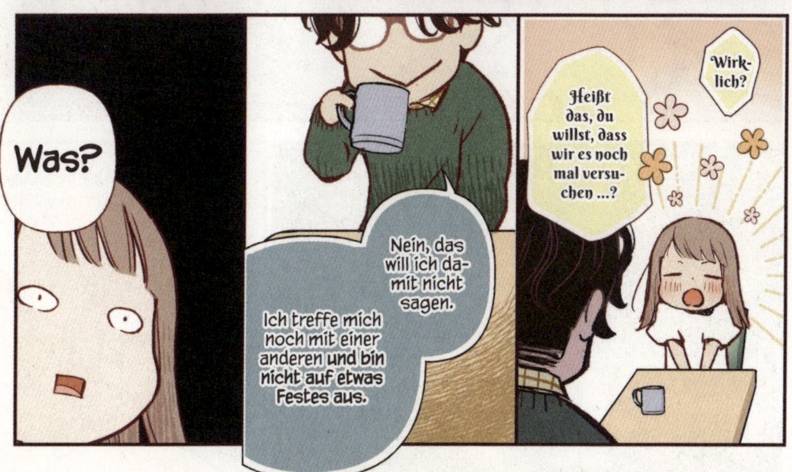

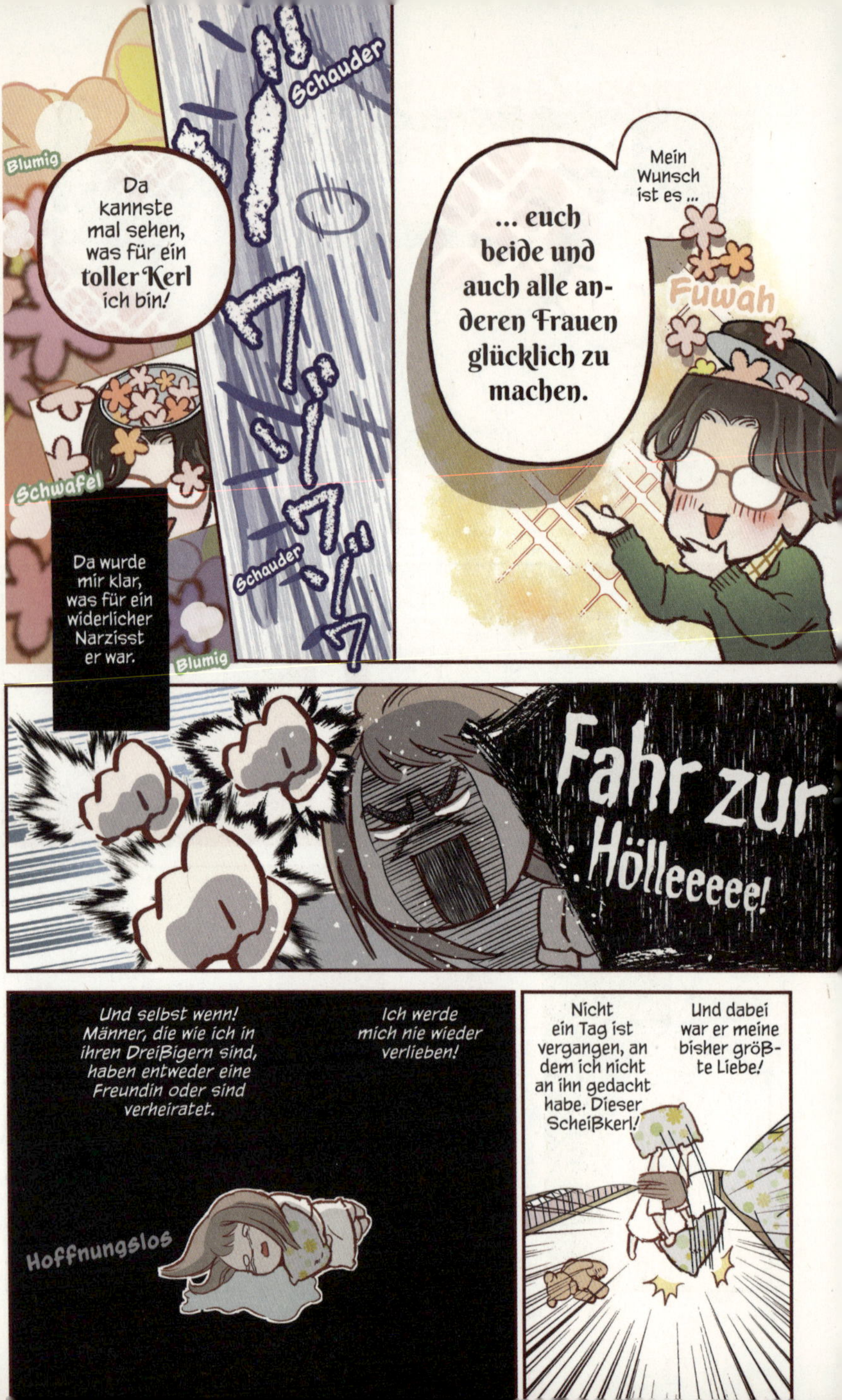

Mein Wunsch ist es ...

... euch beide und auch alle anderen Frauen glücklich zu machen.

Fuwah

Schauder

Blumig

Da kannste mal sehen, was für ein toller Kerl ich bin!

Schwafel

Schauder

Blumig

Da wurde mir klar, was für ein widerlicher Narzisst er war.

Fahr zur Hölleeeee!

Und dabei war er meine bisher größte Liebe!

Nicht ein Tag ist vergangen, an dem ich nicht an ihn gedacht habe. Dieser Scheißkerl!

Ich werde mich nie wieder verlieben!

Und selbst wenn! Männer, die wie ich in ihren Dreißigern sind, haben entweder eine Freundin oder sind verheiratet.

Hoffnungslos

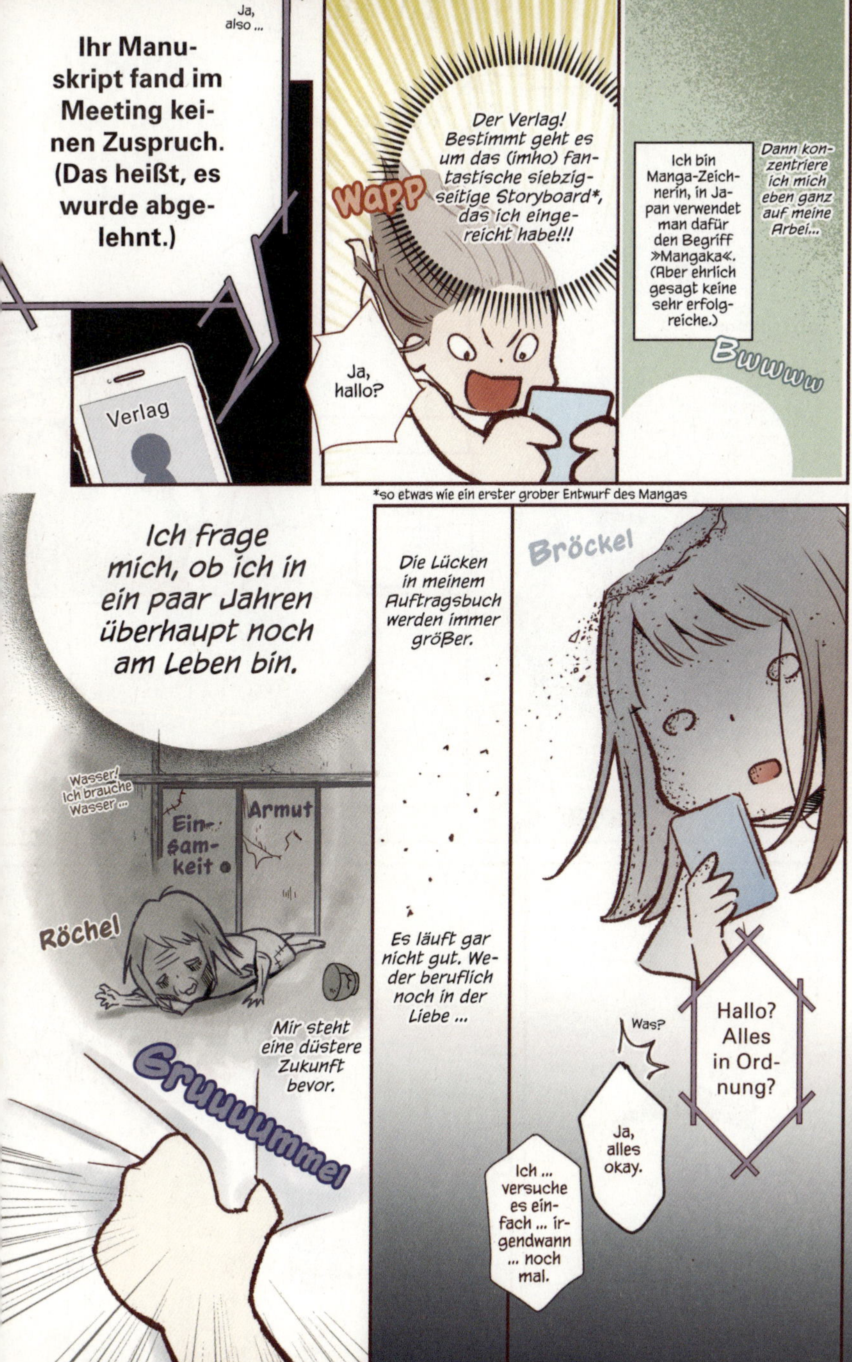

*so etwas wie ein erster grober Entwurf des Mangas

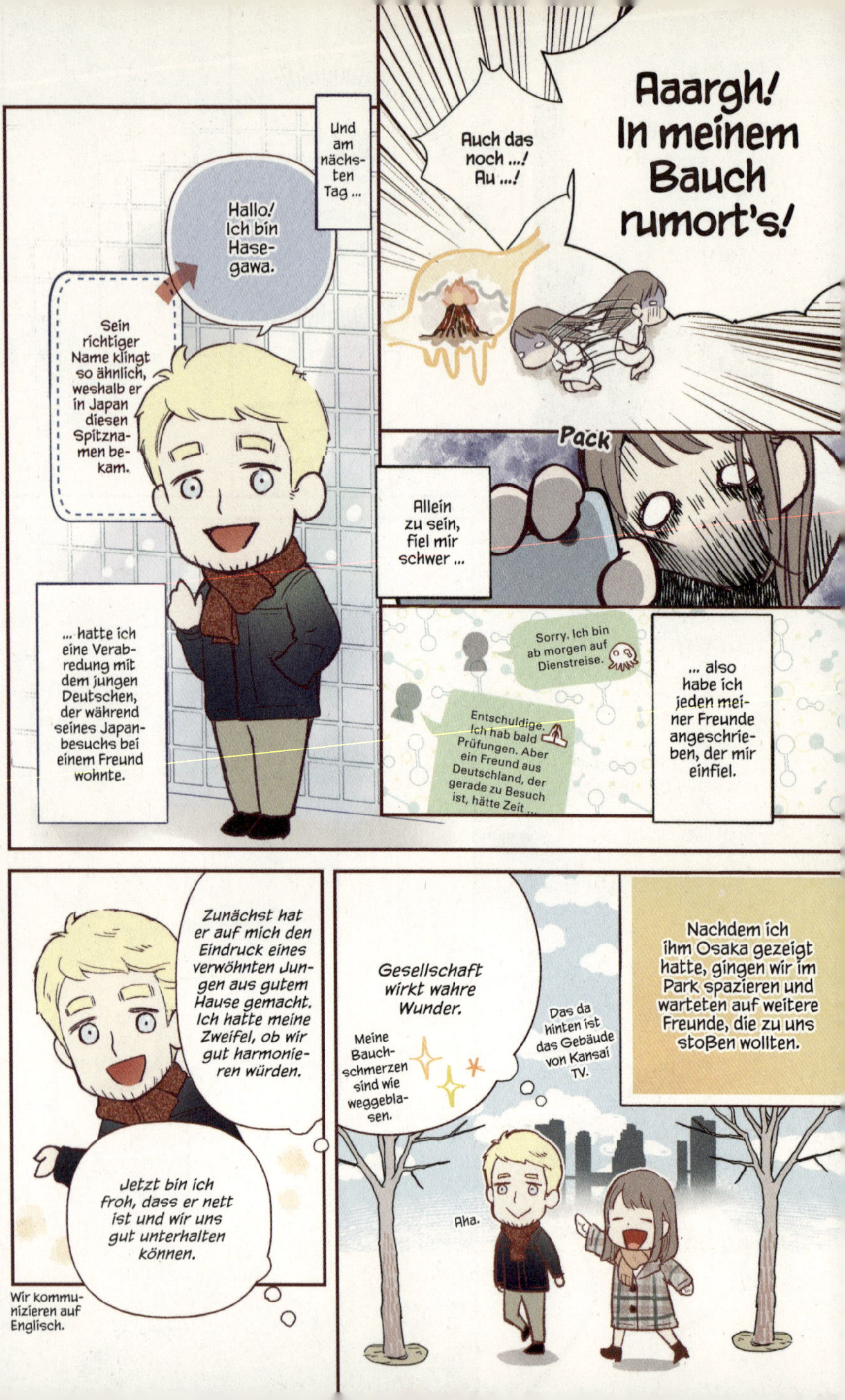

Aaargh! In meinem Bauch rumort's!

Auch das noch ...! Au ...!

Pack

Allein zu sein, fiel mir schwer ...

... also habe ich jeden meiner Freunde angeschrieben, der mir einfiel.

Sorry. Ich bin ab morgen auf Dienstreise.

Entschuldige. Ich hab bald Prüfungen. Aber ein Freund aus Deutschland, der gerade zu Besuch ist, hätte Zeit ...

Und am nächsten Tag ...

... hatte ich eine Verabredung mit dem jungen Deutschen, der während seines Japanbesuchs bei einem Freund wohnte.

Hallo! Ich bin Hasegawa.

Sein richtiger Name klingt so ähnlich, weshalb er in Japan diesen Spitznamen bekam.

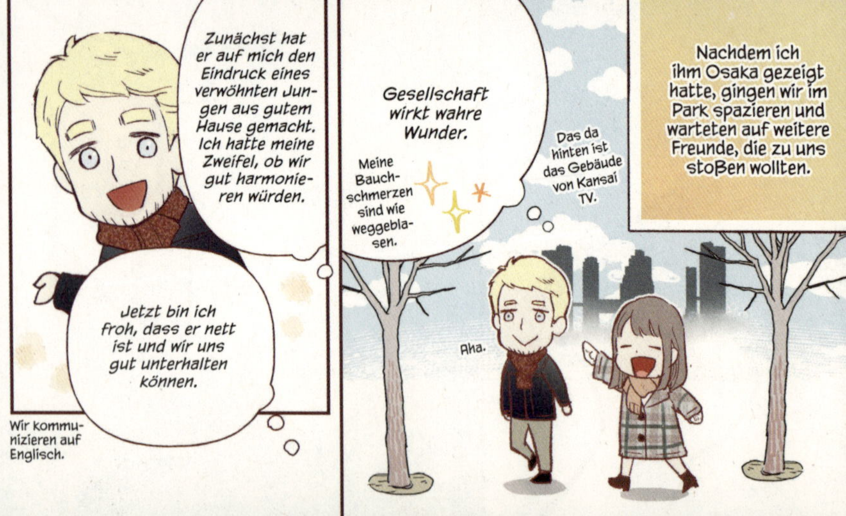

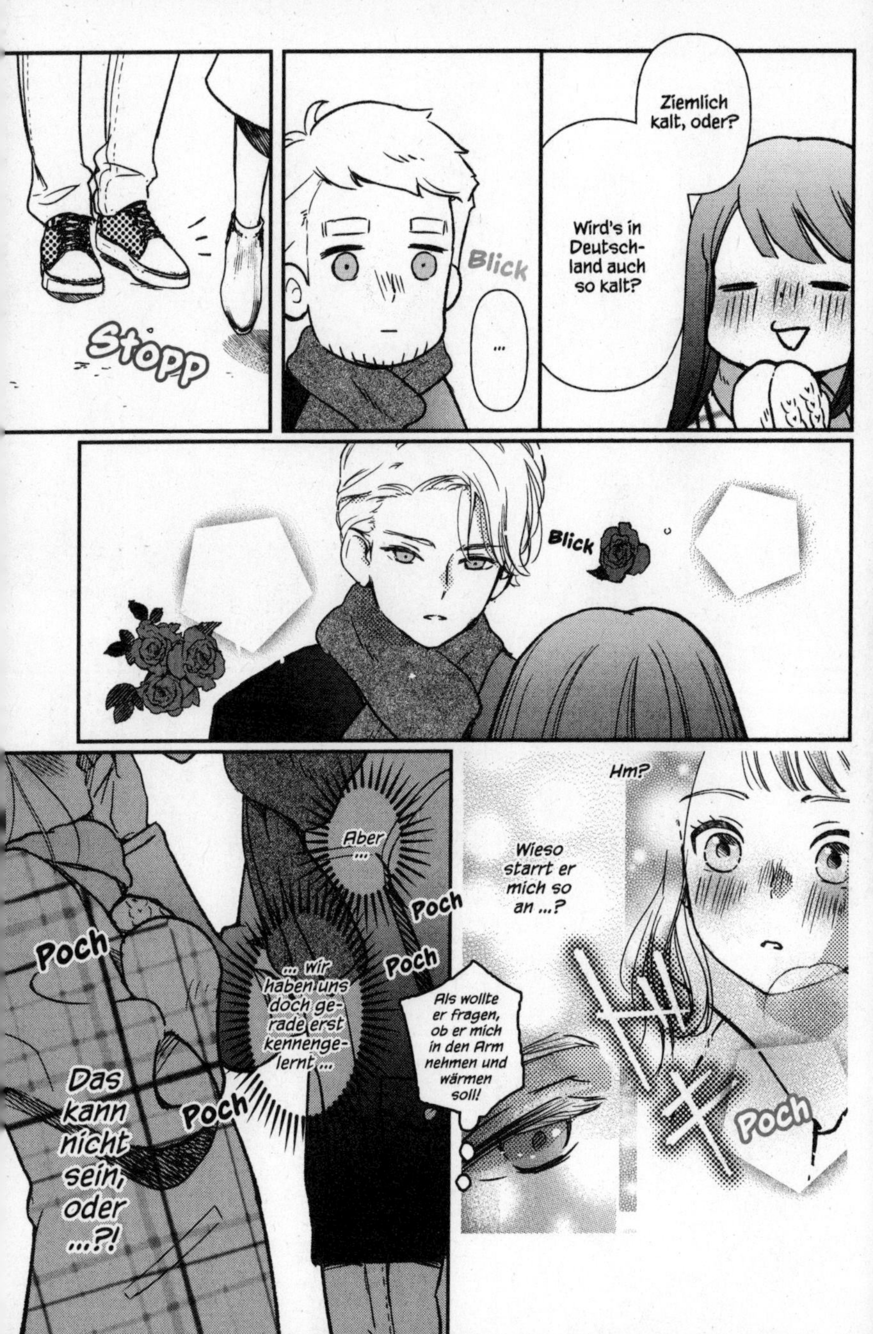

Ziemlich kalt, oder?
Wird's in Deutschland auch so kalt?
Blick
...
Stopp
Blick
Hm?
Wieso starrt er mich so an ...?
Poch
Als wollte er fragen, ob er mich in den Arm nehmen und wärmen soll!
Aber ...
Poch
Poch
... wir haben uns doch gerade erst kennengelernt ...
Poch
Poch
Das kann nicht sein, oder ...?!

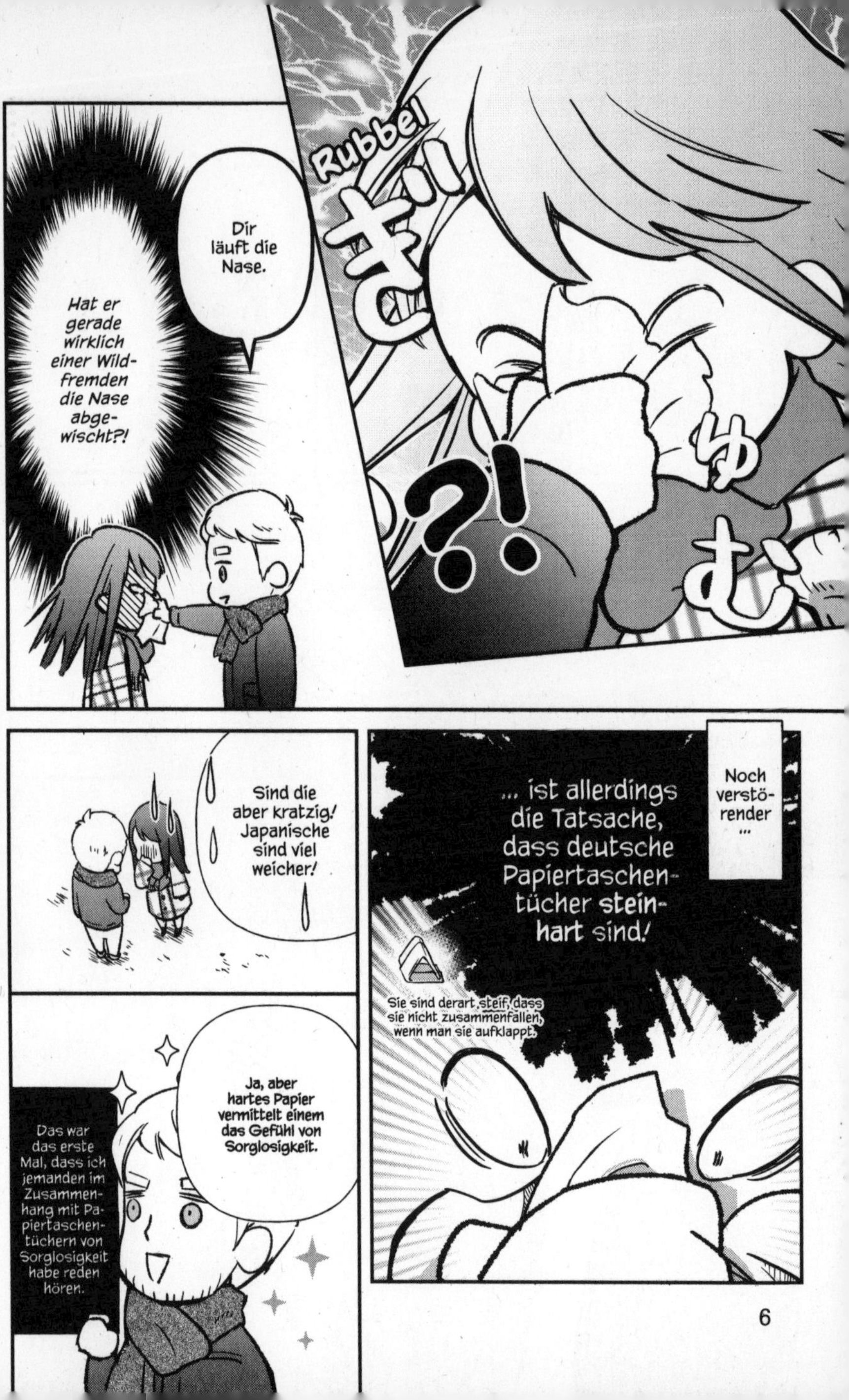

Rubbel

?!

Dir läuft die Nase.

Hat er gerade wirklich einer Wildfremden die Nase abgewischt?!

Noch verstörender …

… ist allerdings die Tatsache, dass deutsche Papiertaschentücher steinhart sind!

Sie sind derart steif, dass sie nicht zusammenfallen, wenn man sie aufklappt.

Sind die aber kratzig! Japanische sind viel weicher!

Ja, aber hartes Papier vermittelt einem das Gefühl von Sorglosigkeit.

Das war das erste Mal, dass ich jemanden im Zusammenhang mit Papiertaschentüchern von Sorglosigkeit habe reden hören.

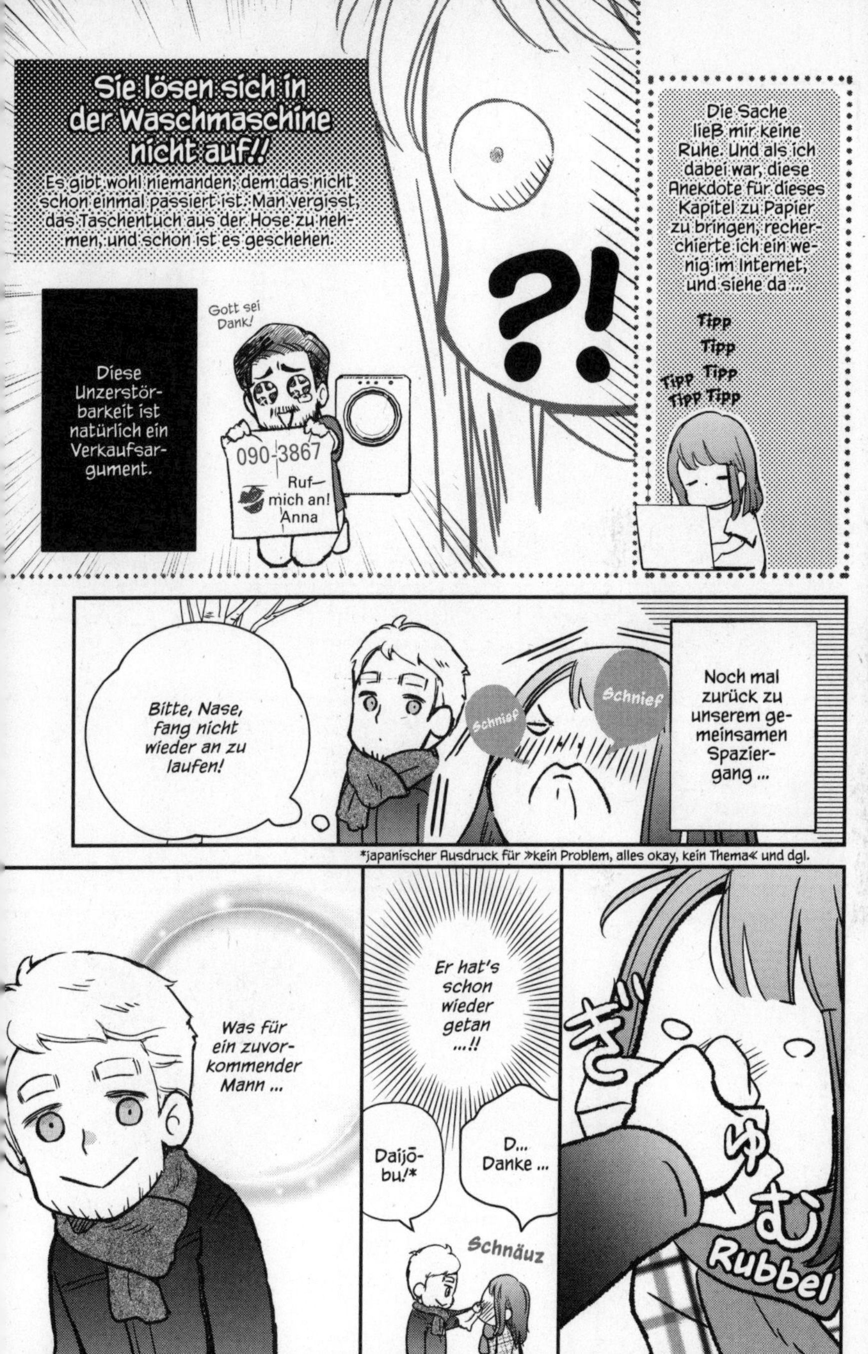
Sie lösen sich in der Waschmaschine nicht auf!!
Es gibt wohl niemanden, dem das nicht schon einmal passiert ist. Man vergisst, das Taschentuch aus der Hose zu nehmen, und schon ist es geschehen.
?!
Die Sache ließ mir keine Ruhe. Und als ich dabei war, diese Anekdote für dieses Kapitel zu Papier zu bringen, recherchierte ich ein wenig im Internet, und siehe da ...
Tipp Tipp Tipp Tipp Tipp Tipp
Diese Unzerstörbarkeit ist natürlich ein Verkaufsargument.
Gott sei Dank!
090-3867
Ruf mich an! Anna
Noch mal zurück zu unserem gemeinsamen Spaziergang ...
Schnief
Schnief
Bitte, Nase, fang nicht wieder an zu laufen!
*japanischer Ausdruck für »kein Problem, alles okay, kein Thema« und dgl.
ぎゅむ
Rubbel
Er hat's schon wieder getan ...!!
D... Danke ...
Daijōbu!*
Schnäuz
Was für ein zuvorkommender Mann ...

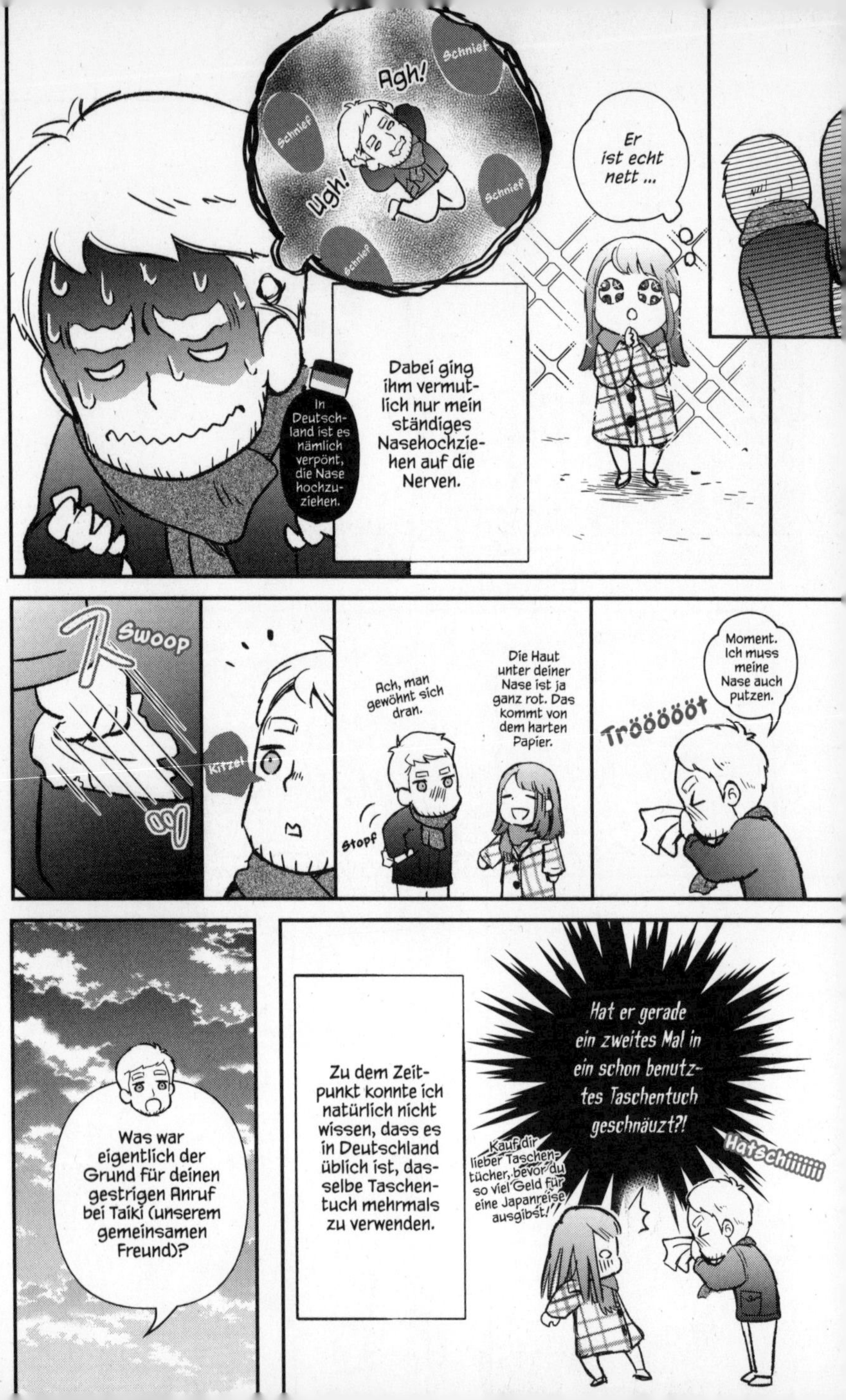

Er ist echt nett ...

Agh!

Ugh!

Schnief

Schnief

Schnief

Schnief

Dabei ging ihm vermutlich nur mein ständiges Nasehochziehen auf die Nerven.

In Deutschland ist es nämlich verpönt, die Nase hochzuziehen.

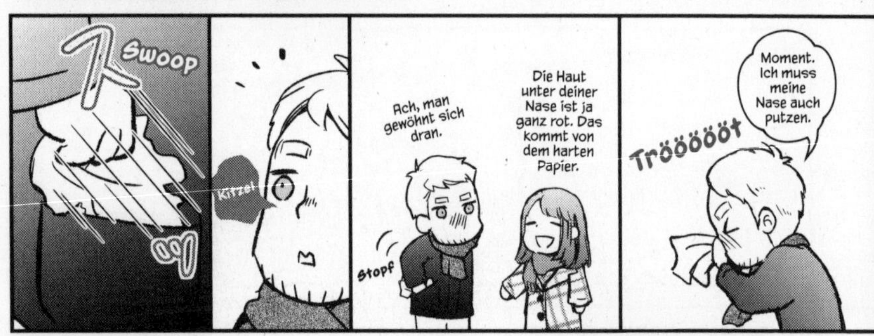

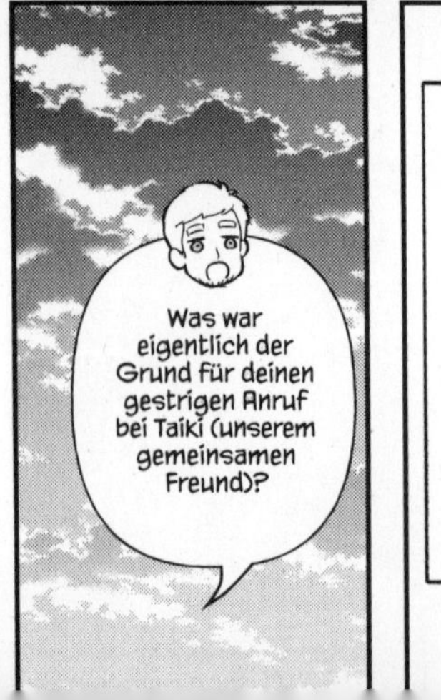

Zu dem Zeitpunkt konnte ich natürlich nicht wissen, dass es in Deutschland üblich ist, dasselbe Taschentuch mehrmals zu verwenden.

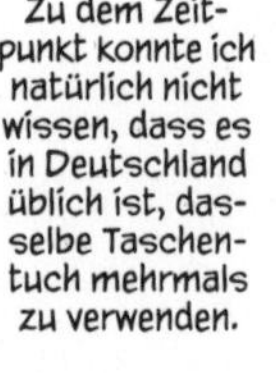

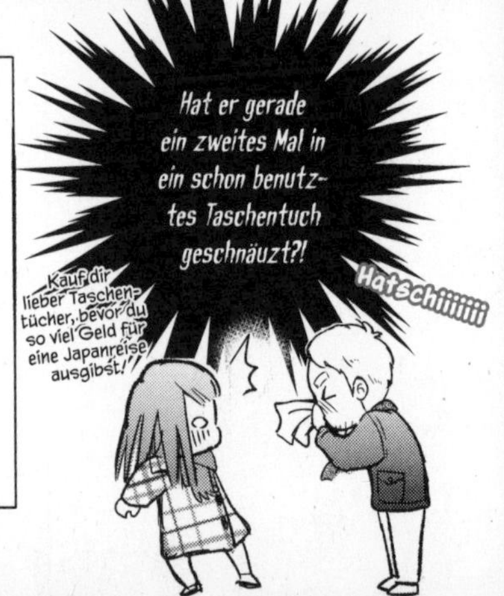

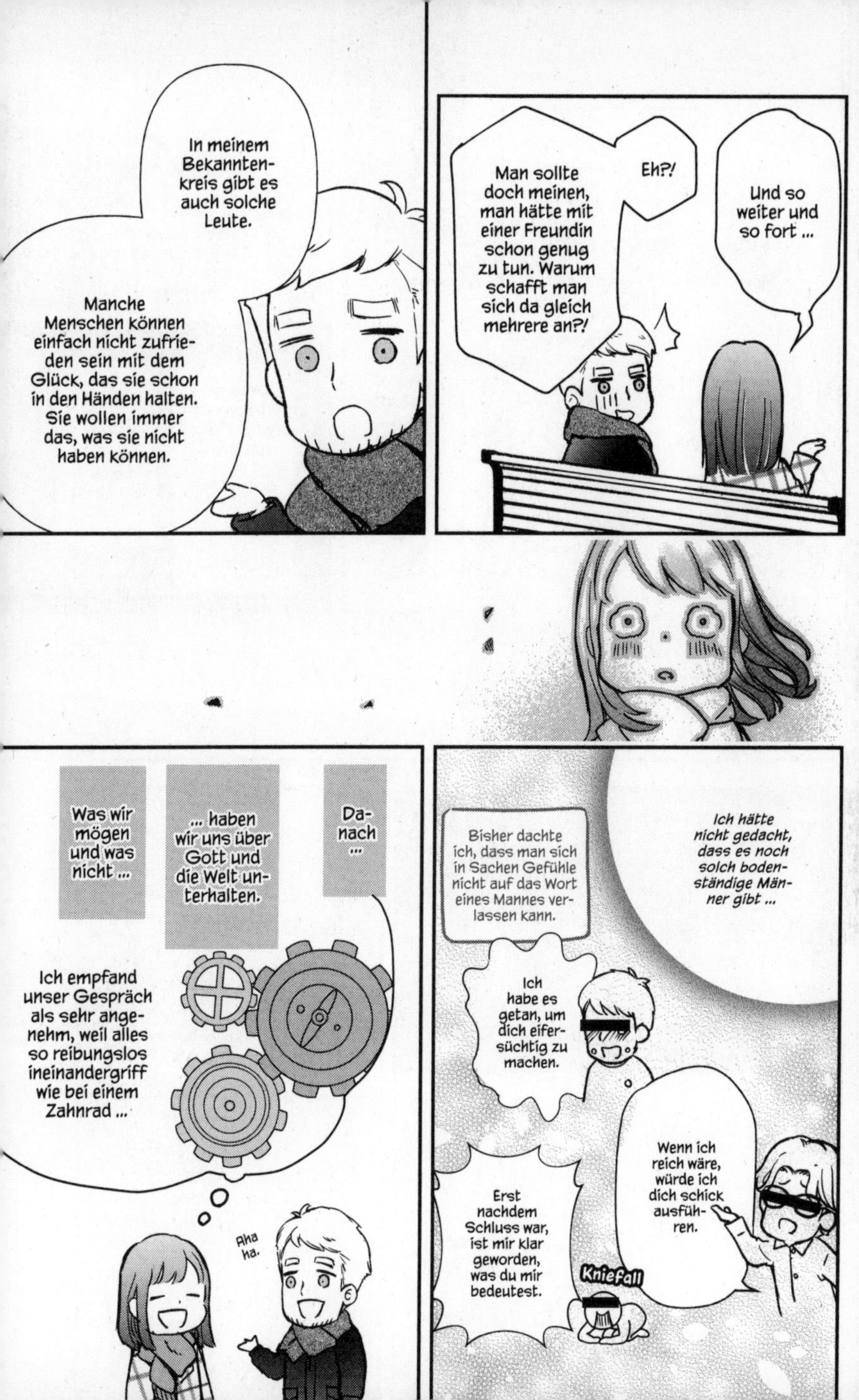
Und so weiter und so fort ...
Eh?!
Man sollte doch meinen, man hätte mit einer Freundin schon genug zu tun. Warum schafft man sich da gleich mehrere an?!
In meinem Bekanntenkreis gibt es auch solche Leute.
Manche Menschen können einfach nicht zufrieden sein mit dem Glück, das sie schon in den Händen halten. Sie wollen immer das, was sie nicht haben können.
Ich hätte nicht gedacht, dass es noch solch bodenständige Männer gibt ...
Bisher dachte ich, dass man sich in Sachen Gefühle nicht auf das Wort eines Mannes verlassen kann.
Ich habe es getan, um dich eifersüchtig zu machen.
Wenn ich reich wäre, würde ich dich schick ausführen.
Erst nachdem Schluss war, ist mir klar geworden, was du mir bedeutest.
Kniefall
Danach ...
... haben wir uns über Gott und die Welt unterhalten.
Was wir mögen und was nicht ...
Ich empfand unser Gespräch als sehr angenehm, weil alles so reibungslos ineinandergriff wie bei einem Zahnrad ...
Aha ha.

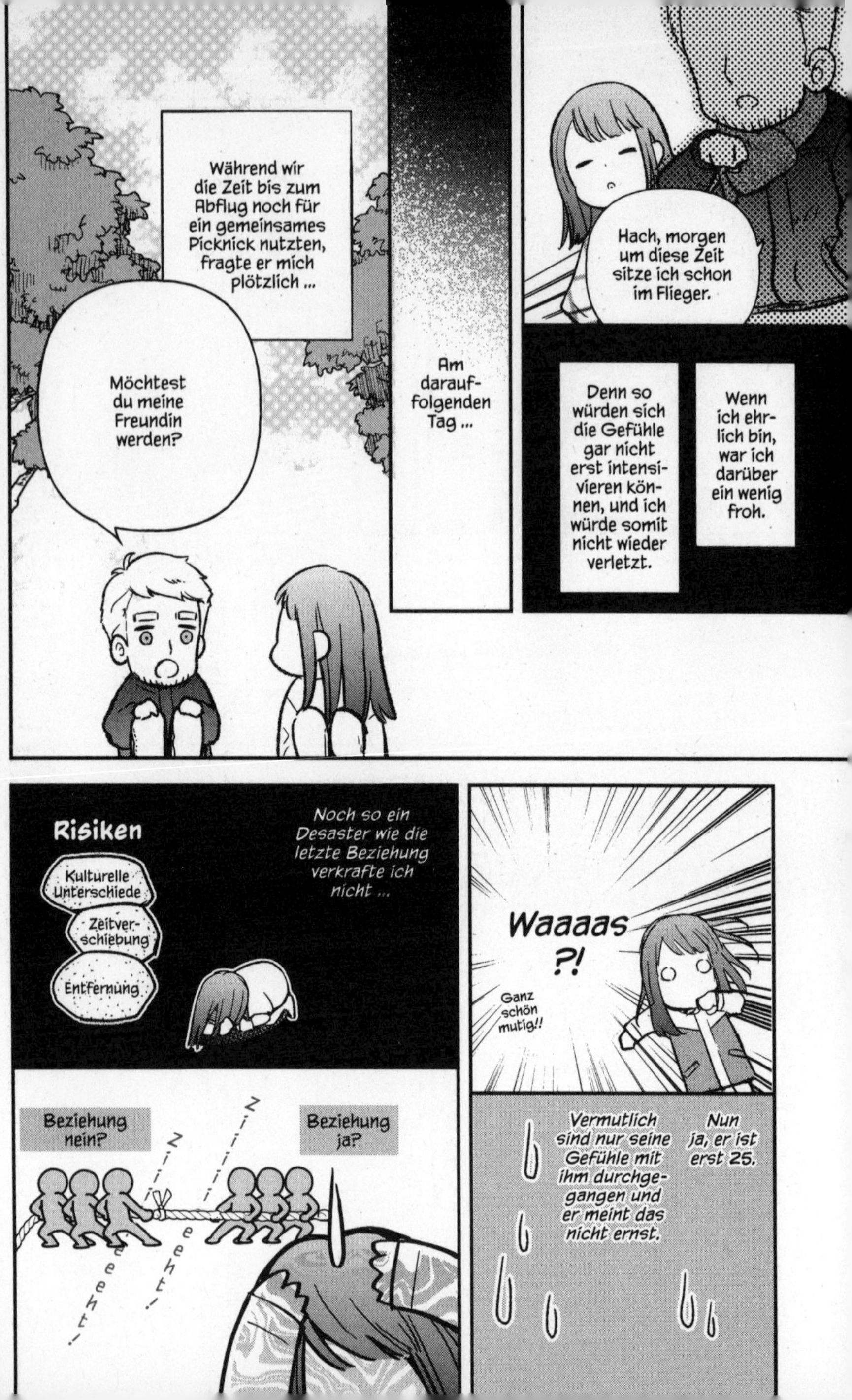

Hach, morgen um diese Zeit sitze ich schon im Flieger.

Wenn ich ehrlich bin, war ich darüber ein wenig froh.

Denn so würden sich die Gefühle gar nicht erst intensivieren können, und ich würde somit nicht wieder verletzt.

Am darauffolgenden Tag ...

Während wir die Zeit bis zum Abflug noch für ein gemeinsames Picknick nutzten, fragte er mich plötzlich ...

Möchtest du meine Freundin werden?

Waaaas?!

Ganz schön mutig!!

Noch so ein Desaster wie die letzte Beziehung verkrafte ich nicht ...

Risiken

Kulturelle Unterschiede

Zeitverschiebung

Entfernung

Nun ja, er ist erst 25.

Vermutlich sind nur seine Gefühle mit ihm durchgegangen und er meint das nicht ernst.

Beziehung ja?

Beziehung nein?

Ziiiiiieeeht!

Ziiieeeeht!

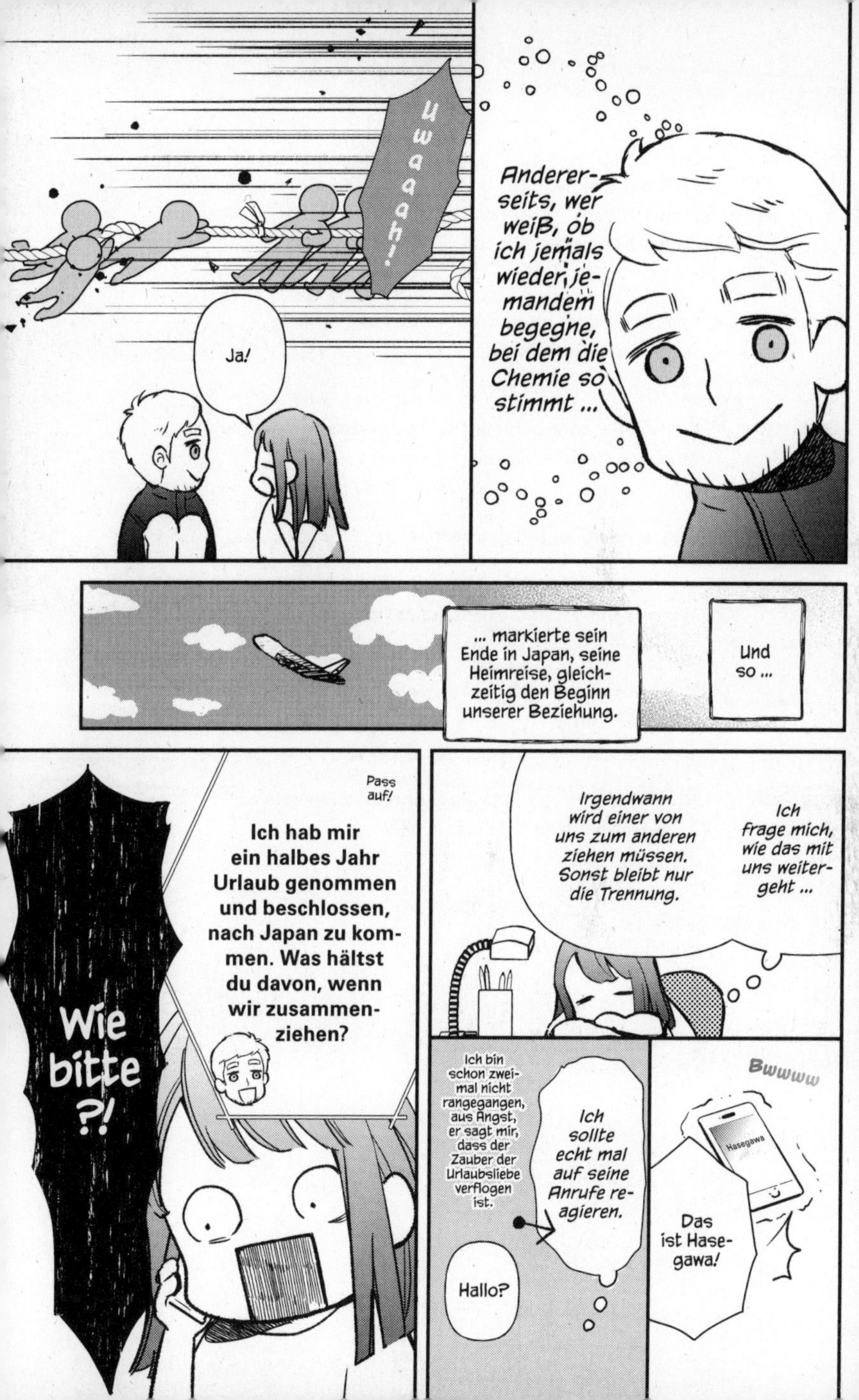
Andererseits, wer weiß, ob ich jemals wieder jemandem begegne, bei dem die Chemie so stimmt ...
Uwaaaah!
Ja!
Und so ...
... markierte sein Ende in Japan, seine Heimreise, gleichzeitig den Beginn unserer Beziehung.
Ich frage mich, wie das mit uns weitergeht ...
Irgendwann wird einer von uns zum anderen ziehen müssen. Sonst bleibt nur die Trennung.
Bwwww
Hasegawa
Das ist Hasegawa!
Ich sollte echt mal auf seine Anrufe reagieren.
Ich bin schon zweimal nicht rangegangen, aus Angst, er sagt mir, dass der Zauber der Urlaubsliebe verflogen ist.
Hallo?
Pass auf!
Ich hab mir ein halbes Jahr Urlaub genommen und beschlossen, nach Japan zu kommen. Was hältst du davon, wenn wir zusammenziehen?
Wie bitte?!

INHALT

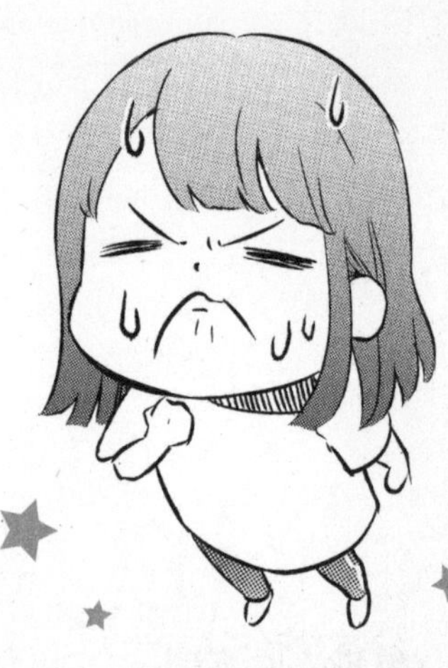

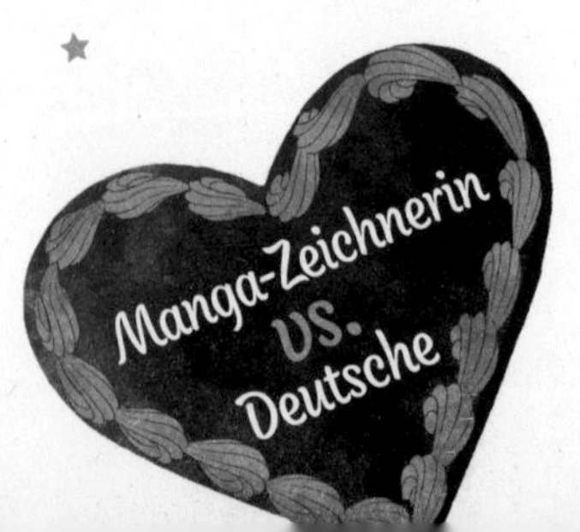

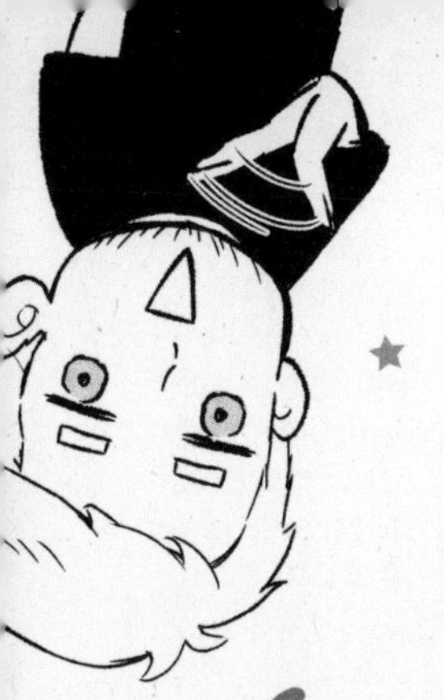

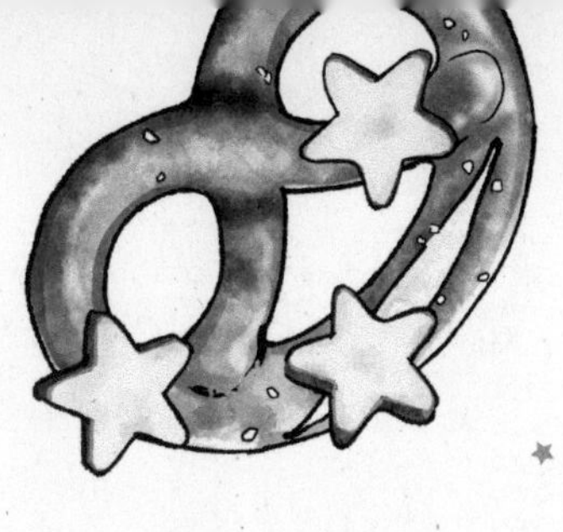

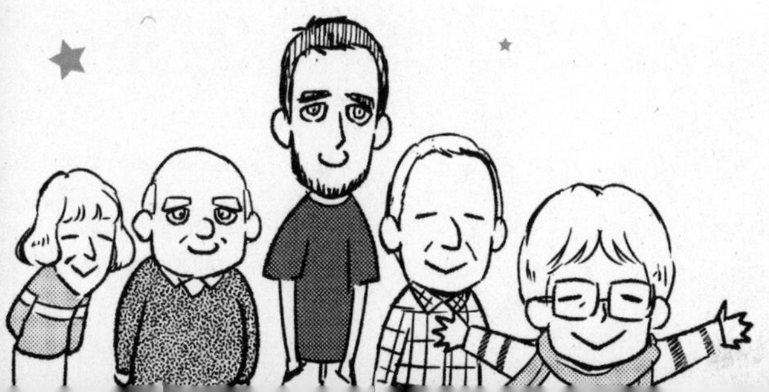

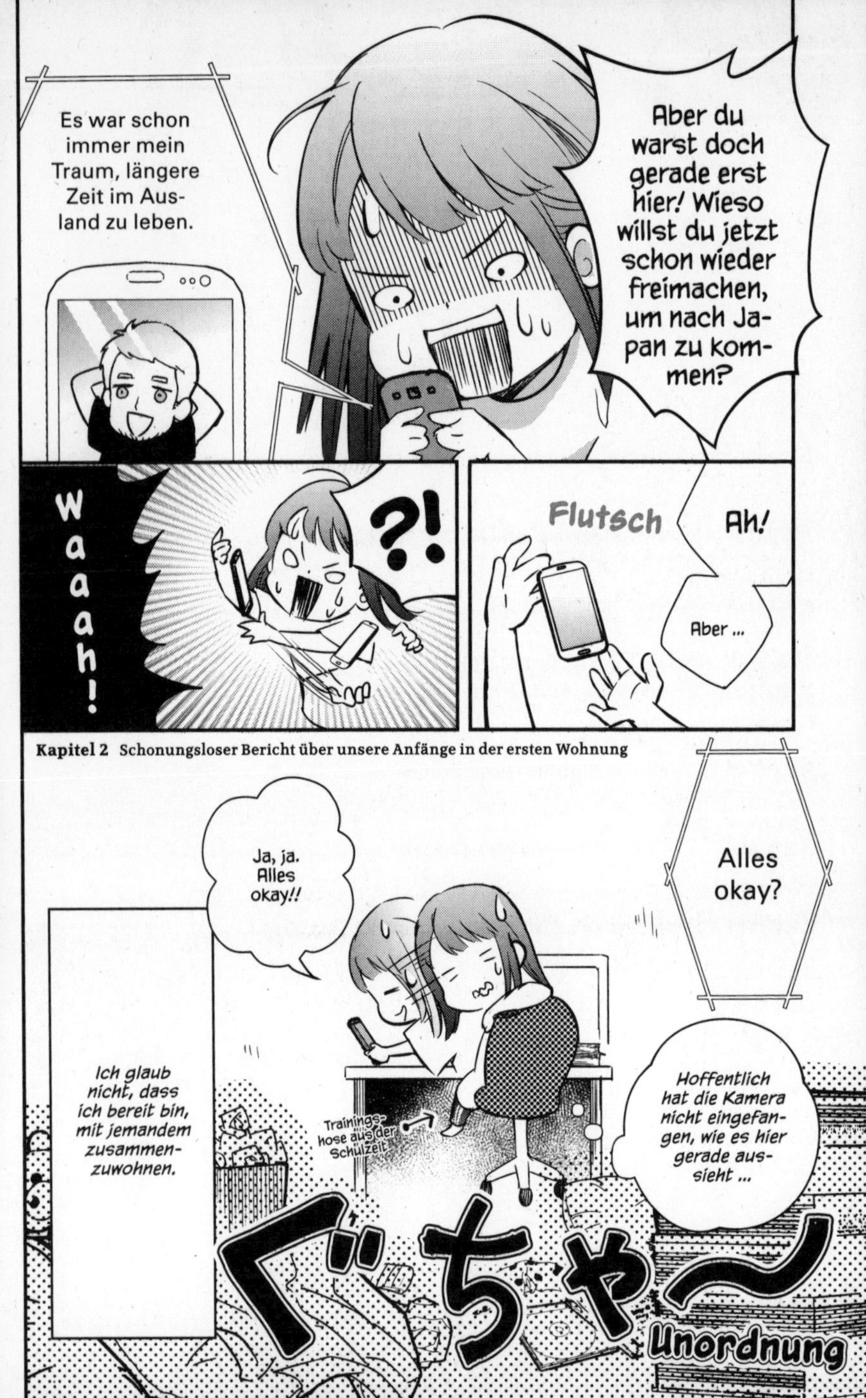
Aber du warst doch gerade erst hier! Wieso willst du jetzt schon wieder freimachen, um nach Japan zu kommen?
Es war schon immer mein Traum, längere Zeit im Ausland zu leben.
Waaah!
?!
Ah!
Flutsch
Aber ...
Kapitel 2 Schonungsloser Bericht über unsere Anfänge in der ersten Wohnung
Alles okay?
Ja, ja. Alles okay!!
Hoffentlich hat die Kamera nicht eingefangen, wie es hier gerade aussieht ...
Trainingshose aus der Schulzeit
Ich glaub nicht, dass ich bereit bin, mit jemandem zusammenzuwohnen.
ぐちゃ〜
Unordnung

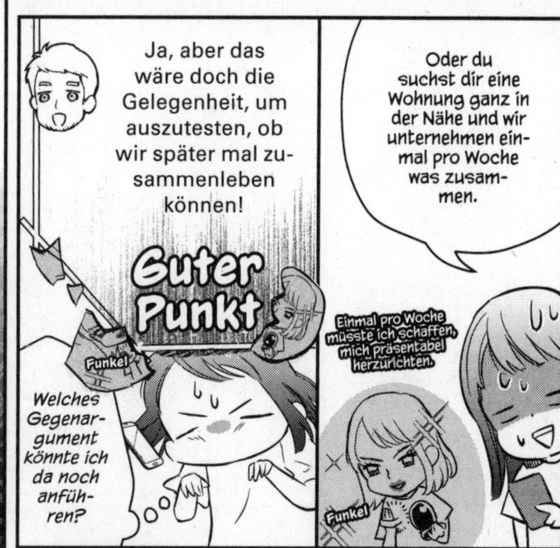
Oder du suchst dir eine Wohnung ganz in der Nähe und wir unternehmen einmal pro Woche was zusammen.
Einmal pro Woche müsste ich schaffen, mich präsentabel herzurichten.
Funkel
Ja, aber das wäre doch die Gelegenheit, um auszutesten, ob wir später mal zusammenleben können!
Guter Punkt
Funkel
Welches Gegenargument könnte ich da noch anführen?

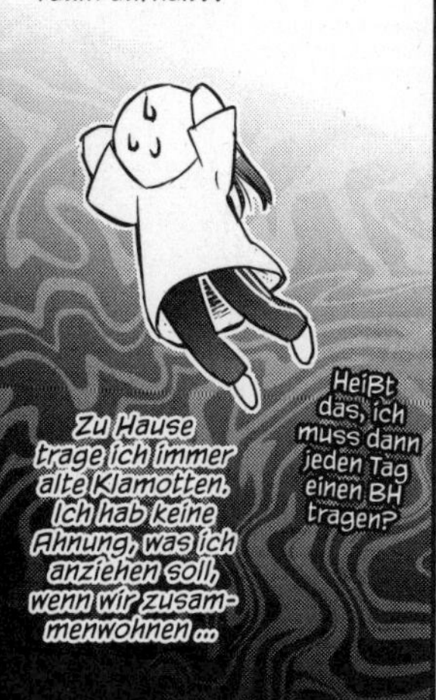
Ich will niiiicht!
Wie soll ich denn mein großes Geschäft verrichten, wenn er sich im Nebenraum aufhält?!
Heißt das, ich muss dann jeden Tag einen BH tragen?
Zu Hause trage ich immer alte Klamotten. Ich hab keine Ahnung, was ich anziehen soll, wenn wir zusammenwohnen ...

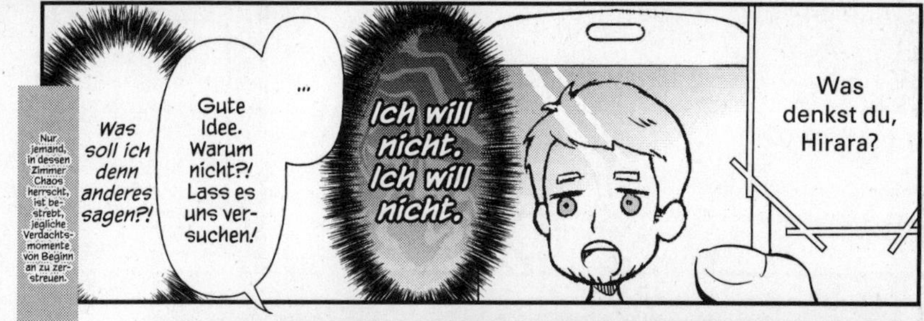
Was denkst du, Hirara?
Ich will nicht. Ich will nicht.
...
Gute Idee. Warum nicht?! Lass es uns versuchen!
Was soll ich denn anderes sagen?!
Nur jemand, in dessen Zimmer Chaos herrscht, ist bestrebt, jegliche Verdachtsmomente von Beginn an zu zerstreuen.

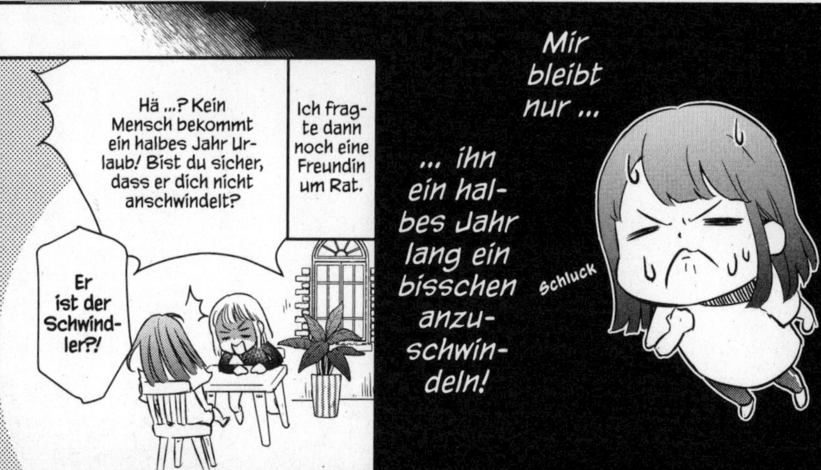
Mir bleibt nur ...
... ihn ein halbes Jahr lang ein bisschen anzuschwindeln!
Schluck
Ich fragte dann noch eine Freundin um Rat.
Hä ...? Kein Mensch bekommt ein halbes Jahr Urlaub! Bist du sicher, dass er dich nicht anschwindelt?
Er ist der Schwindler?!

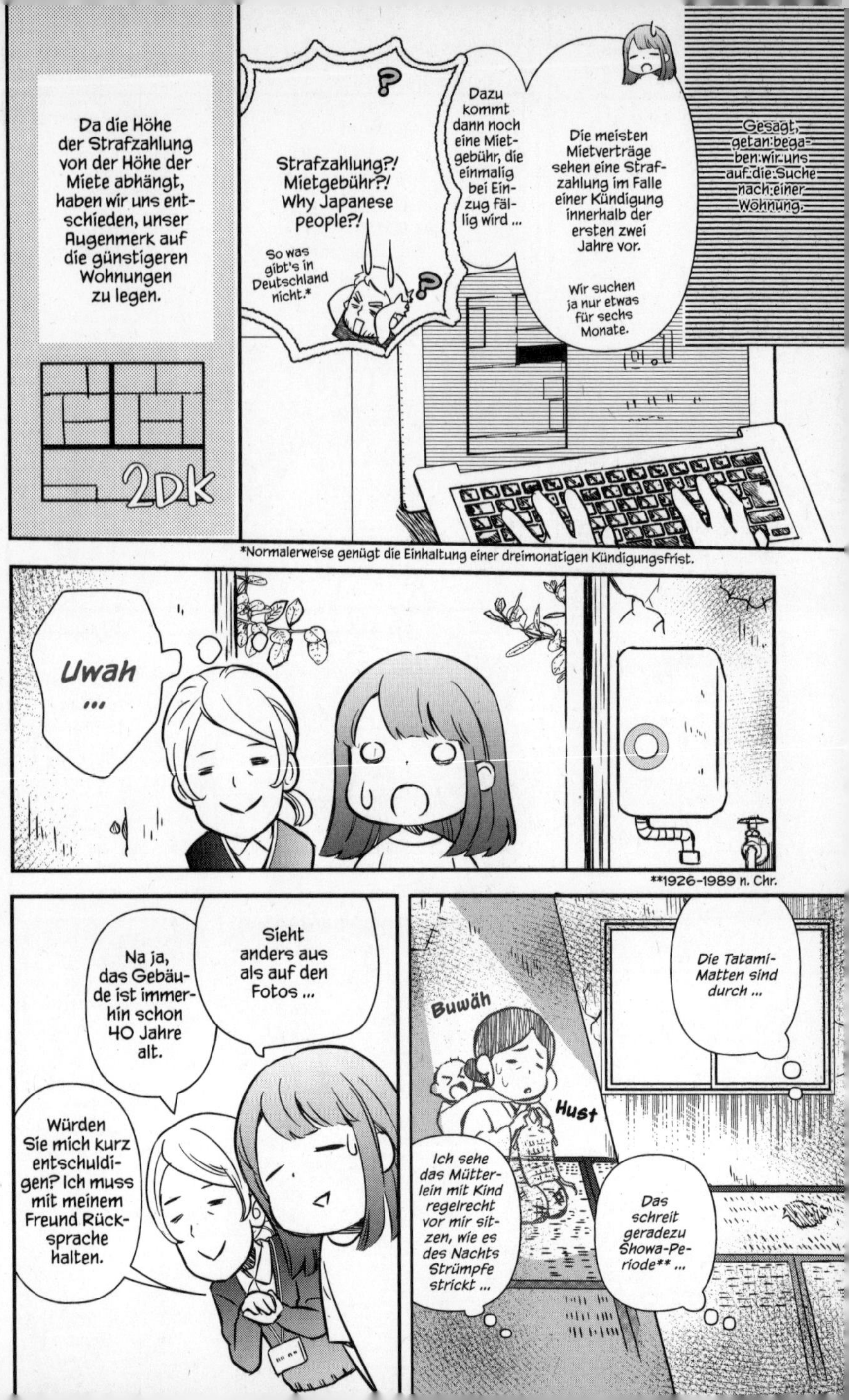

Gesagt, getan: begaben wir uns auf die Suche nach einer Wohnung.

Die meisten Mietverträge sehen eine Strafzahlung im Falle einer Kündigung innerhalb der ersten zwei Jahre vor.

Wir suchen ja nur etwas für sechs Monate.

Dazu kommt dann noch eine Mietgebühr, die einmalig bei Einzug fällig wird ...

Strafzahlung?! Mietgebühr?! Why Japanese people?!

So was gibt's in Deutschland nicht.*

Da die Höhe der Strafzahlung von der Höhe der Miete abhängt, haben wir uns entschieden, unser Augenmerk auf die günstigeren Wohnungen zu legen.

2DK

*Normalerweise genügt die Einhaltung einer dreimonatigen Kündigungsfrist.

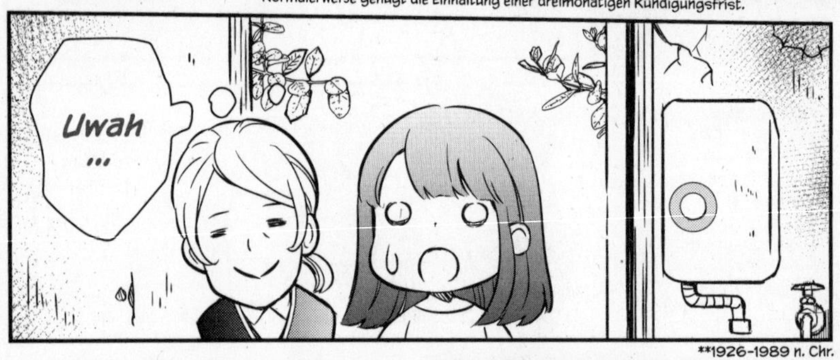

**1926-1989 n. Chr.

Die Tatami-Matten sind durch ...

Buwäh

Hust

Das schreit geradezu Showa-Periode** ...

Ich sehe das Mütterlein mit Kind regelrecht vor mir sitzen, wie es des Nachts Strümpfe strickt ...

Sieht anders aus als auf den Fotos ...

Na ja, das Gebäude ist immerhin schon 40 Jahre alt.

Würden Sie mich kurz entschuldigen? Ich muss mit meinem Freund Rücksprache halten.

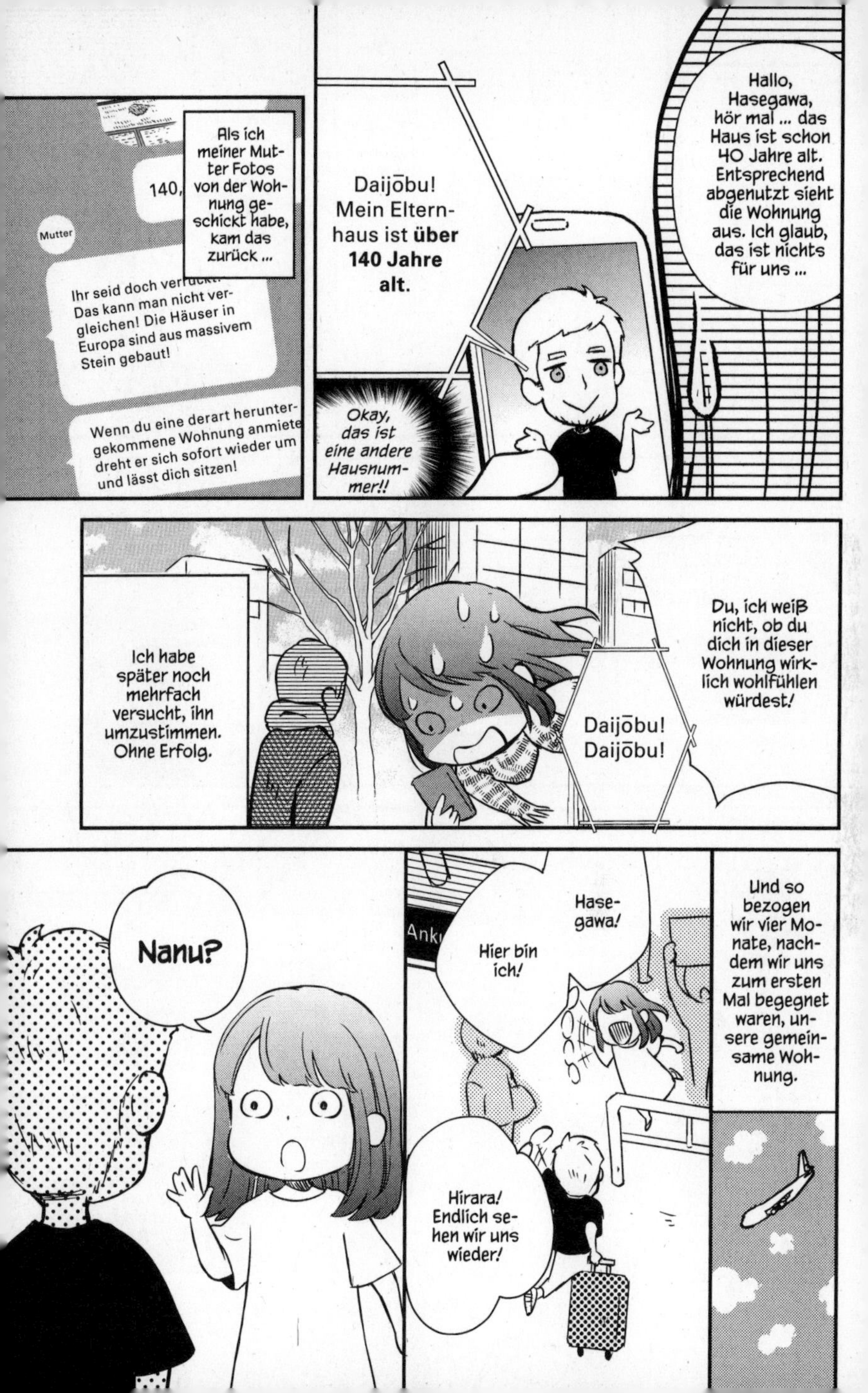

Hallo, Hasegawa, hör mal ... das Haus ist schon 40 Jahre alt. Entsprechend abgenutzt sieht die Wohnung aus. Ich glaub, das ist nichts für uns ...

Daijōbu! Mein Elternhaus ist **über 140 Jahre alt**.

Okay, das ist eine andere Hausnummer!!

Als ich meiner Mutter Fotos von der Wohnung geschickt habe, kam das zurück ...

140,

Mutter

Ihr seid doch verrückt! Das kann man nicht vergleichen! Die Häuser in Europa sind aus massivem Stein gebaut!

Wenn du eine derart heruntergekommene Wohnung anmiete dreht er sich sofort wieder um und lässt dich sitzen!

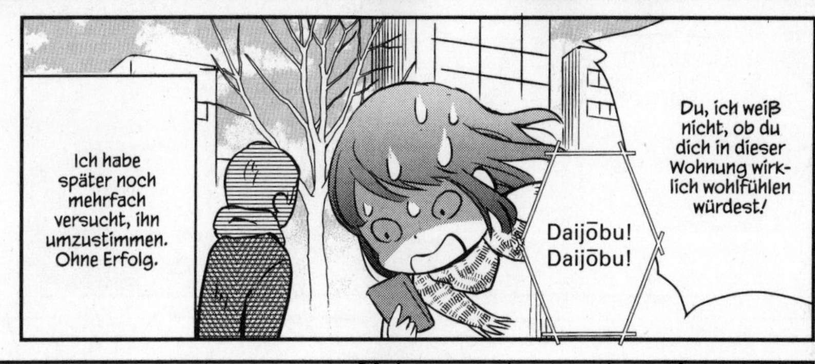

Und so bezogen wir vier Monate, nachdem wir uns zum ersten Mal begegnet waren, unsere gemeinsame Wohnung.

Hasegawa!

Hier bin ich!

Hirara! Endlich sehen wir uns wieder!

Nanu?

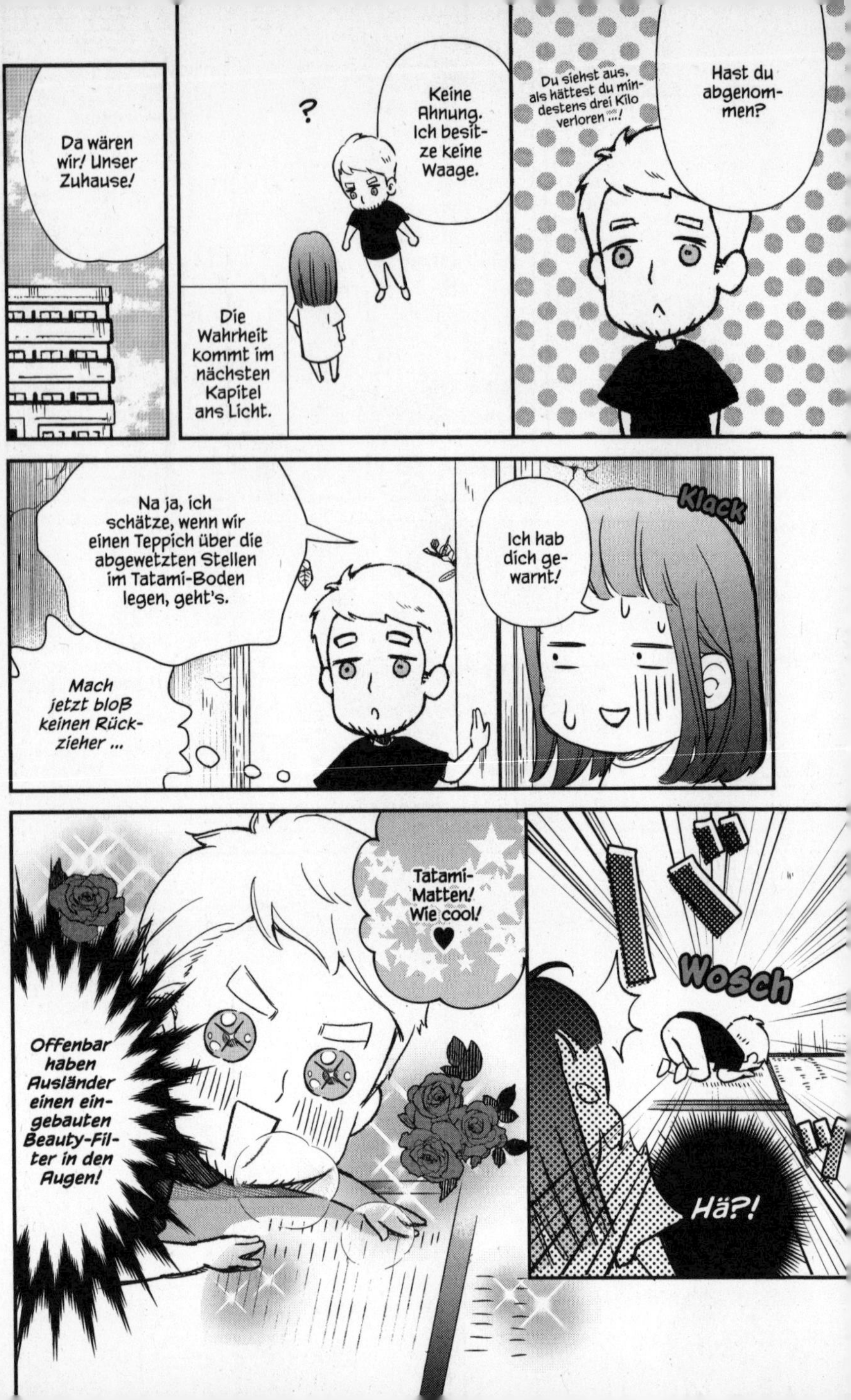

Hast du abgenommen?

Du siehst aus, als hättest du mindestens drei Kilo verloren ...!

Keine Ahnung. Ich besitze keine Waage.

?

Die Wahrheit kommt im nächsten Kapitel ans Licht.

Da wären wir! Unser Zuhause!

Klack

Ich hab dich gewarnt!

Na ja, ich schätze, wenn wir einen Teppich über die abgewetzten Stellen im Tatami-Boden legen, geht's.

Mach jetzt bloß keinen Rückzieher ...

Wosch

Hä?!

Tatami-Matten! Wie cool! ♥

Offenbar haben Ausländer einen eingebauten Beauty-Filter in den Augen!

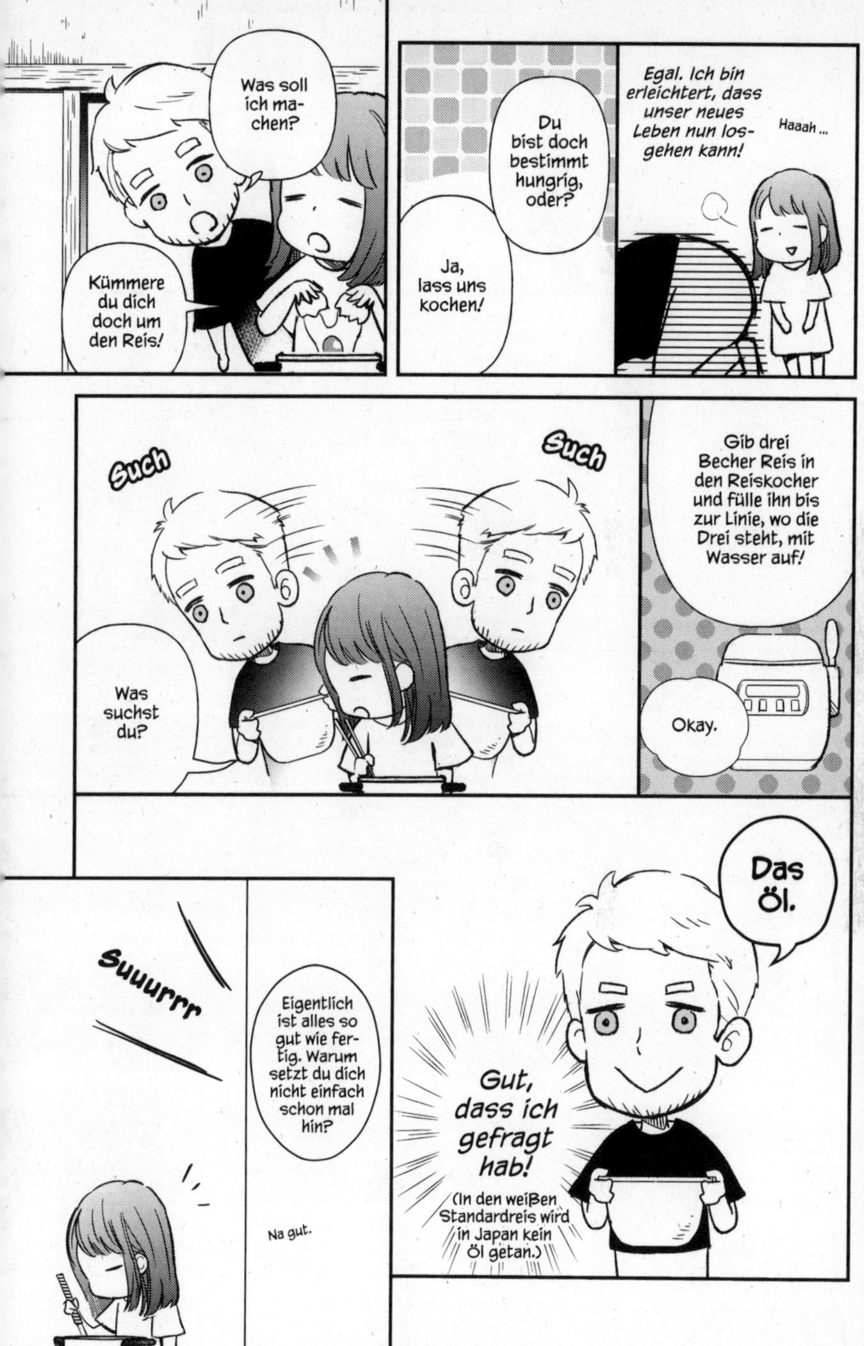
Was soll ich machen?
Kümmere du dich doch um den Reis!
Egal. Ich bin erleichtert, dass unser neues Leben nun losgehen kann!
Haaah ...
Du bist doch bestimmt hungrig, oder?
Ja, lass uns kochen!
Such
Such
Was suchst du?
Gib drei Becher Reis in den Reiskocher und fülle ihn bis zur Linie, wo die Drei steht, mit Wasser auf!
Okay.
Das Öl.
Gut, dass ich gefragt hab!
(In den weißen Standardreis wird in Japan kein Öl getan.)
Suuurrr
Eigentlich ist alles so gut wie fertig. Warum setzt du dich nicht einfach schon mal hin?
Na gut.

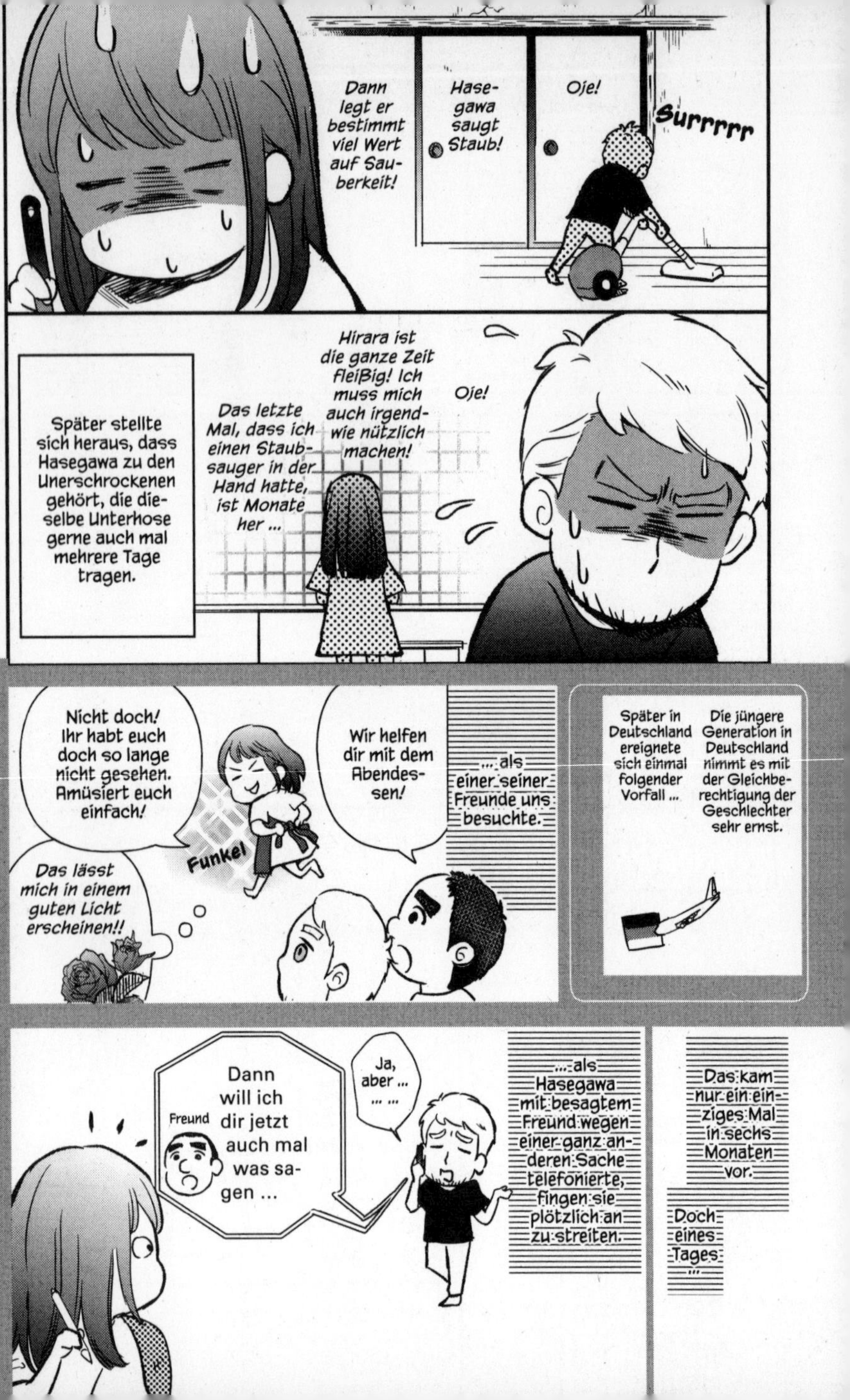

Surrrrr

Oje!

Hasegawa saugt Staub!

Dann legt er bestimmt viel Wert auf Sauberkeit!

Oje!

Hirara ist die ganze Zeit fleißig! Ich muss mich auch irgendwie nützlich machen!

Das letzte Mal, dass ich einen Staubsauger in der Hand hatte, ist Monate her ...

Später stellte sich heraus, dass Hasegawa zu den Unerschrockenen gehört, die dieselbe Unterhose gerne auch mal mehrere Tage tragen.

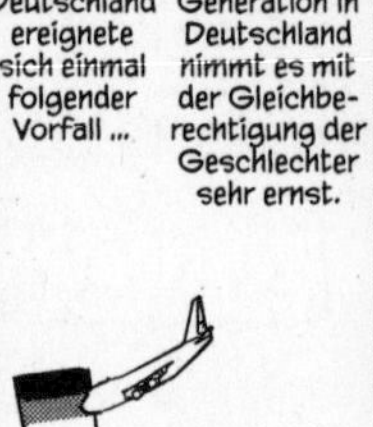

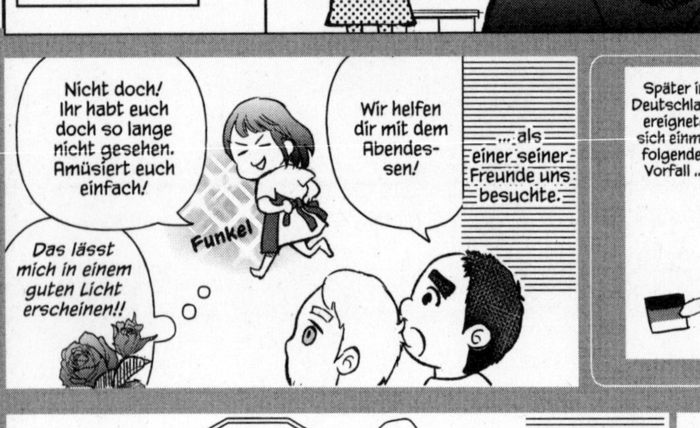

Das kam nur ein einziges Mal in sechs Monaten vor.

Doch eines Tages ...

... als Hasegawa mit besagtem Freund wegen einer ganz anderen Sache telefonierte, fingen sie plötzlich an zu streiten.

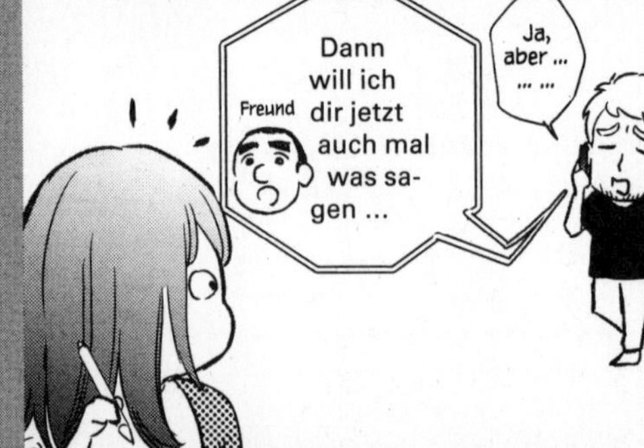

*In Japan standardmäßige Einheit aus WC und aufmontiertem Handwaschbecken; mit Betätigen der WC-Spülung strömt auch Wasser aus einem Hahn ins Waschbecken, stoppt aber nach kurzer Zeit automatisch.

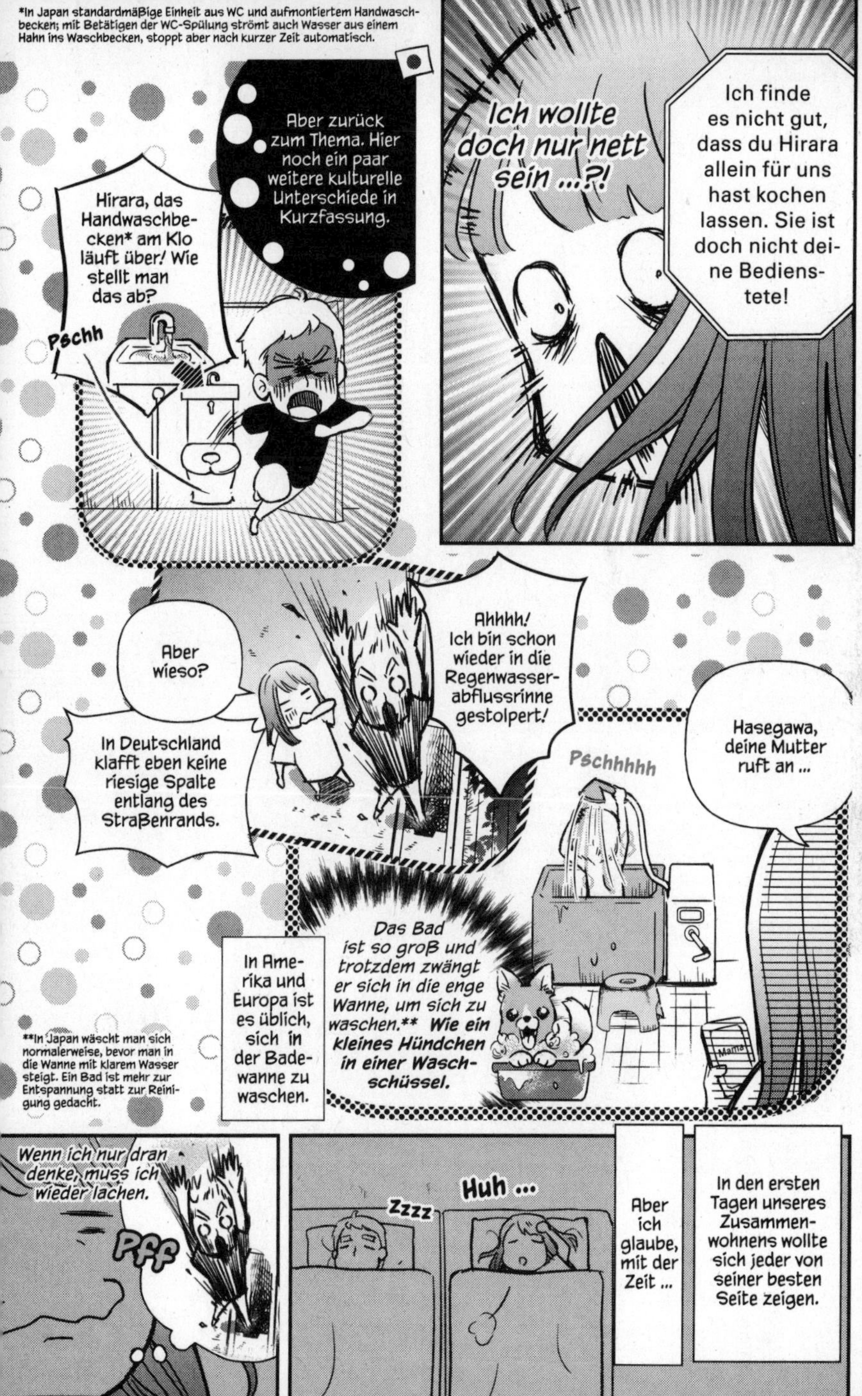

**In Japan wäscht man sich normalerweise, bevor man in die Wanne mit klarem Wasser steigt. Ein Bad ist mehr zur Entspannung statt zur Reinigung gedacht.

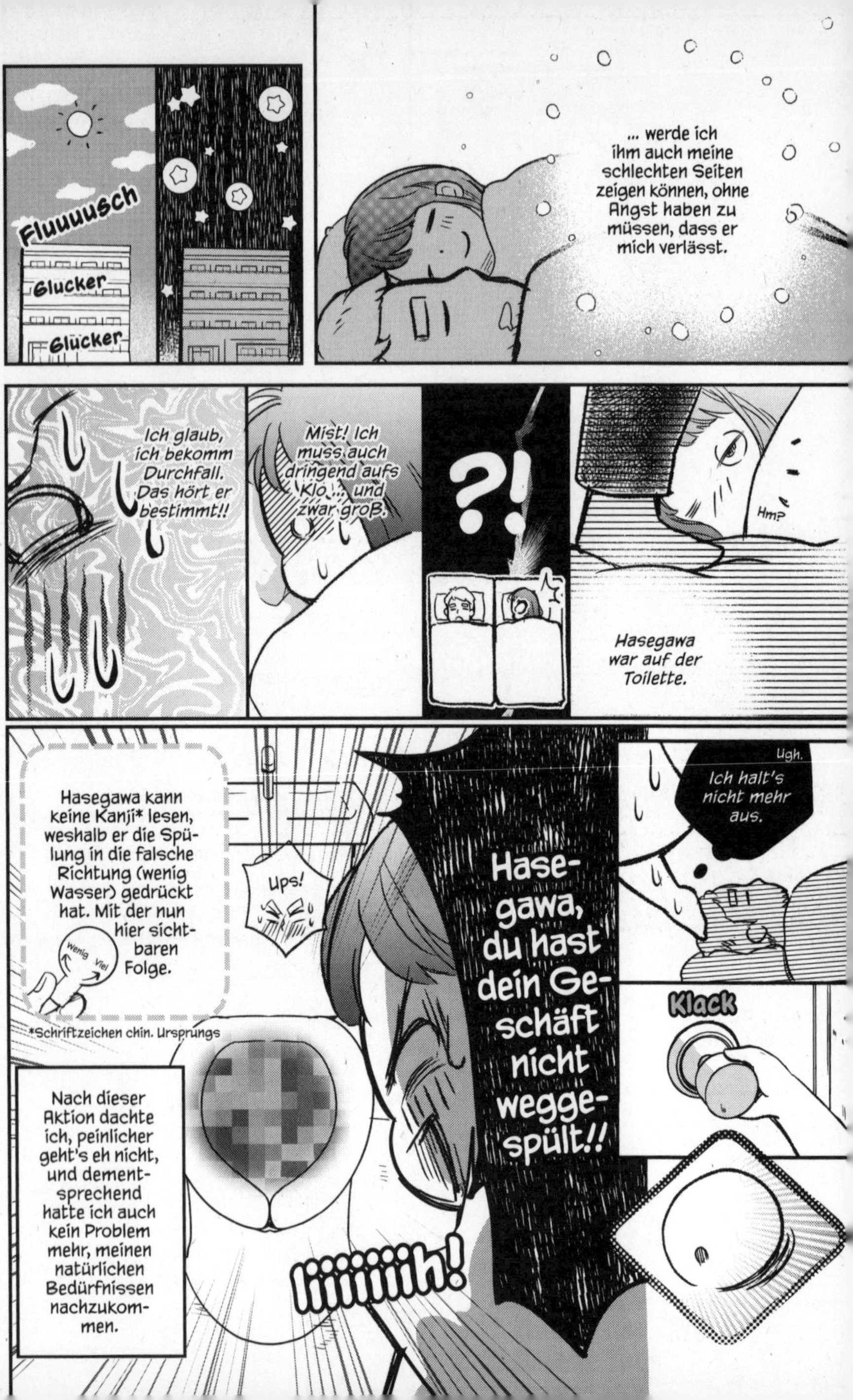

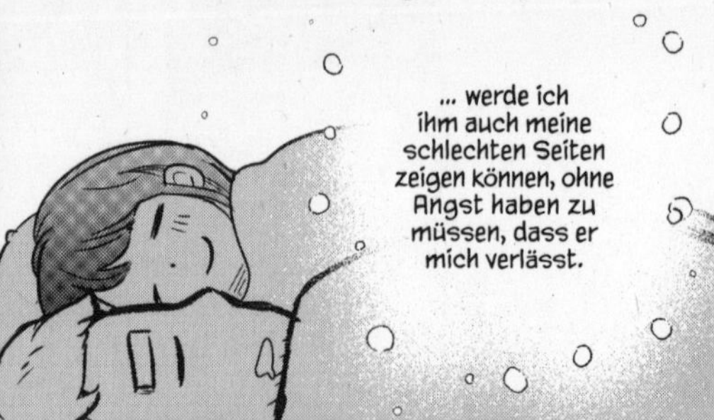

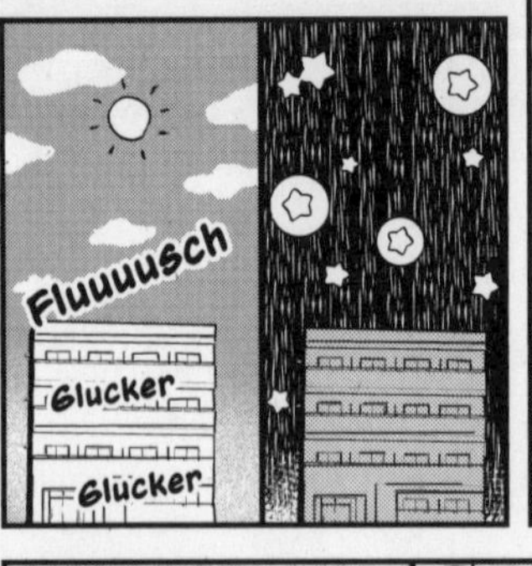

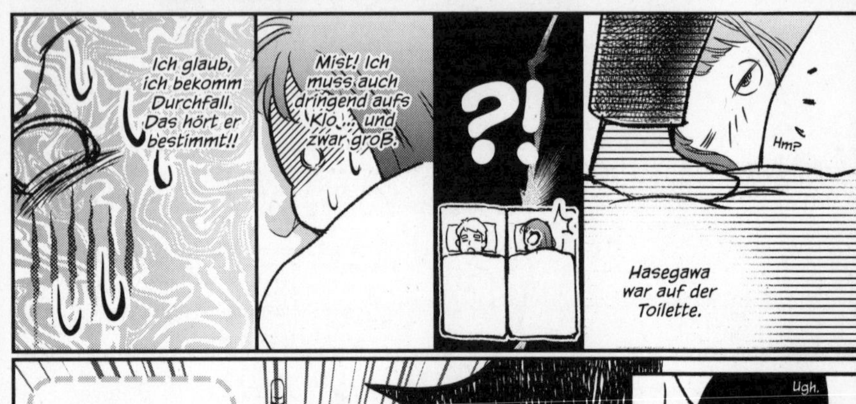

Ugh.

Ich halt's nicht mehr aus.

Klack

Hase-gawa, du hast dein Ge-schäft nicht wegge-spült!!

Ups!

Iiiiiiiih!

Hasegawa kann keine Kanji* lesen, weshalb er die Spülung in die falsche Richtung (wenig Wasser) gedrückt hat. Mit der nun hier sichtbaren Folge.

wenig Viel

*Schriftzeichen chin. Ursprungs

Nach dieser Aktion dachte ich, peinlicher geht's eh nicht, und dementsprechend hatte ich auch kein Problem mehr, meinen natürlichen Bedürfnissen nachzukommen.

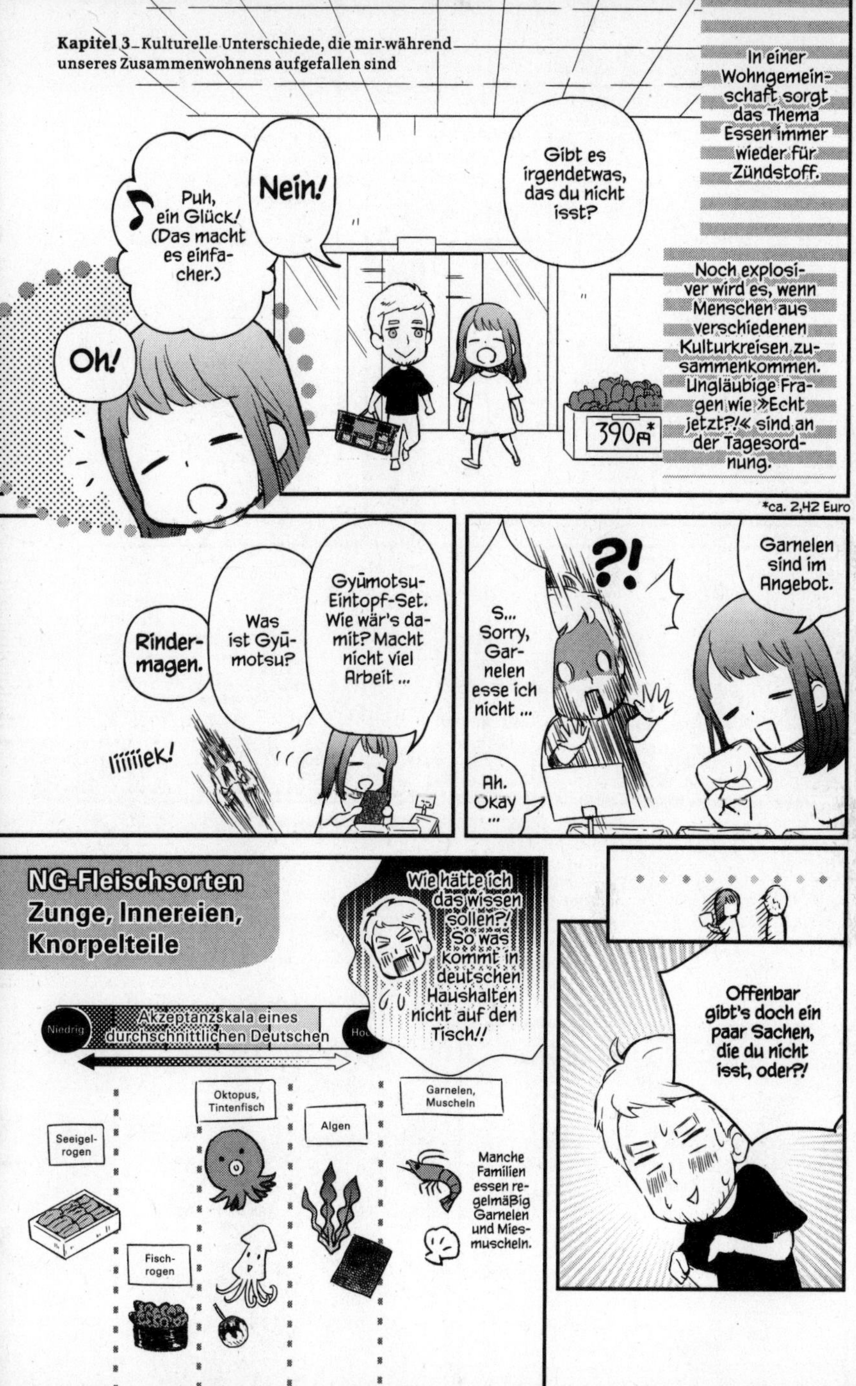
Kapitel 3_Kulturelle Unterschiede, die mir während unseres Zusammenwohnens aufgefallen sind
In einer Wohngemeinschaft sorgt das Thema Essen immer wieder für Zündstoff.
Noch explosiver wird es, wenn Menschen aus verschiedenen Kulturkreisen zusammenkommen. Ungläubige Fragen wie »Echt jetzt?!« sind an der Tagesordnung.
Gibt es irgendetwas, das du nicht isst?
Nein!
Puh, ein Glück! (Das macht es einfacher.)
Oh!
390円*
*ca. 2,42 Euro
Garnelen sind im Angebot.
?!
S... Sorry, Garnelen esse ich nicht ...
Ah. Okay ...
Gyūmotsu-Eintopf-Set. Wie wär's damit? Macht nicht viel Arbeit ...
Was ist Gyūmotsu?
Rindermagen.
Iiiiiiek!
Offenbar gibt's doch ein paar Sachen, die du nicht isst, oder?!
Wie hätte ich das wissen sollen?! So was kommt in deutschen Haushalten nicht auf den Tisch!!
NG-Fleischsorten Zunge, Innereien, Knorpelteile
Niedrig
Akzeptanzskala eines durchschnittlichen Deutschen
Hoch
Seeigelrogen
Fischrogen
Oktopus, Tintenfisch
Algen
Garnelen, Muscheln
Manche Familien essen regelmäßig Garnelen und Miesmuscheln.

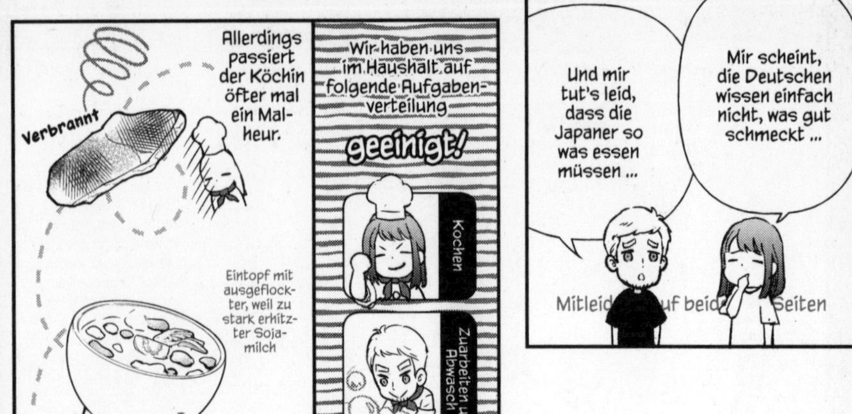

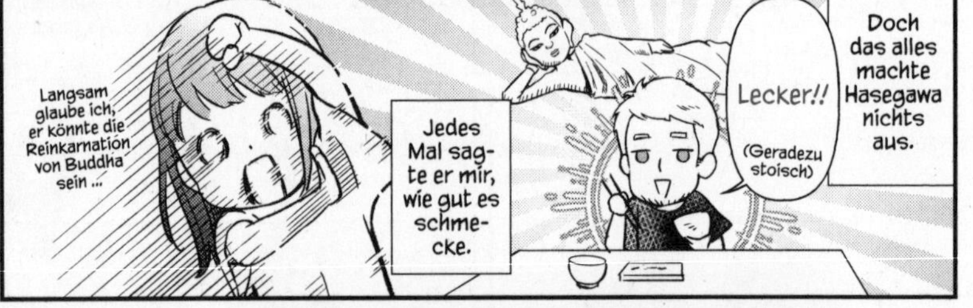

Doch ...

... es gab zwei Situa-tionen ...

... in denen Hasegawa dann doch etwas zu meckern hatte.

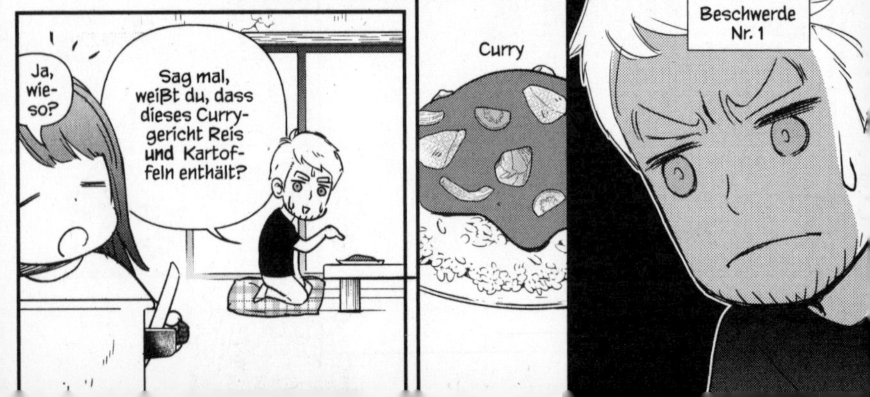

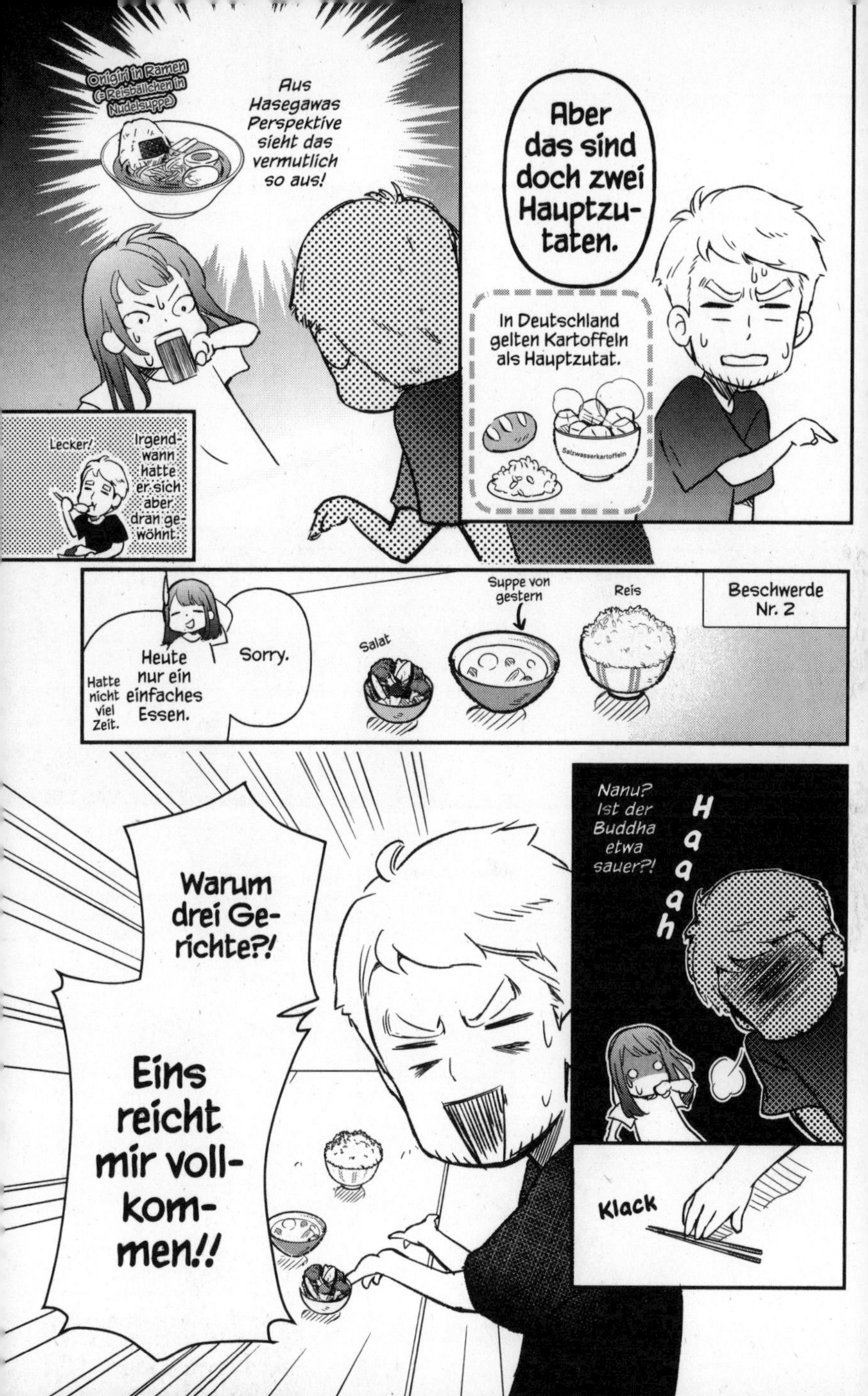
Aber das sind doch zwei Hauptzutaten.
In Deutschland gelten Kartoffeln als Hauptzutat.
Salzwasserkartoffeln
Aus Hasegawas Perspektive sieht das vermutlich so aus!
Onigiri in Ramen (= Reisbällchen in Nudelsuppe)
Irgendwann hatte er sich aber dran gewöhnt.
Lecker!
Beschwerde Nr. 2
Reis
Suppe von gestern
Salat
Sorry.
Heute nur ein einfaches Essen.
Hatte nicht viel Zeit.
Nanu? Ist der Buddha etwa sauer?!
Haaah
Klack
Warum drei Gerichte?!
Eins reicht mir vollkommen!!

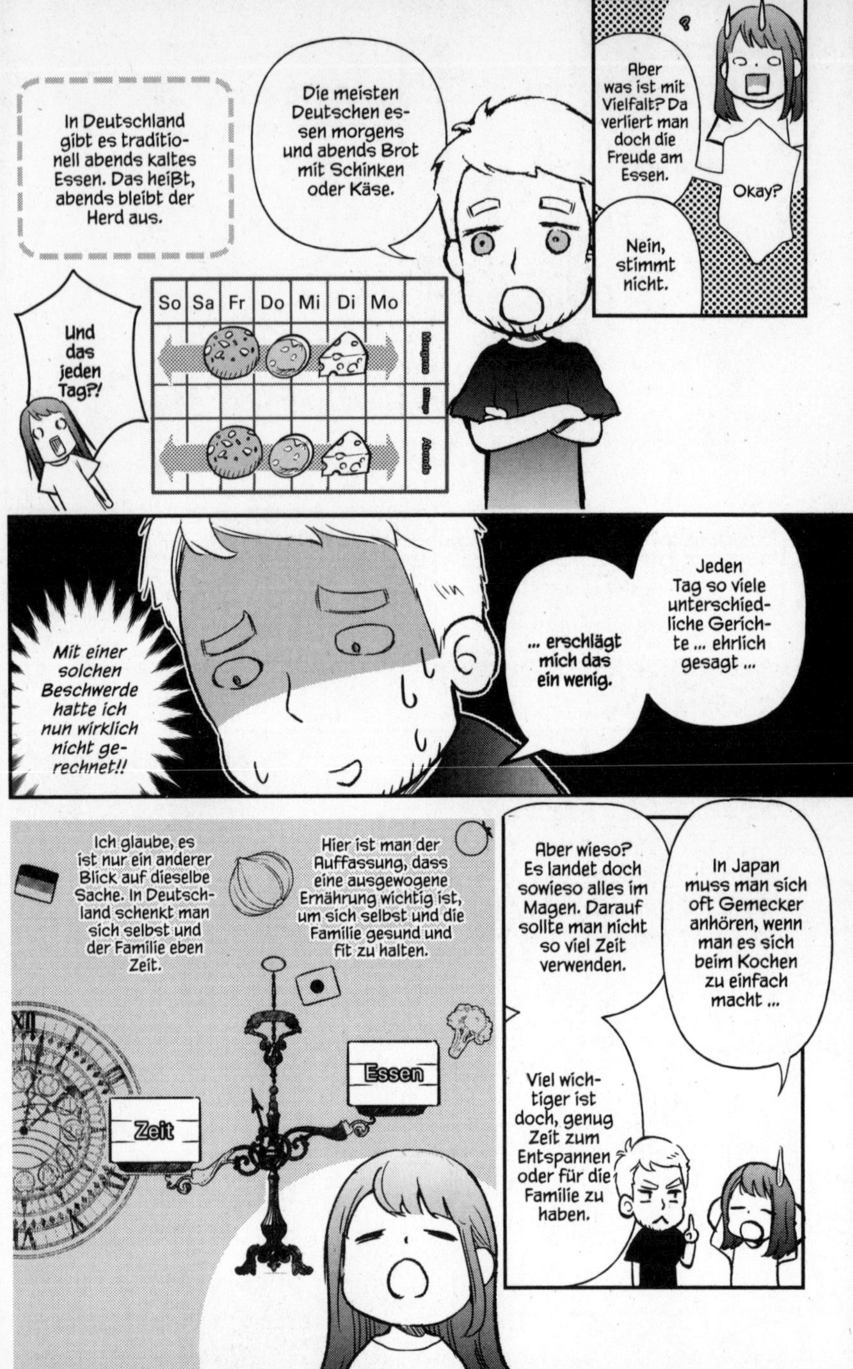

Aber was ist mit Vielfalt? Da verliert man doch die Freude am Essen.
Okay?
Nein, stimmt nicht.
Die meisten Deutschen essen morgens und abends Brot mit Schinken oder Käse.
In Deutschland gibt es traditionell abends kaltes Essen. Das heißt, abends bleibt der Herd aus.
So Sa Fr Do Mi Di Mo
Morgens
Abends
Und das jeden Tag?!
Jeden Tag so viele unterschiedliche Gerichte … ehrlich gesagt …
… erschlägt mich das ein wenig.
Mit einer solchen Beschwerde hatte ich nun wirklich nicht gerechnet!!
In Japan muss man sich oft Gemecker anhören, wenn man es sich beim Kochen zu einfach macht …
Aber wieso? Es landet doch sowieso alles im Magen. Darauf sollte man nicht so viel Zeit verwenden.
Viel wichtiger ist doch, genug Zeit zum Entspannen oder für die Familie zu haben.
Hier ist man der Auffassung, dass eine ausgewogene Ernährung wichtig ist, um sich selbst und die Familie gesund und fit zu halten.
Ich glaube, es ist nur ein anderer Blick auf dieselbe Sache. In Deutschland schenkt man sich selbst und der Familie eben Zeit.
Essen
Zeit

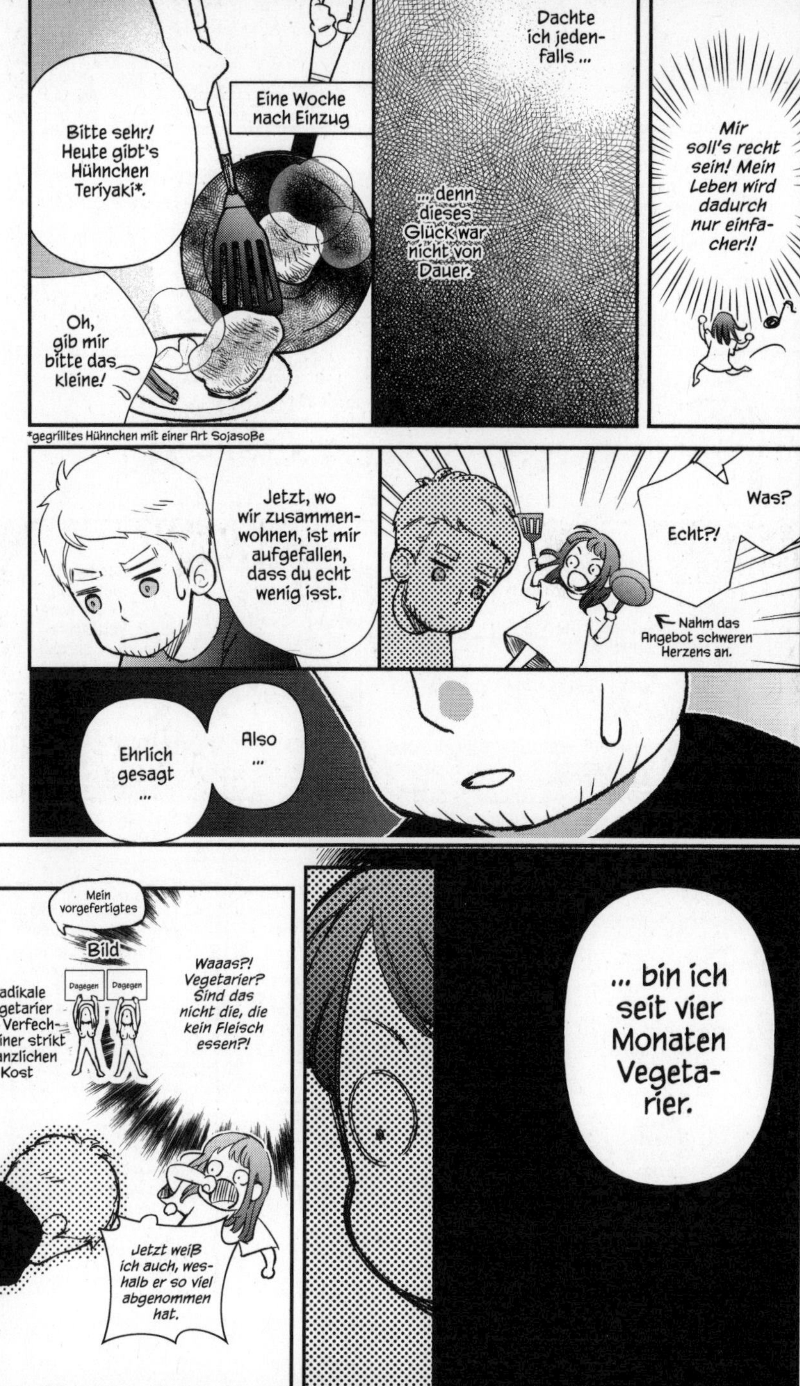
Eine Woche nach Einzug
Bitte sehr! Heute gibt's Hühnchen Teriyaki*.
Oh, gib mir bitte das kleine!
Dachte ich jedenfalls ...
... denn dieses Glück war nicht von Dauer.
Mir soll's recht sein! Mein Leben wird dadurch nur einfacher!!
*gegrilltes Hühnchen mit einer Art Sojasoße
Jetzt, wo wir zusammenwohnen, ist mir aufgefallen, dass du echt wenig isst.
Was?
Echt?!
Nahm das Angebot schweren Herzens an.
Also ...
Ehrlich gesagt ...
... bin ich seit vier Monaten Vegetarier.
Waaas?! Vegetarier? Sind das nicht die, die kein Fleisch essen?!
Mein vorgefertigtes Bild
Radikale Vegetarier und Verfechter einer strikt pflanzlichen Kost
Dagegen
Dagegen
Jetzt weiß ich auch, weshalb er so viel abgenommen hat.

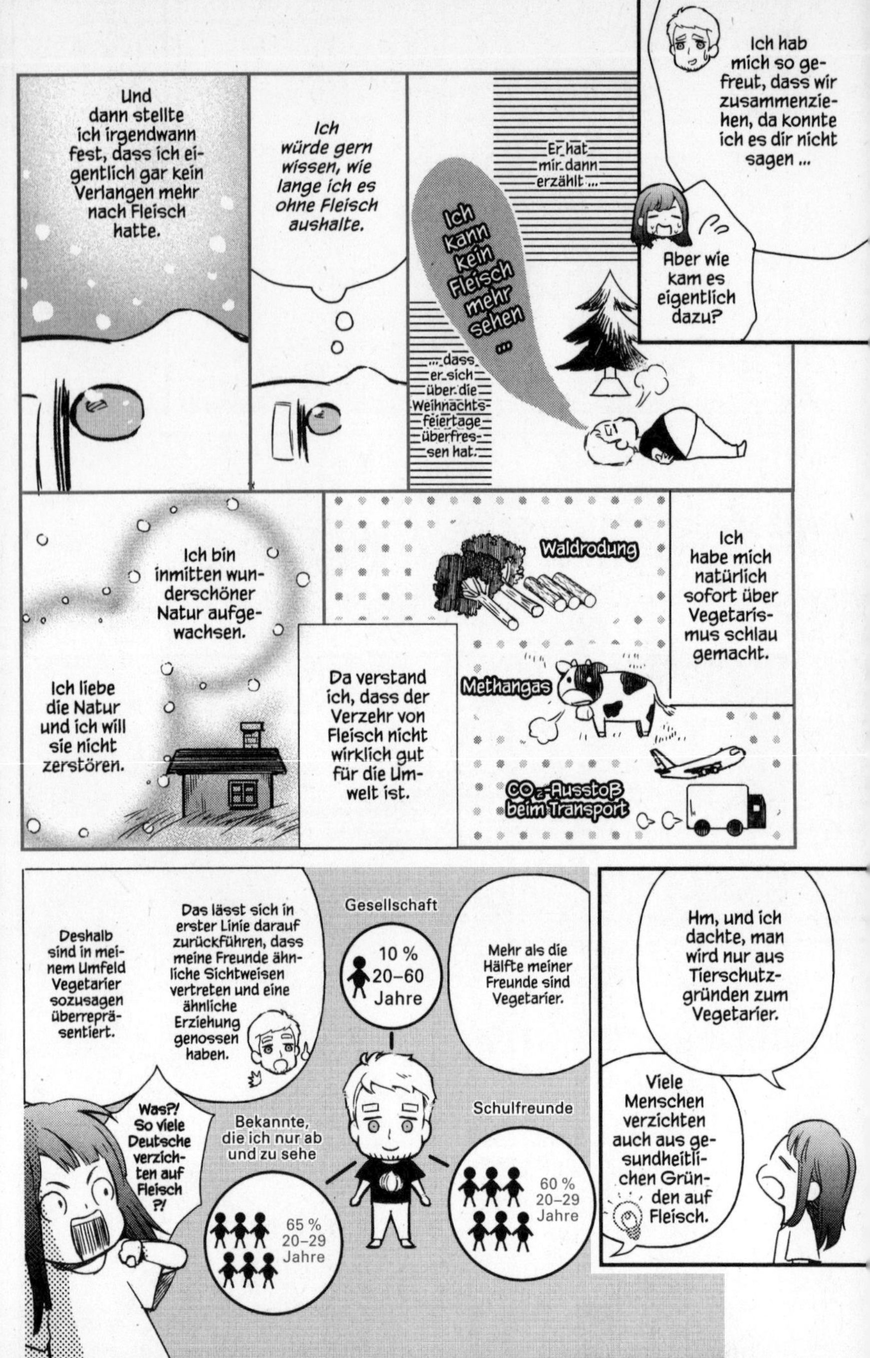
Ich hab mich so gefreut, dass wir zusammenziehen, da konnte ich es dir nicht sagen …
Aber wie kam es eigentlich dazu?
Er hat mir dann erzählt …
… dass er sich über die Weihnachtsfeiertage überfressen hat.
Ich kann kein Fleisch mehr sehen …
Und dann stellte ich irgendwann fest, dass ich eigentlich gar kein Verlangen mehr nach Fleisch hatte.
Ich würde gern wissen, wie lange ich es ohne Fleisch aushalte.
Ich bin inmitten wunderschöner Natur aufgewachsen.
Ich liebe die Natur und ich will sie nicht zerstören.
Ich habe mich natürlich sofort über Vegetarismus schlau gemacht.
Waldrodung
Methangas
CO2-Ausstoß beim Transport
Da verstand ich, dass der Verzehr von Fleisch nicht wirklich gut für die Umwelt ist.
Deshalb sind in meinem Umfeld Vegetarier sozusagen überrepräsentiert.
Das lässt sich in erster Linie darauf zurückführen, dass meine Freunde ähnliche Sichtweisen vertreten und eine ähnliche Erziehung genossen haben.
Gesellschaft
10 % 20–60 Jahre
Mehr als die Hälfte meiner Freunde sind Vegetarier.
Bekannte, die ich nur ab und zu sehe
65 % 20–29 Jahre
Schulfreunde
60 % 20–29 Jahre
Was?! So viele Deutsche verzichten auf Fleisch ?!
Hm, und ich dachte, man wird nur aus Tierschutzgründen zum Vegetarier.
Viele Menschen verzichten auch aus gesundheitlichen Gründen auf Fleisch.

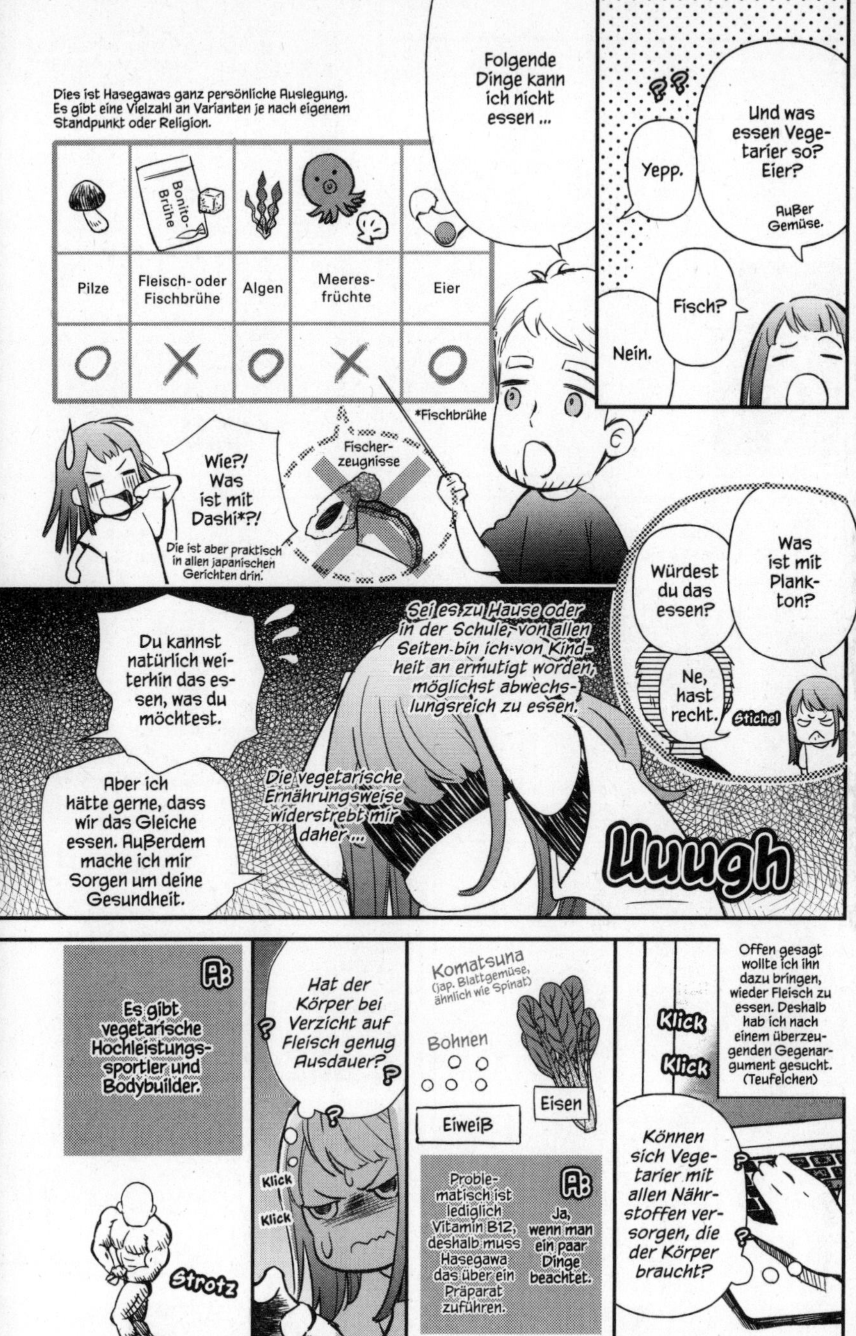

Und was essen Vegetarier so? Eier?
Außer Gemüse.
Yepp.
Fisch?
Nein.
Folgende Dinge kann ich nicht essen ...
Dies ist Hasegawas ganz persönliche Auslegung. Es gibt eine Vielzahl an Varianten je nach eigenem Standpunkt oder Religion.
Bonito-Brühe
Pilze
Fleisch- oder Fischbrühe
Algen
Meeresfrüchte
Eier
O
X
O
X
O
Fischerzeugnisse
Wie?! Was ist mit Dashi*?!
Die ist aber praktisch in allen japanischen Gerichten drin.
*Fischbrühe
Was ist mit Plankton?
Würdest du das essen?
Ne, hast recht.
Stichel
Sei es zu Hause oder in der Schule, von allen Seiten bin ich von Kindheit an ermutigt worden, möglichst abwechslungsreich zu essen.
Die vegetarische Ernährungsweise widerstrebt mir daher ...
Du kannst natürlich weiterhin das essen, was du möchtest.
Aber ich hätte gerne, dass wir das Gleiche essen. Außerdem mache ich mir Sorgen um deine Gesundheit.
Uuugh
Offen gesagt wollte ich ihn dazu bringen, wieder Fleisch zu essen. Deshalb hab ich nach einem überzeugenden Gegenargument gesucht. (Teufelchen)
Klick
Klick
Können sich Vegetarier mit allen Nährstoffen versorgen, die der Körper braucht?
Komatsuna (jap. Blattgemüse, ähnlich wie Spinat)
Bohnen
Eisen
Eiweiß
A: Ja, wenn man ein paar Dinge beachtet.
Problematisch ist lediglich Vitamin B12, deshalb muss Hasegawa das über ein Präparat zuführen.
Hat der Körper bei Verzicht auf Fleisch genug Ausdauer?
Klick
Klick
A: Es gibt vegetarische Hochleistungssportler und Bodybuilder.
Strotz

Ich habe mir auch Blogartikel durchgelesen, in denen Personen über ihre Erfahrungen mit vegetarischer Ernährung schreiben.

Seit ich mich vegetarisch ernähre, geht's mir gesundheitlich super.

Seit ich mich nicht mehr vegetarisch ernähre, geht's mir gesundheitlich wieder super.

Es gab Stimmen sowohl für das eine als auch für das andere. Allerdings konnte ich keinen Hinweis darauf finden, dass eine vegetarische Ernährung grundsätzlich ungesund ist.

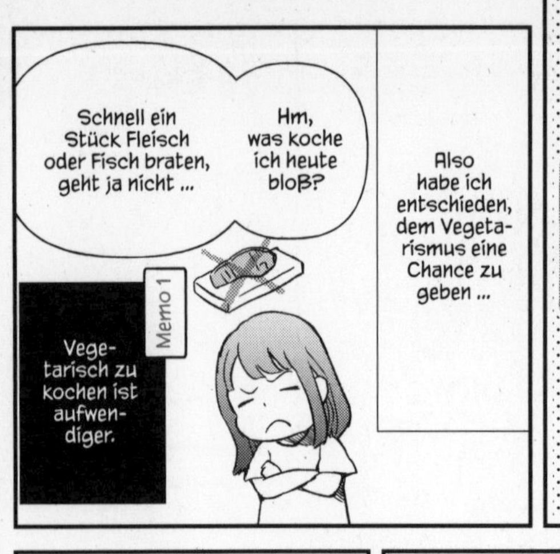

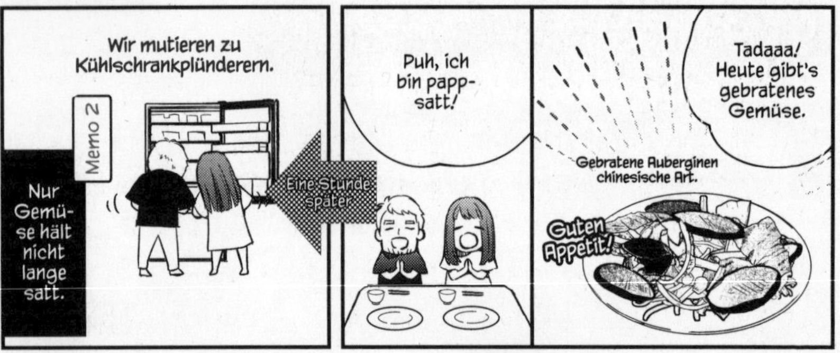

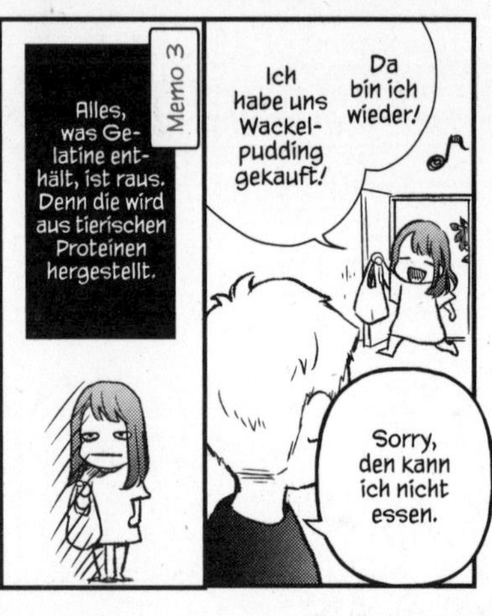

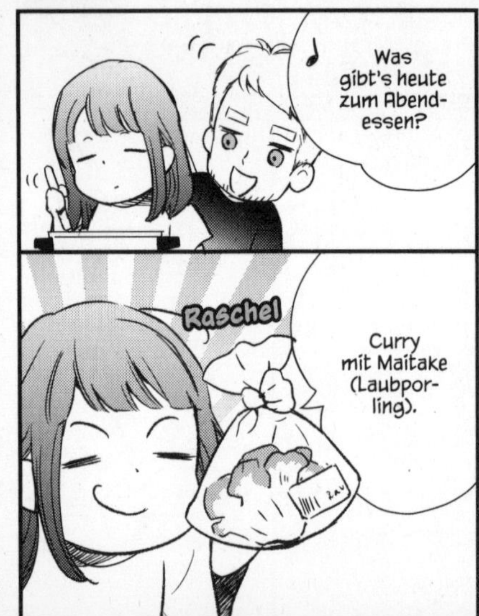

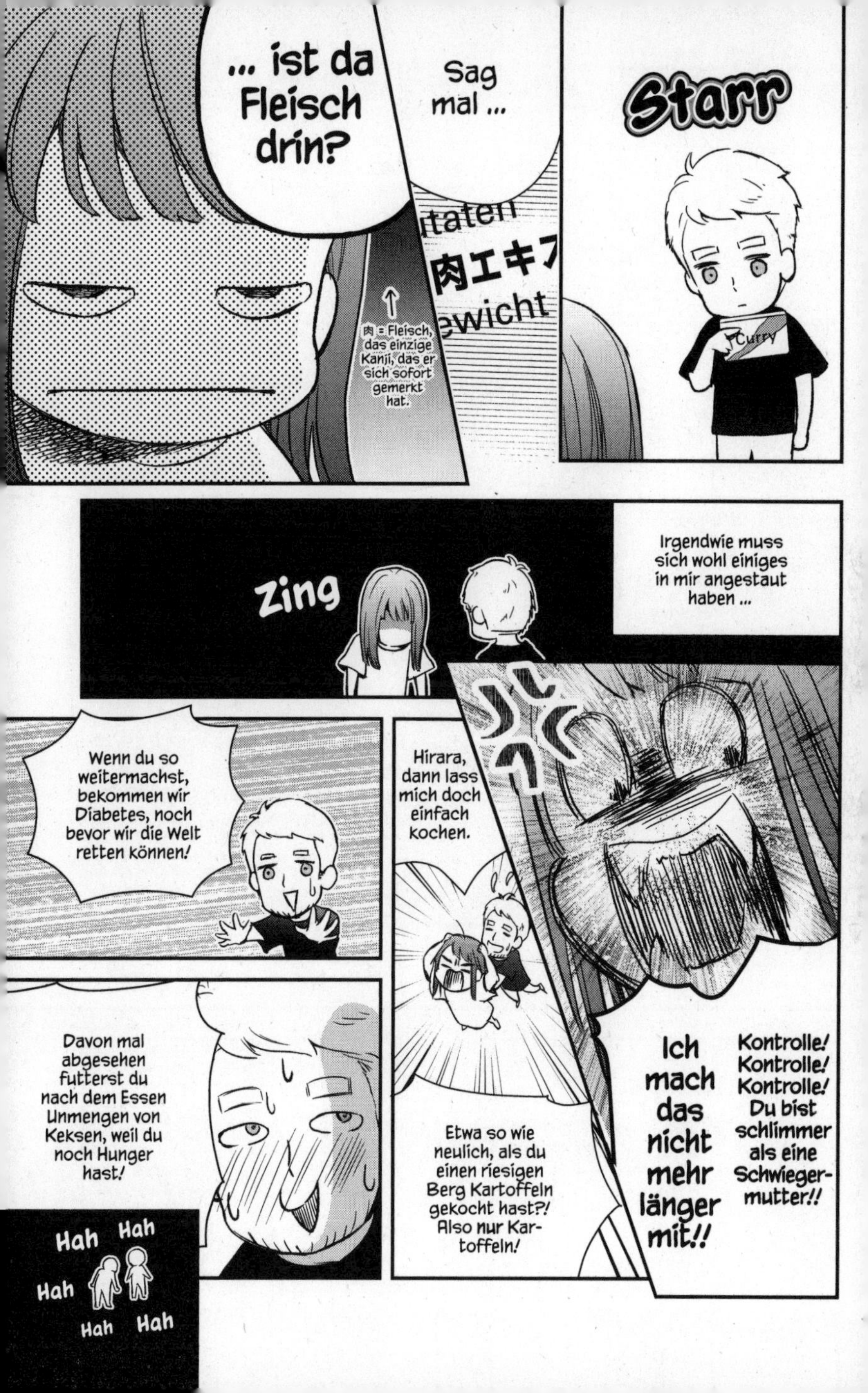

Starr

Curry

Sag mal ...

... ist da Fleisch drin?

utaten

肉エキ

ewicht

↑ 肉 = Fleisch, das einzige Kanji, das er sich sofort gemerkt hat.

Irgendwie muss sich wohl einiges in mir angestaut haben ...

Zing

Kontrolle! Kontrolle! Kontrolle! Du bist schlimmer als eine Schwiegermutter!!

Ich mach das nicht mehr länger mit!!

Hirara, dann lass mich doch einfach kochen.

Wenn du so weitermachst, bekommen wir Diabetes, noch bevor wir die Welt retten können!

Etwa so wie neulich, als du einen riesigen Berg Kartoffeln gekocht hast?! Also nur Kartoffeln!

Davon mal abgesehen futterst du nach dem Essen Unmengen von Keksen, weil du noch Hunger hast!

Hah Hah Hah Hah Hah

Mittlerweile weiß ich auch, worauf ich beim Kochen achten muss, was es wesentlich entspannter macht.

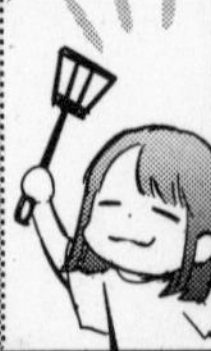

... aber dafür drücken wir bei der Dashi-Brühe und dem Tierextrakt ein Auge zu.

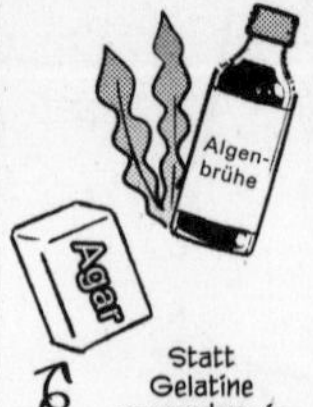

Statt Gelatine verwenden wir Agar-Agar.

Wo immer möglich weichen wir auf pflanzliche Alternativprodukte aus ...

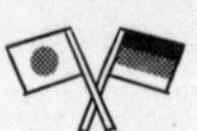

Nach etwas Hin und Her haben wir uns auf folgenden Kompromiss geeinigt ...

Veggie-Gerichte, die im Nu zubereitet sind und satt machen!

Als Fleischersatz

- Frittierte Tofutaschen
- Mu-Err-Pilze
- Kräutersaitlinge
- Auberginen

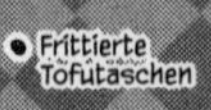

Tamadon (Eier auf Reis)

Seidentofu in dünne Scheiben schneiden und dazugeben.

Spinat oder Komatsuna

Frittiertes

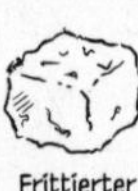

Frittierter Tofu

Frittierter Kräutersaitling

Da man alles Mögliche frittieren kann, werden mit dieser Zubereitungsart auf einen Schlag beide Seiten glücklich.

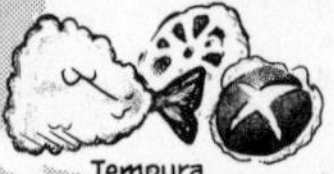

Tempura (frittierte Speise)

Gerichte mit Avocado

Tomate-Avocado-Ei-Bowl

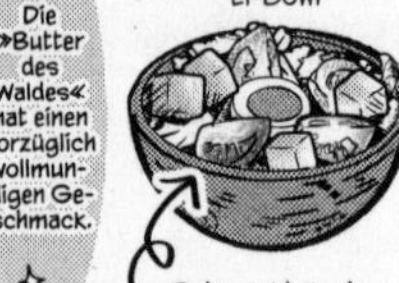

Die »Butter des Waldes« hat einen vorzüglich vollmundigen Geschmack.

Schmeckt auch mit Pasta.

Tomatensuppe

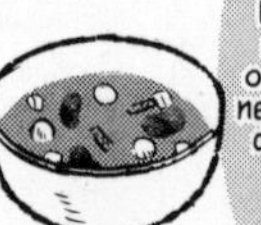

Kichererbsen oder Kidneybohnen dazugeben.

Chicken Nuggets kann man aus festem Tofu herstellen. Einmal einfrieren, auftauen, würzen, in Mehl wenden und frittieren.

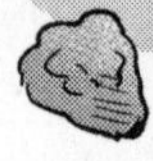

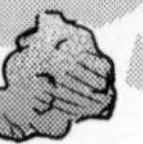

Yakisoba (gebratene Nudeln) mit frittierten Tofutaschen mag ich auch.

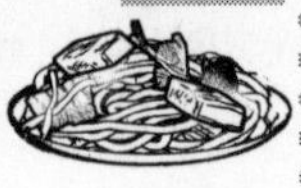

Für »Chili con Carne« kann man statt Hackfleisch klein gehackte Champignons verwenden.

*Ab und zu esse ich Fleisch.

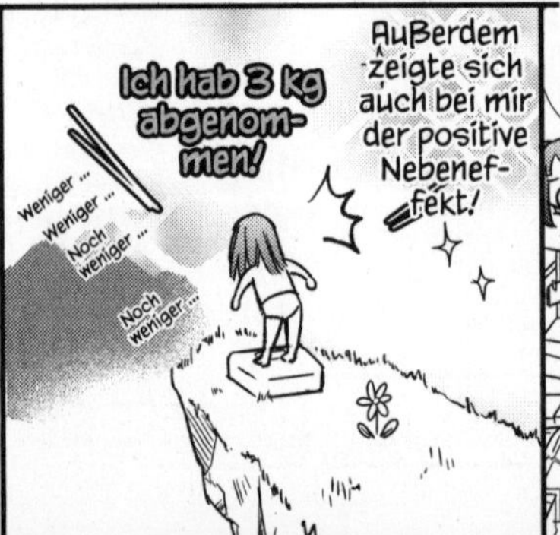

Außerdem zeigte sich auch bei mir der positive Nebeneffekt!

Befürchtung

Die armen Tiere ...

Fleisch ist im Angebot! Willst du nicht was mitnehmen?*

Das muss jeder für sich selbst entscheiden.

Dass sich meine Einstellung gegenüber der vegetarischen Ernährungsweise zum Positiven hin verändert hat, ist Hasegawa zu verdanken, der nie versucht hat, mir seinen Lebensstil aufzuzwängen.

Exkurs Die Deutschen und das Fernsehen (1)

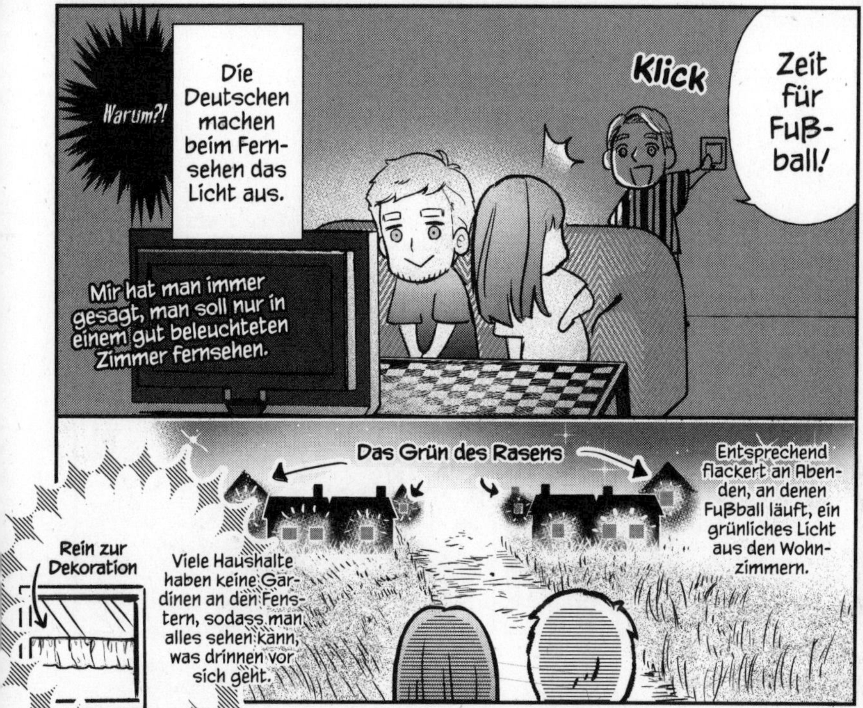

Exkurs Die Deutschen und das Fernsehen (2)

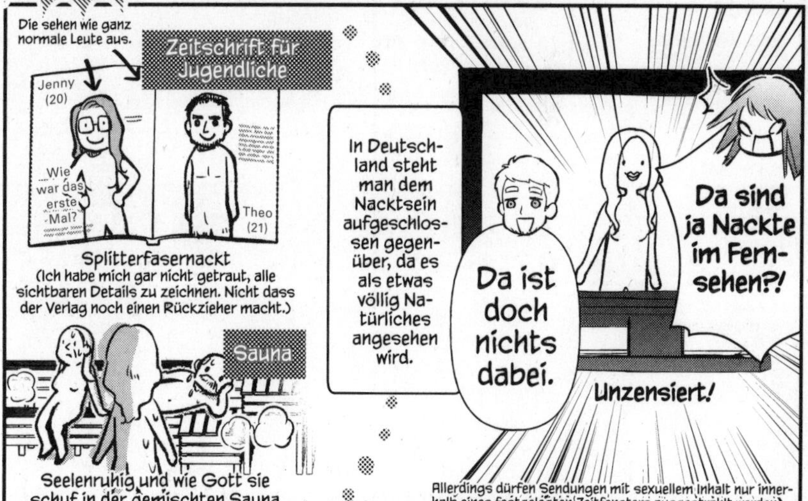

Kapitel 4 – Wie wir uns entschlossen, nach Deutschland zu gehen

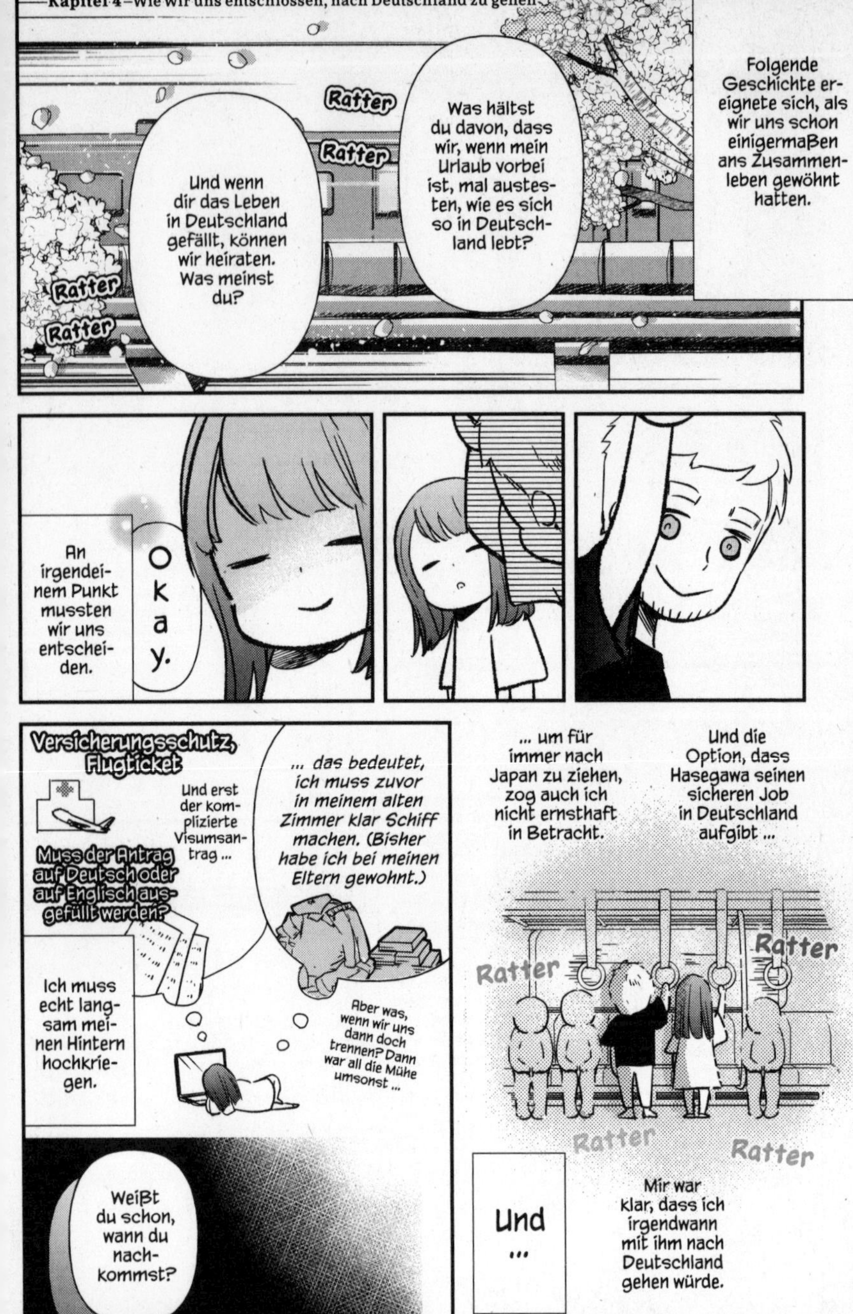

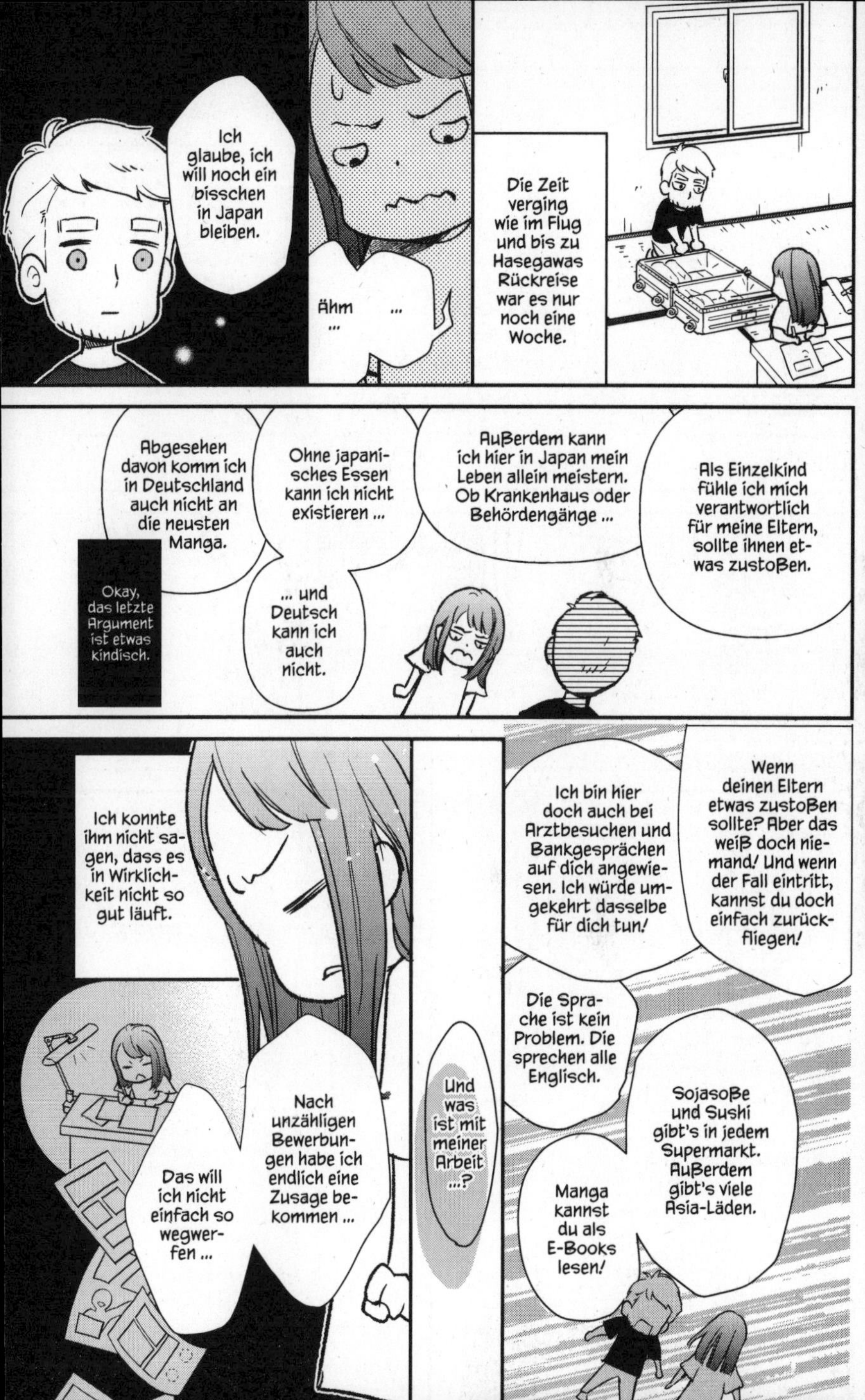

Die Zeit verging wie im Flug und bis zu Hasegawas Rückreise war es nur noch eine Woche.
Ähm ... ...
Ich glaube, ich will noch ein bisschen in Japan bleiben.
Als Einzelkind fühle ich mich verantwortlich für meine Eltern, sollte ihnen etwas zustoßen.
Außerdem kann ich hier in Japan mein Leben allein meistern. Ob Krankenhaus oder Behördengänge ...
Ohne japanisches Essen kann ich nicht existieren ...
... und Deutsch kann ich auch nicht.
Abgesehen davon komm ich in Deutschland auch nicht an die neusten Manga.
Okay, das letzte Argument ist etwas kindisch.
Wenn deinen Eltern etwas zustoßen sollte? Aber das weiß doch niemand! Und wenn der Fall eintritt, kannst du doch einfach zurückfliegen!
Ich bin hier doch auch bei Arztbesuchen und Bankgesprächen auf dich angewiesen. Ich würde umgekehrt dasselbe für dich tun!
Die Sprache ist kein Problem. Die sprechen alle Englisch.
Sojasoße und Sushi gibt's in jedem Supermarkt. Außerdem gibt's viele Asia-Läden.
Manga kannst du als E-Books lesen!
Und was ist mit meiner Arbeit ...?
Nach unzähligen Bewerbungen habe ich endlich eine Zusage bekommen ...
Das will ich nicht einfach so wegwerfen ...
Ich konnte ihm nicht sagen, dass es in Wirklichkeit nicht so gut läuft.

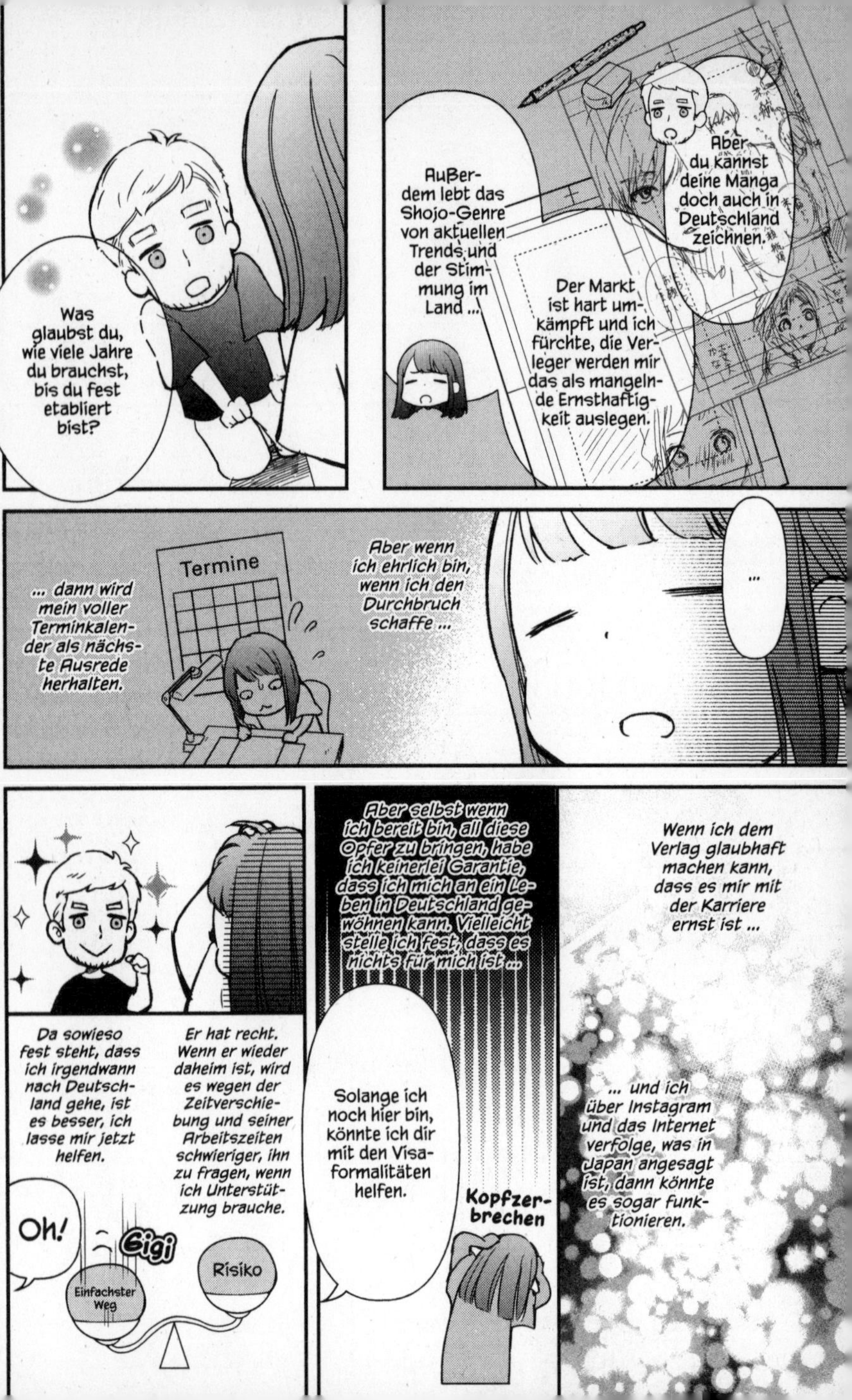

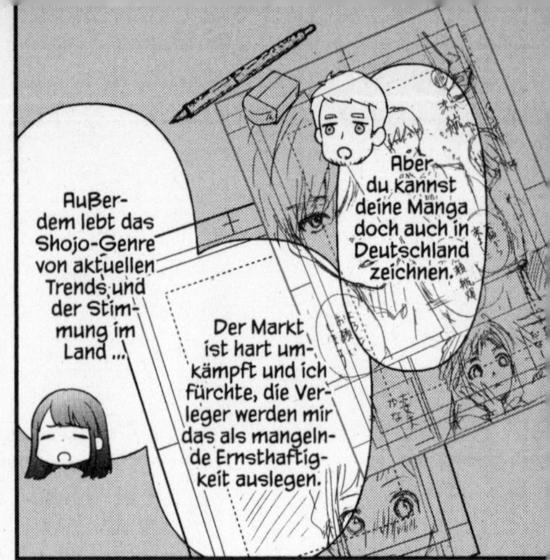

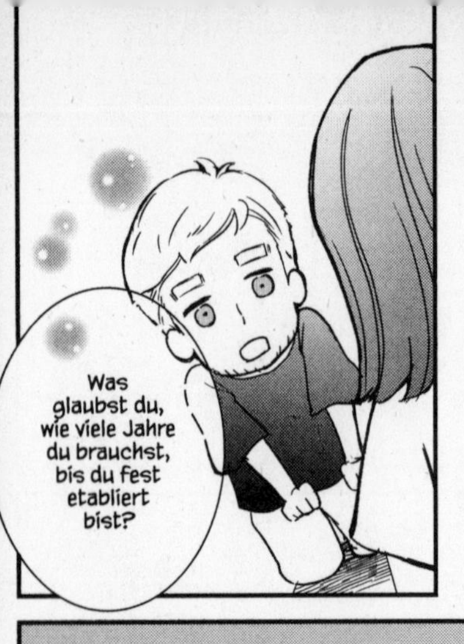

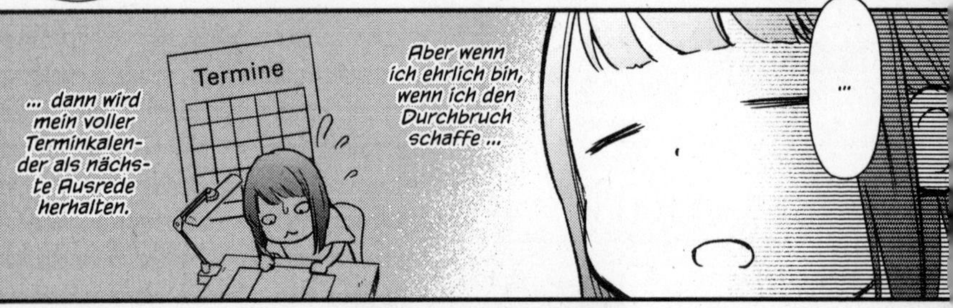

Wenn ich dem Verlag glaubhaft machen kann, dass es mir mit der Karriere ernst ist ...

... und ich über Instagram und das Internet verfolge, was in Japan angesagt ist, dann könnte es sogar funktionieren.

Aber selbst wenn ich bereit bin, all diese Opfer zu bringen, habe ich keinerlei Garantie, dass ich mich an ein Leben in Deutschland gewöhnen kann. Vielleicht stelle ich fest, dass es nichts für mich ist ...

Solange ich noch hier bin, könnte ich dir mit den Visaformalitäten helfen.

Kopfzerbrechen

Er hat recht. Wenn er wieder daheim ist, wird es wegen der Zeitverschiebung und seiner Arbeitszeiten schwieriger, ihn zu fragen, wenn ich Unterstützung brauche.

Da sowieso fest steht, dass ich irgendwann nach Deutschland gehe, ist es besser, ich lasse mir jetzt helfen.

Oh!

Gigi

Risiko

Einfachster Weg

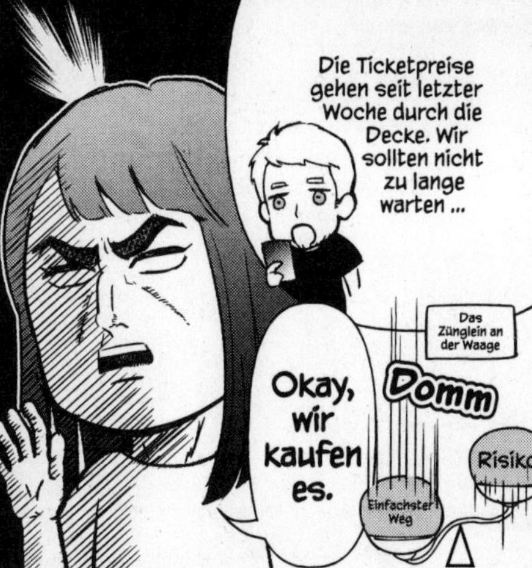

Die Ticketpreise gehen seit letzter Woche durch die Decke. Wir sollten nicht zu lange warten ...
Das Zünglein an der Waage
Domm
Okay, wir kaufen es.
Risiko
Einfachster Weg

Und damit war's entschieden. In einem Monat würde ich Japan verlassen.
Klick
Flugticket kau
Er blieb neben mir stehen, bis ich auf »Kaufen« geklickt hatte.

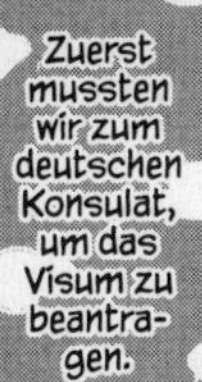

Zuerst mussten wir zum deutschen Konsulat, um das Visum zu beantragen.

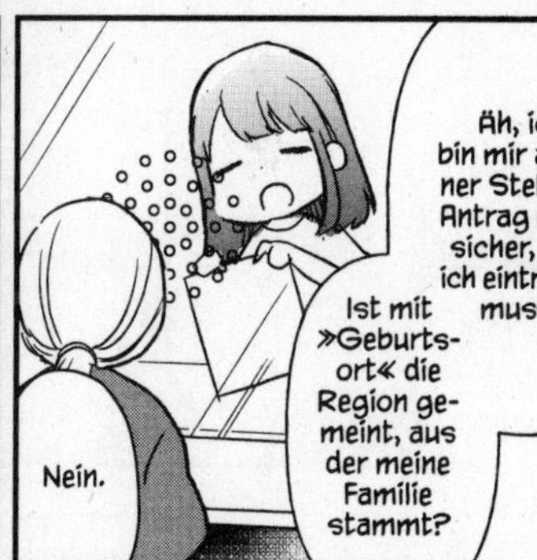

Äh, ich bin mir an einer Stelle im Antrag nicht sicher, was ich eintragen muss.
Ist mit »Geburtsort« die Region gemeint, aus der meine Familie stammt?
Nein.

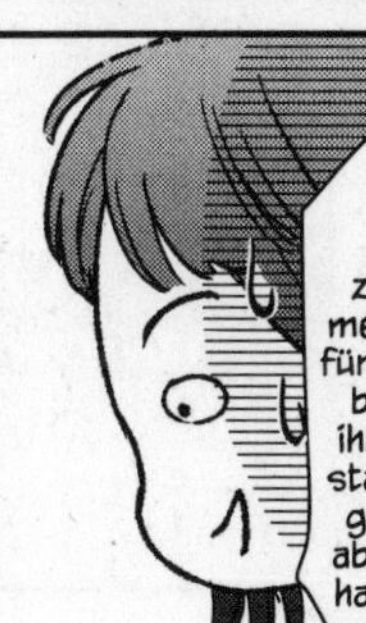

Sie müssen den Ort des Krankenhauses eintragen, in dem Sie geboren wurden.
Hm?
Ich weiß zwar, dass meine Mutter für meine Entbindung in ihre Heimatstadt zurückgekehrt ist, aber gewohnt habe ich dort nie ...

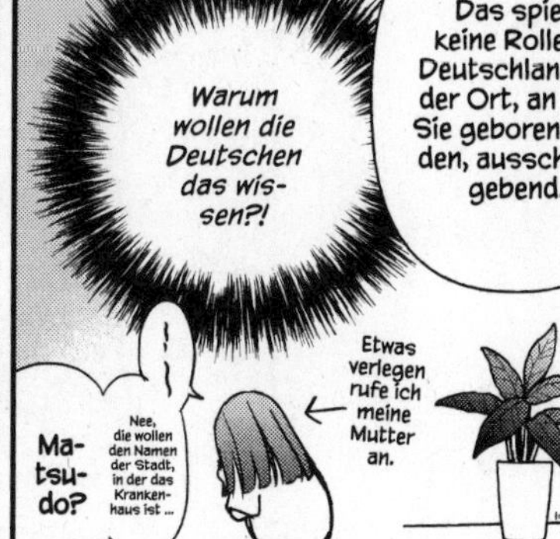

Das spielt keine Rolle. In Deutschland ist der Ort, an dem Sie geboren wurden, ausschlaggebend.
Warum wollen die Deutschen das wissen?!
Etwas verlegen rufe ich meine Mutter an.
Nee, die wollen den Namen der Stadt, in der das Krankenhaus ist ...
Matsudo?

Später in Deutschland musste ich meinen Geburtsort noch viele Male angeben. Unter anderem beim Deutschtest und sogar auf dem Anmeldebogen des Zahnarztes.
Matsudo
MATSUDO
Nicht einmal in Japan hab ich so oft »Matsudo« geschrieben.

Und dann ...
... flog Hasegawa zurück nach Hause.

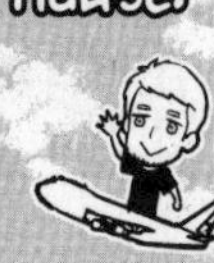

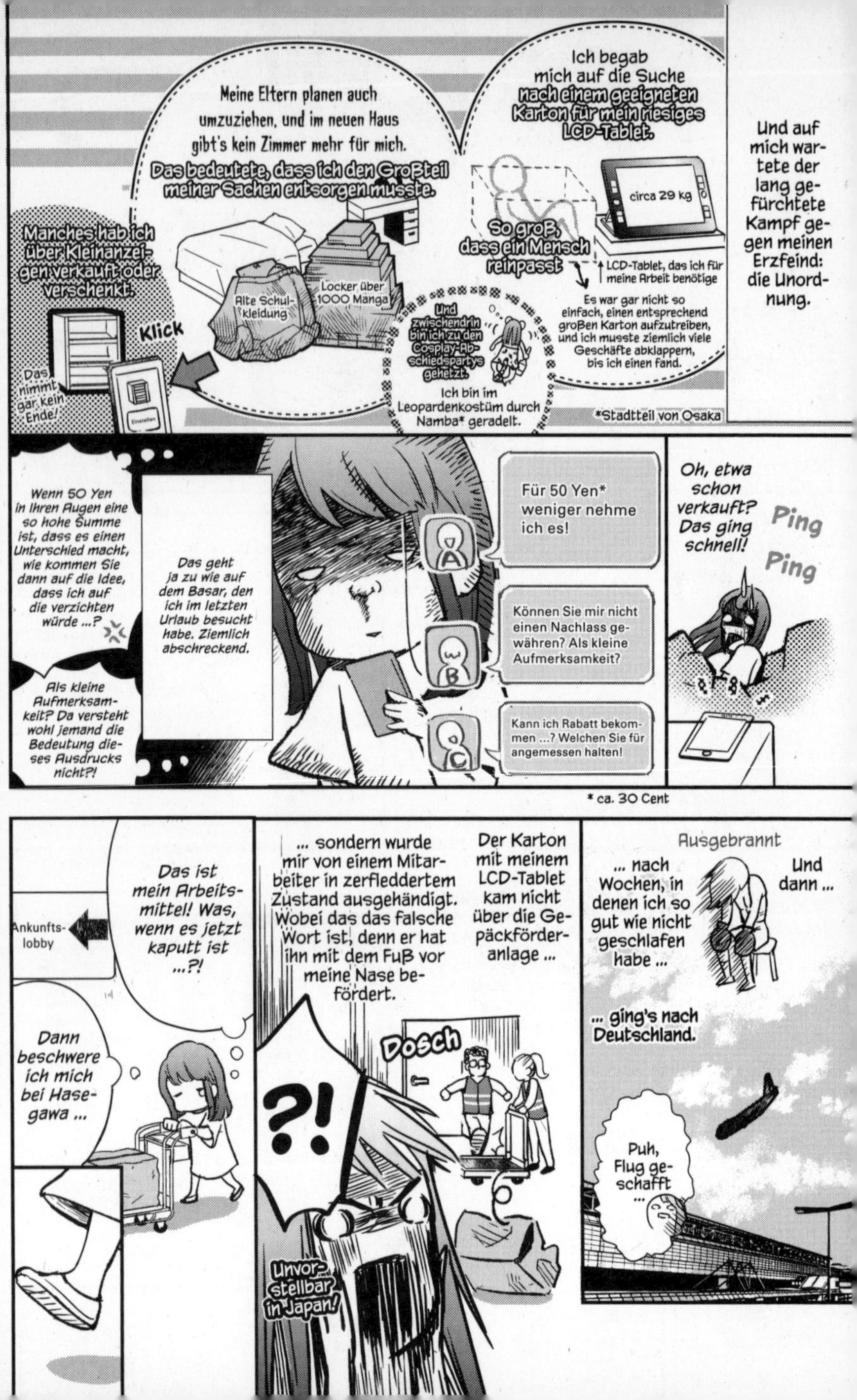

Und auf mich wartete der lang gefürchtete Kampf gegen meinen Erzfeind: die Unordnung.

Ich begab mich auf die Suche **nach einem geeigneten Karton für mein riesiges LCD-Tablet.**

circa 29 kg

So groß, dass ein Mensch reinpasst

LCD-Tablet, das ich für meine Arbeit benötige

Es war gar nicht so einfach, einen entsprechend großen Karton aufzutreiben, und ich musste ziemlich viele Geschäfte abklappern, bis ich einen fand.

Meine Eltern planen auch umzuziehen, und im neuen Haus gibt's kein Zimmer mehr für mich.

Das bedeutete, dass ich den Großteil meiner Sachen entsorgen musste.

Manches hab ich über Kleinanzeigen verkauft oder verschenkt.

Alte Schulkleidung

Locker über 1000 Manga

Klick

Das nimmt gar kein Ende!

Einstellen

Und zwischendrin bin ich zu den Cosplay-Abschiedspartys gehetzt.

Ich bin im Leopardenkostüm durch Namba* geradelt.

*Stadtteil von Osaka

Oh, etwa schon verkauft? Das ging schnell!

Ping

Ping

Für 50 Yen* weniger nehme ich es!

Können Sie mir nicht einen Nachlass gewähren? Als kleine Aufmerksamkeit?

Kann ich Rabatt bekommen ...? Welchen Sie für angemessen halten!

Das geht ja zu wie auf dem Basar, den ich im letzten Urlaub besucht habe. Ziemlich abschreckend.

Wenn 50 Yen in Ihren Augen eine so hohe Summe ist, dass es einen Unterschied macht, wie kommen Sie dann auf die Idee, dass ich auf die verzichten würde ...?

Als kleine Aufmerksamkeit? Da versteht wohl jemand die Bedeutung dieses Ausdrucks nicht?!

* ca. 30 Cent

Ausgebrannt

Und dann ...

... nach Wochen, in denen ich so gut wie nicht geschlafen habe ...

... ging's nach Deutschland.

Puh, Flug geschafft ...

Der Karton mit meinem LCD-Tablet kam nicht über die Gepäckförderanlage ...

... sondern wurde mir von einem Mitarbeiter in zerfleddertem Zustand ausgehändigt. Wobei das das falsche Wort ist, denn er hat ihn mit dem Fuß vor meine Nase befördert.

Dosch

?!

Unvorstellbar in Japan!

Das ist mein Arbeitsmittel! Was, wenn es jetzt kaputt ist ...?!

Ankunftslobby

Dann beschwere ich mich bei Hasegawa ...

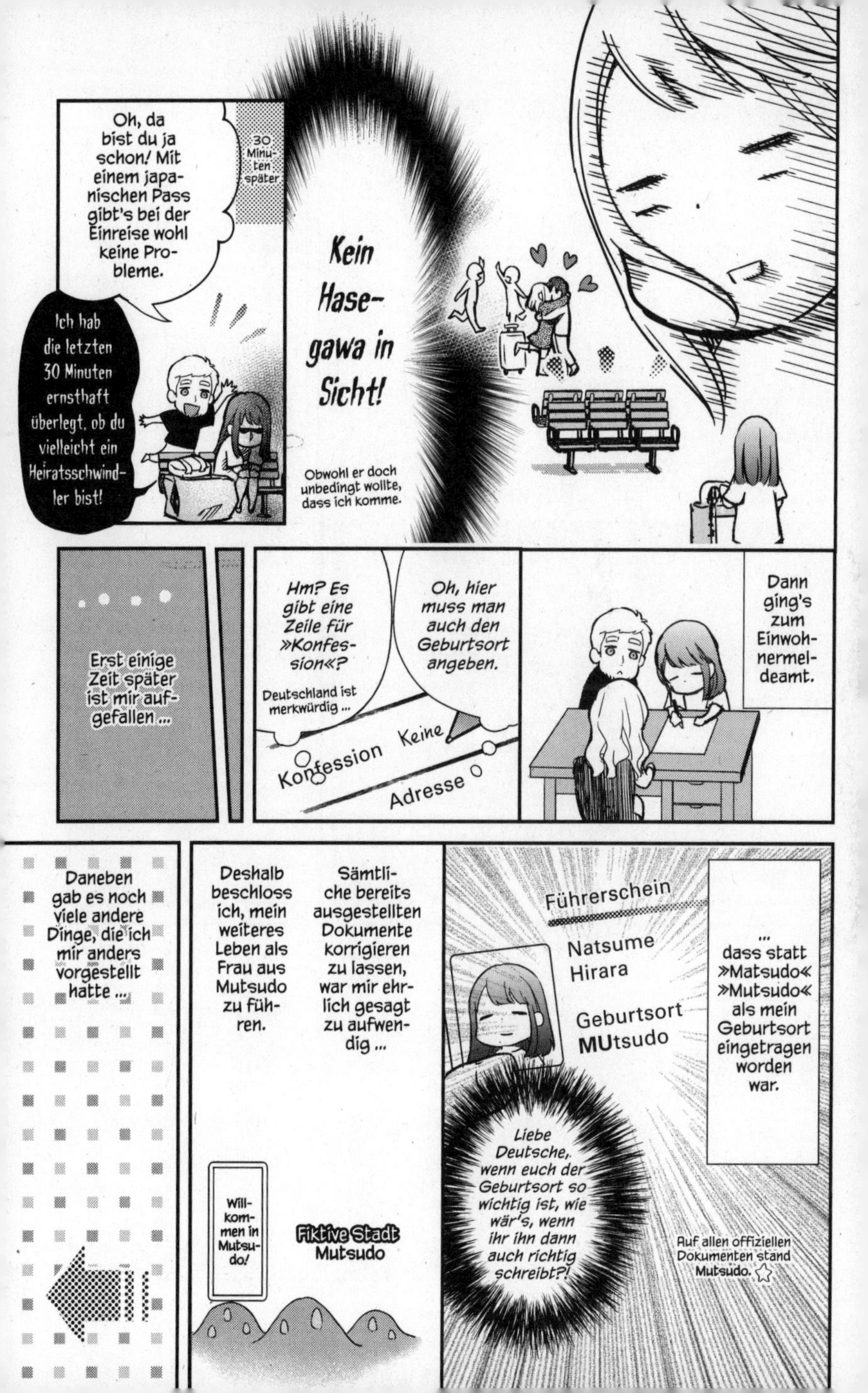

Kein Hasegawa in Sicht!

Obwohl er doch unbedingt wollte, dass ich komme.

30 Minuten später

Oh, da bist du ja schon! Mit einem japanischen Pass gibt's bei der Einreise wohl keine Probleme.

Ich hab die letzten 30 Minuten ernsthaft überlegt, ob du vielleicht ein Heiratsschwindler bist!

Dann ging's zum Einwohnermeldeamt.

Oh, hier muss man auch den Geburtsort angeben.

Hm? Es gibt eine Zeile für »Konfession«?

Deutschland ist merkwürdig ...

Konfession Keine

Adresse

Erst einige Zeit später ist mir aufgefallen ...

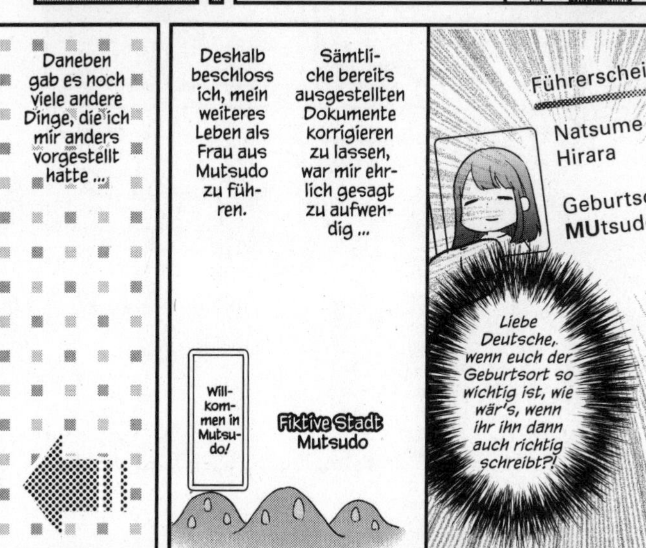

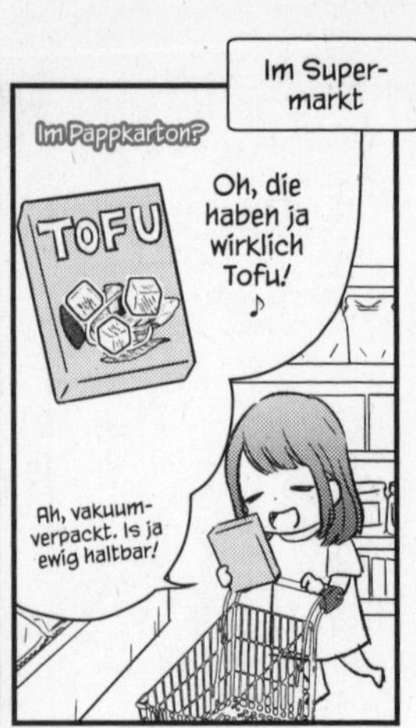
Im Super-
markt
Im Pappkarton?
TOFU
Oh, die
haben ja
wirklich
Tofu! ♪
Ah, vakuum-
verpackt. Is ja
ewig haltbar!

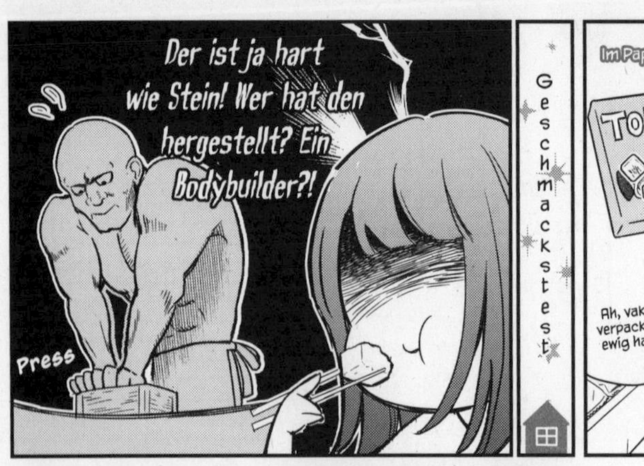
Geschmackstest
Der ist ja hart
wie Stein! Wer hat den
hergestellt? Ein
Bodybuilder?!
Press

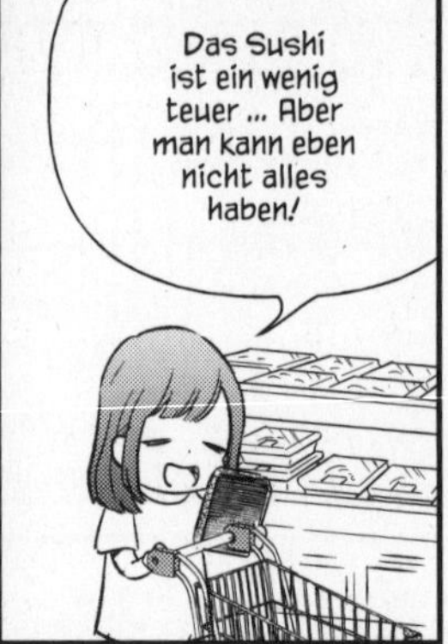
Das Sushi
ist ein wenig
teuer ... Aber
man kann eben
nicht alles
haben!

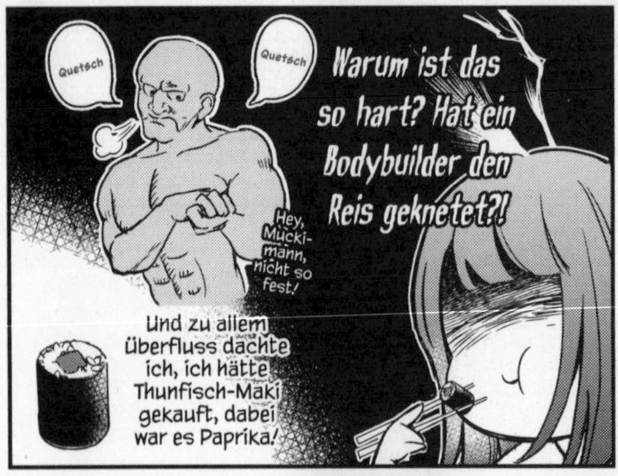
Warum ist das
so hart? Hat ein
Bodybuilder den
Reis geknetet?!
Quetsch
Quetsch
Hey,
Mucki-
mann,
nicht so
fest!
Und zu allem
Überfluss dachte
ich, ich hätte
Thunfisch-Maki
gekauft, dabei
war es Paprika!

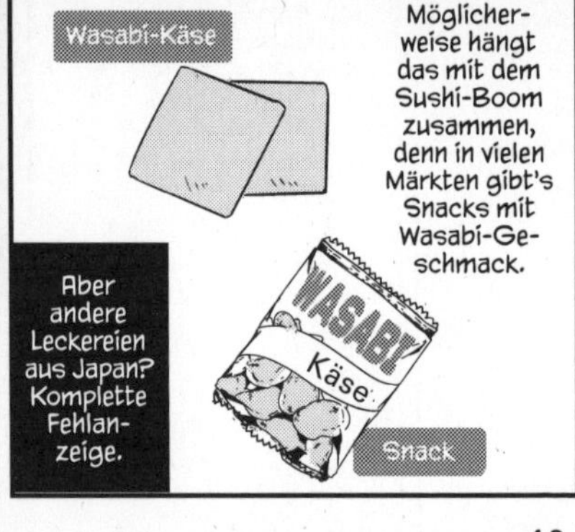
Wasabi-Käse
Möglicher-
weise hängt
das mit dem
Sushi-Boom
zusammen,
denn in vielen
Märkten gibt's
Snacks mit
Wasabi-Ge-
schmack.
WASABI
Käse
Snack
Aber
andere
Leckereien
aus Japan?
Komplette
Fehlan-
zeige.

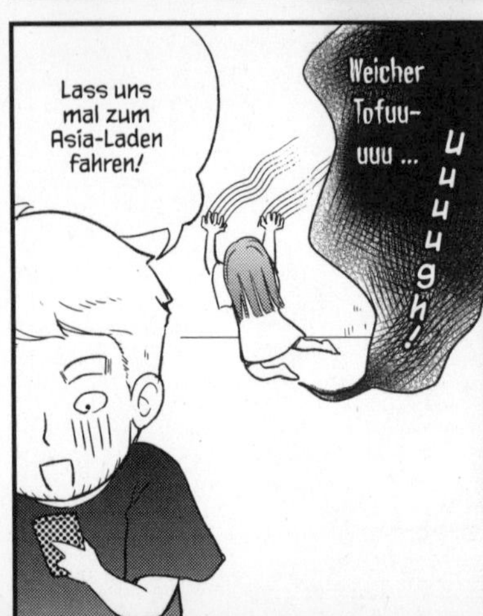
Weicher
Tofuu-
uuu ...
Uuuugh!
Lass uns
mal zum
Asia-Laden
fahren!

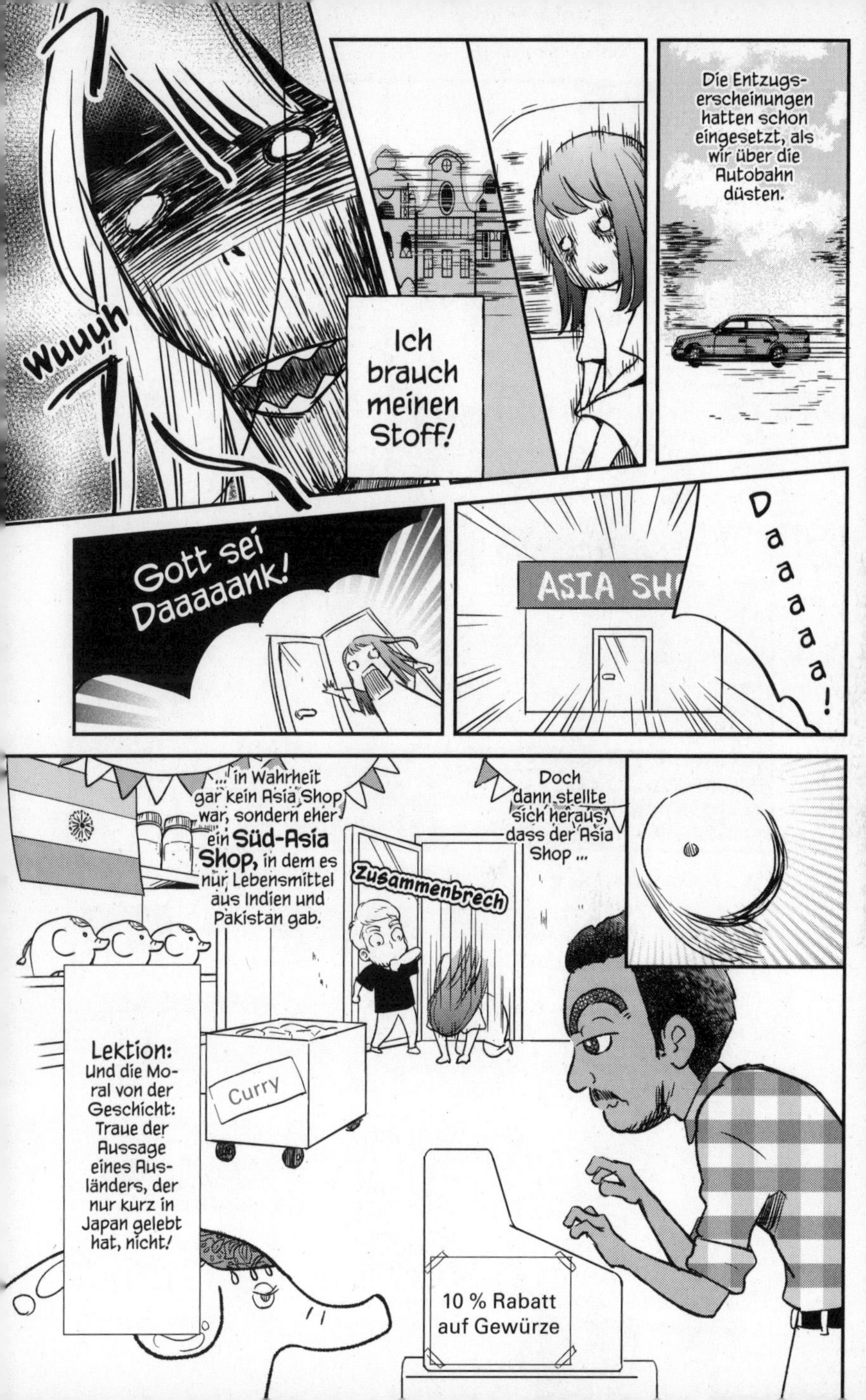
Die Entzugs-erscheinungen hatten schon eingesetzt, als wir über die Autobahn düsten.
Ich brauch meinen Stoff!
Wuuuh
Daaaaaa!
ASIA SH
Gott sei Daaaaank!
Doch dann stellte sich heraus, dass der Asia Shop ...
... in Wahrheit gar kein Asia Shop war, sondern eher ein **Süd-Asia Shop,** in dem es nur Lebensmittel aus Indien und Pakistan gab.
Zusammenbrech
Curry
Lektion: Und die Moral von der Geschicht: Traue der Aussage eines Ausländers, der nur kurz in Japan gelebt hat, nicht!
10 % Rabatt auf Gewürze

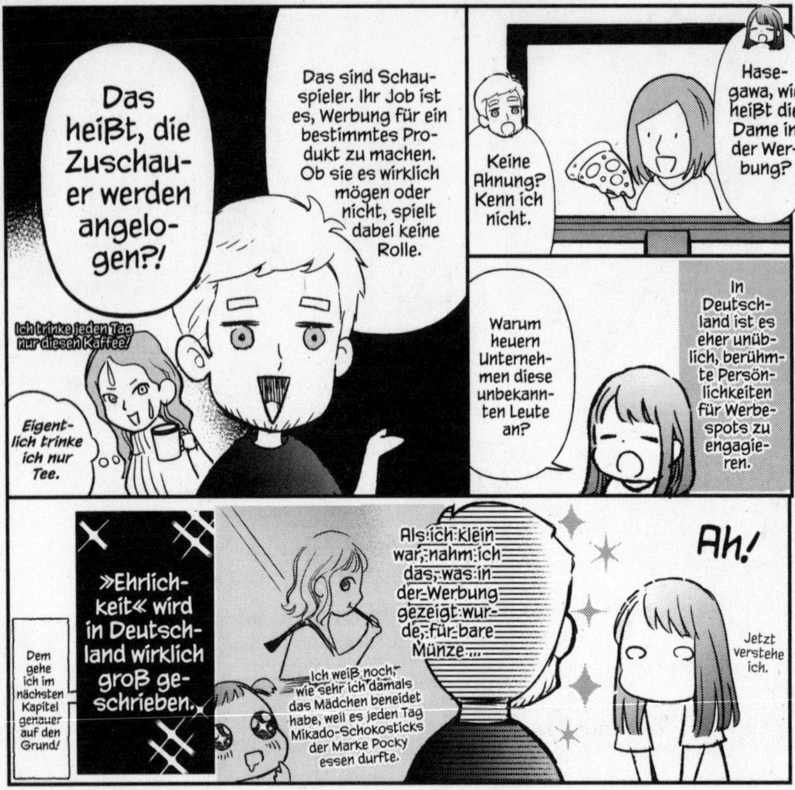

Hasegawa, wie heißt die Dame in der Werbung?

Keine Ahnung? Kenn ich nicht.

In Deutschland ist es eher unüblich, berühmte Persönlichkeiten für Werbespots zu engagieren.

Warum heuern Unternehmen diese unbekannten Leute an?

Das sind Schauspieler. Ihr Job ist es, Werbung für ein bestimmtes Produkt zu machen. Ob sie es wirklich mögen oder nicht, spielt dabei keine Rolle.

Das heißt, die Zuschauer werden angelogen?!

Ich trinke jeden Tag nur diesen Kaffee!

Eigentlich trinke ich nur Tee.

Ah!

Jetzt verstehe ich.

Als ich klein war, nahm ich das, was in der Werbung gezeigt wurde, für bare Münze …

Ich weiß noch, wie sehr ich damals das Mädchen beneidet habe, weil es jeden Tag Mikado-Schokosticks der Marke Pocky essen durfte.

»Ehrlichkeit« wird in Deutschland wirklich groß geschrieben.

Dem gehe ich im nächsten Kapitel genauer auf den Grund!

Berichterstattung während der Corona-Pandemie

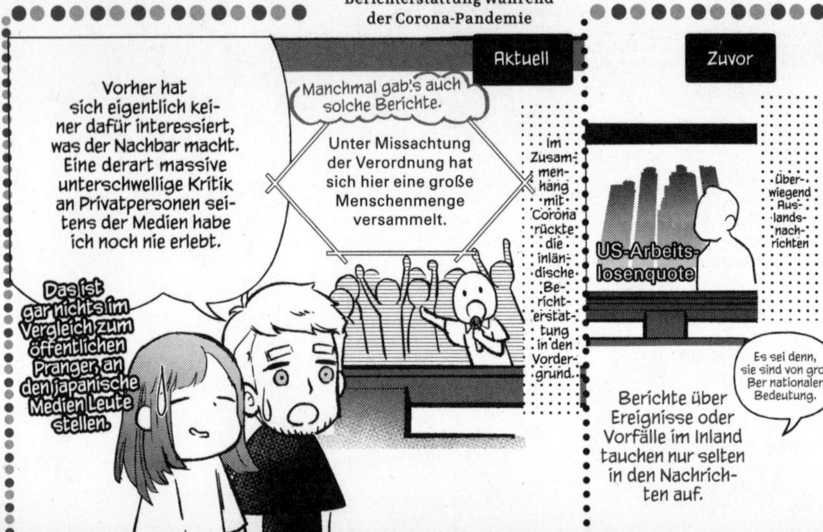

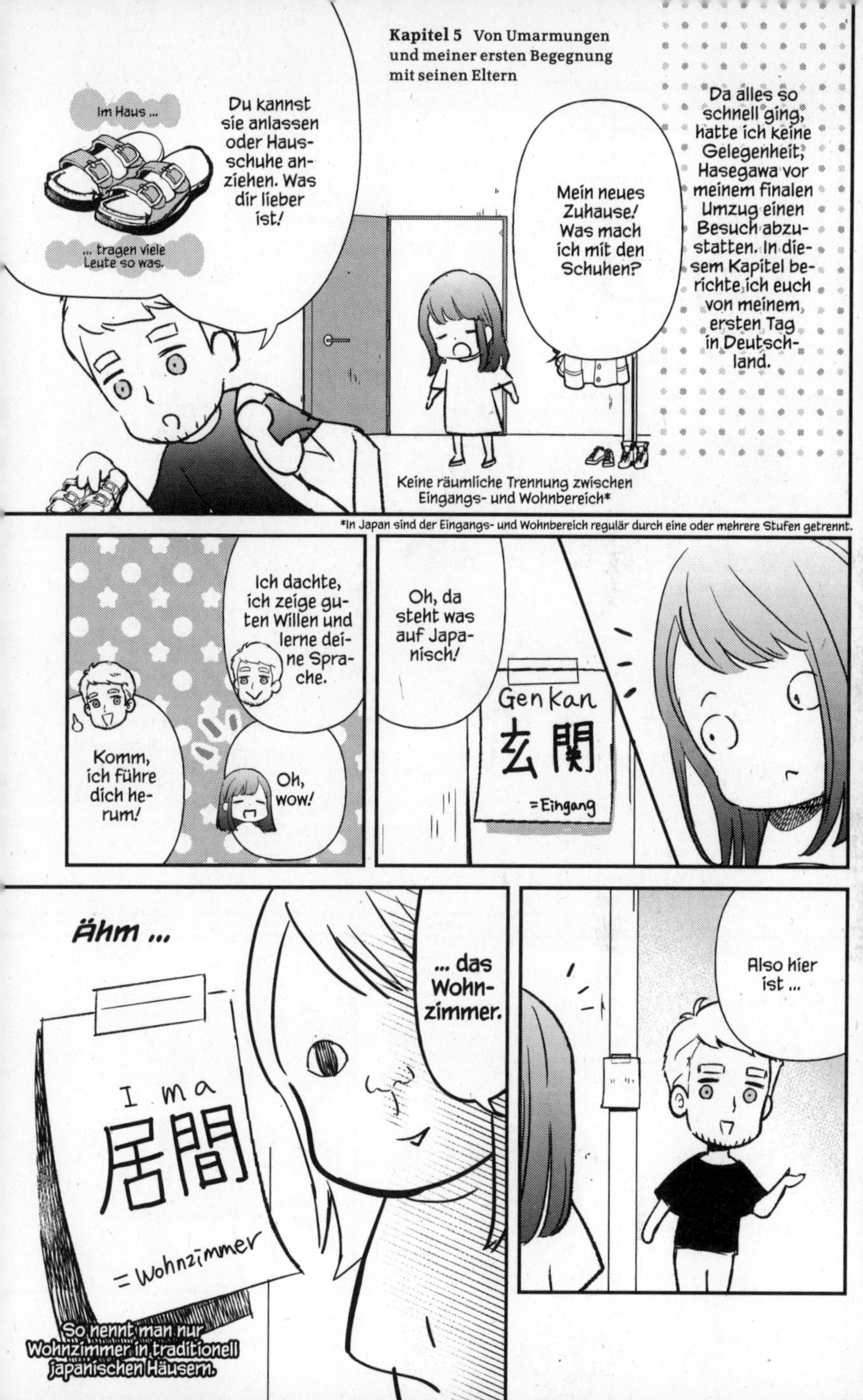
Kapitel 5 Von Umarmungen und meiner ersten Begegnung mit seinen Eltern
Da alles so schnell ging, hatte ich keine Gelegenheit, Hasegawa vor meinem finalen Umzug einen Besuch abzustatten. In diesem Kapitel berichte ich euch von meinem ersten Tag in Deutschland.
Mein neues Zuhause! Was mach ich mit den Schuhen?
Du kannst sie anlassen oder Hausschuhe anziehen. Was dir lieber ist!
Im Haus ...
... tragen viele Leute so was.
Keine räumliche Trennung zwischen Eingangs- und Wohnbereich*
*In Japan sind der Eingangs- und Wohnbereich regulär durch eine oder mehrere Stufen getrennt.
Oh, da steht was auf Japanisch!
Gen kan
玄関
=Eingang
Ich dachte, ich zeige guten Willen und lerne deine Sprache.
Oh, wow!
Komm, ich führe dich herum!
Also hier ist ...
... das Wohnzimmer.
Ähm ...
I ma
居間
= Wohnzimmer
So nennt man nur Wohnzimmer in traditionell japanischen Häusern.

**Da hat er wohl was verwechselt. Auch hier wäre der englische Begriff *Kitchen* richtig. Katteguchi = Lieferanteneingang

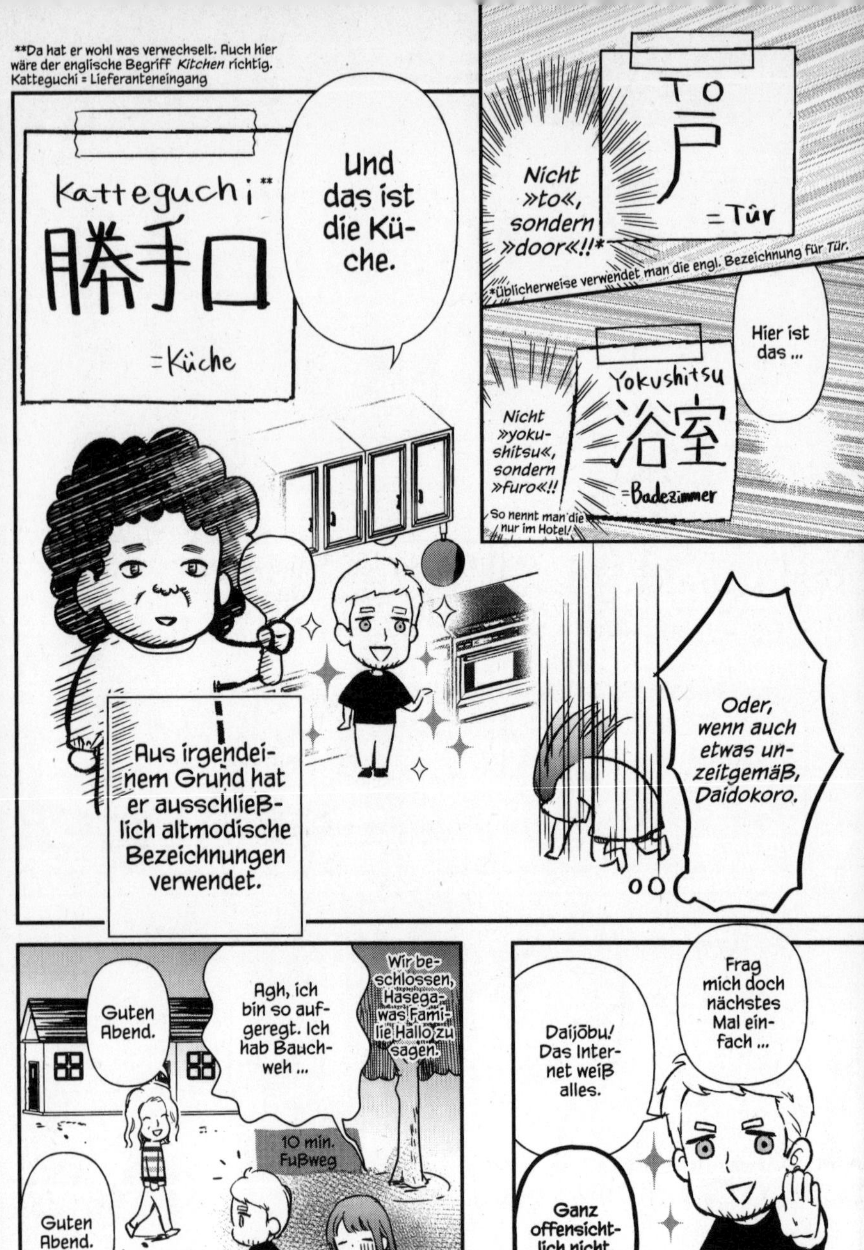

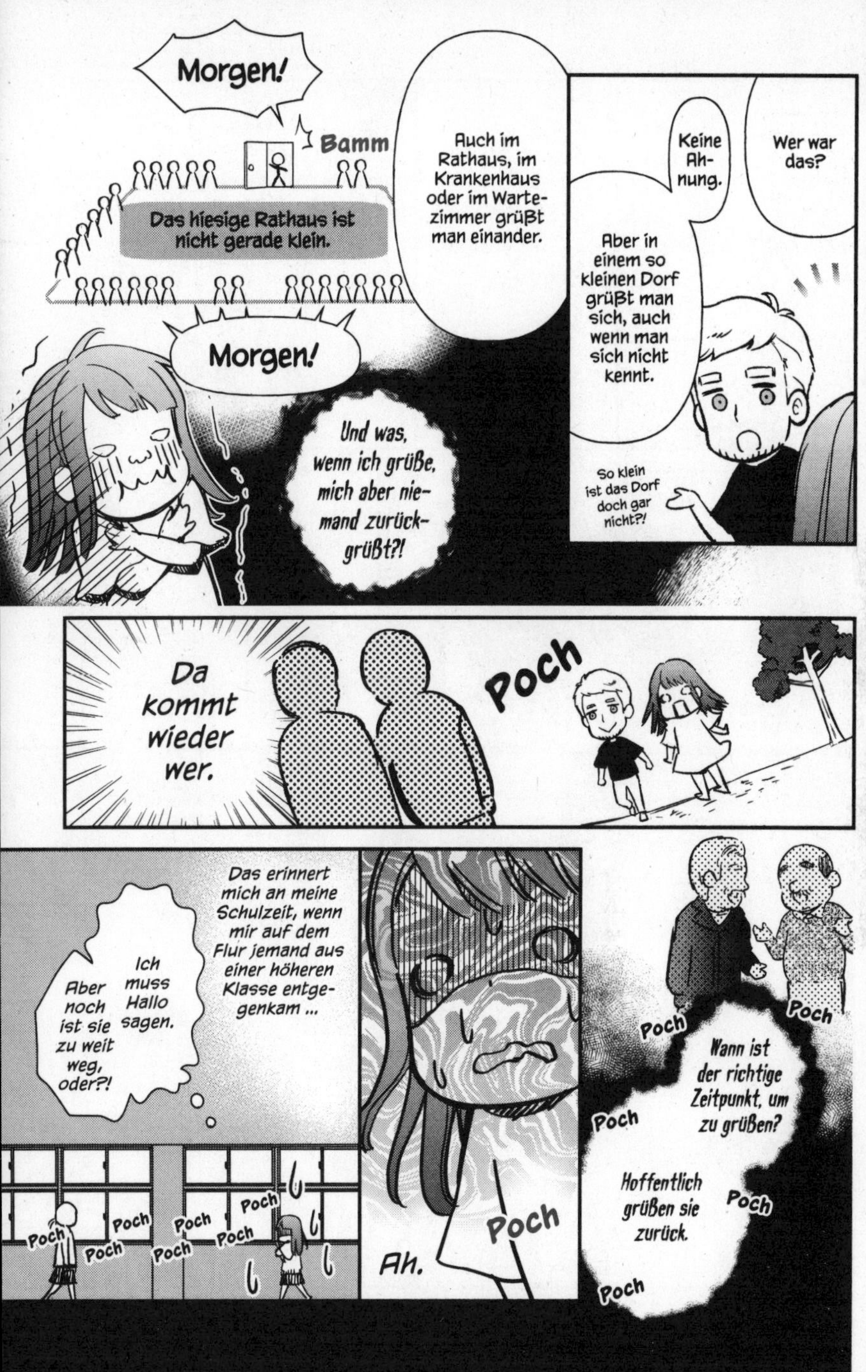
Wer war das?
Keine Ahnung.
Aber in einem so kleinen Dorf grüßt man sich, auch wenn man sich nicht kennt.
So klein ist das Dorf doch gar nicht?!
Auch im Rathaus, im Krankenhaus oder im Wartezimmer grüßt man einander.
Morgen!
Bamm
Das hiesige Rathaus ist nicht gerade klein.
Morgen!
Und was, wenn ich grüße, mich aber niemand zurückgrüßt?!
Poch
Da kommt wieder wer.
Poch
Poch
Poch
Wann ist der richtige Zeitpunkt, um zu grüßen?
Hoffentlich grüßen sie zurück.
Poch
Poch
Poch
Ah.
Das erinnert mich an meine Schulzeit, wenn mir auf dem Flur jemand aus einer höheren Klasse entgegenkam ...
Ich muss Hallo sagen.
Aber noch ist sie zu weit weg, oder?!
Poch Poch Poch Poch Poch Poch Poch

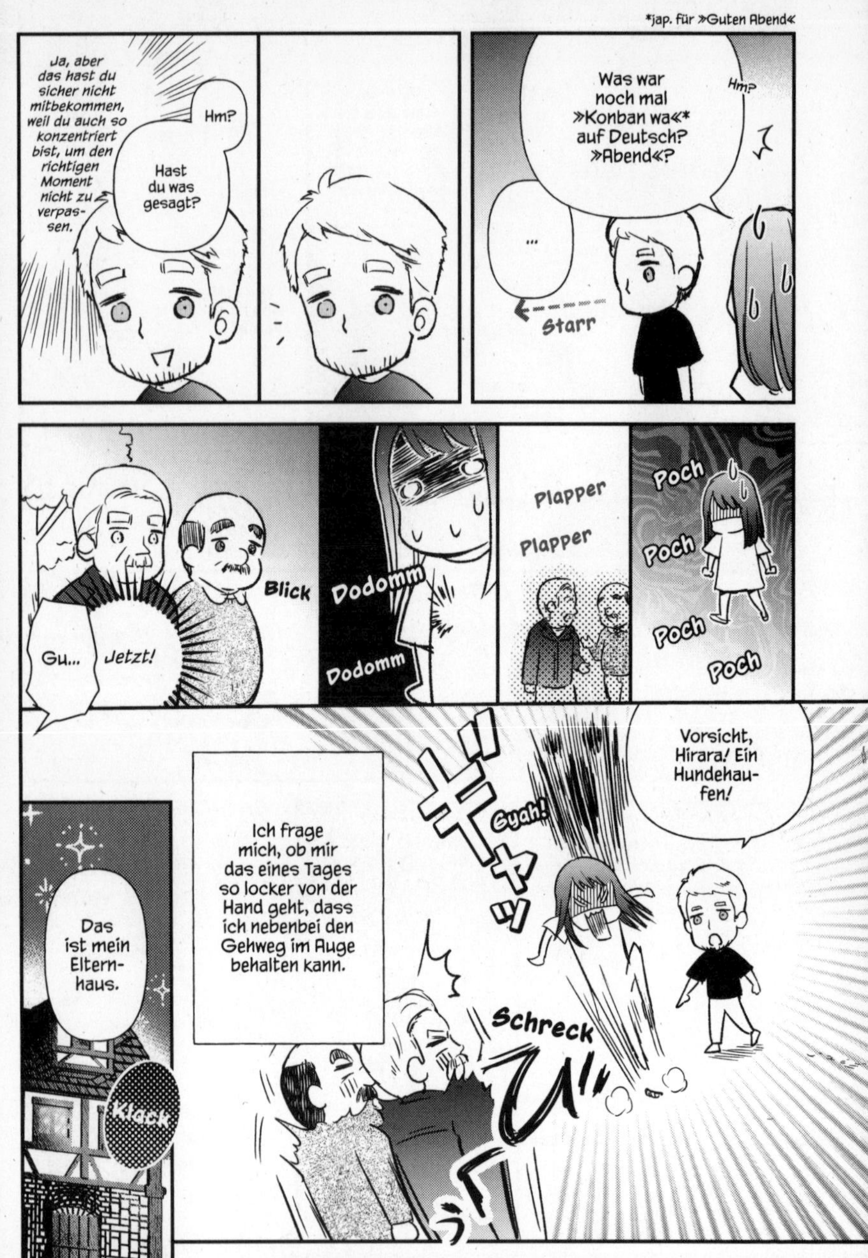
*jap. für »Guten Abend«
Was war noch mal »Konban wa«* auf Deutsch? »Abend«?
Hm?
…
Starr
Hm?
Hast du was gesagt?
Ja, aber das hast du sicher nicht mitbekommen, weil du auch so konzentriert bist, um den richtigen Moment nicht zu verpassen.
Poch
Poch
Poch
Poch
Plapper
Plapper
Dodomm
Dodomm
Blick
Jetzt!
Gu…
Vorsicht, Hirara! Ein Hundehaufen!
Gyah!
Schreck
Ich frage mich, ob mir das eines Tages so locker von der Hand geht, dass ich nebenbei den Gehweg im Auge behalten kann.
Klack
Das ist mein Elternhaus.

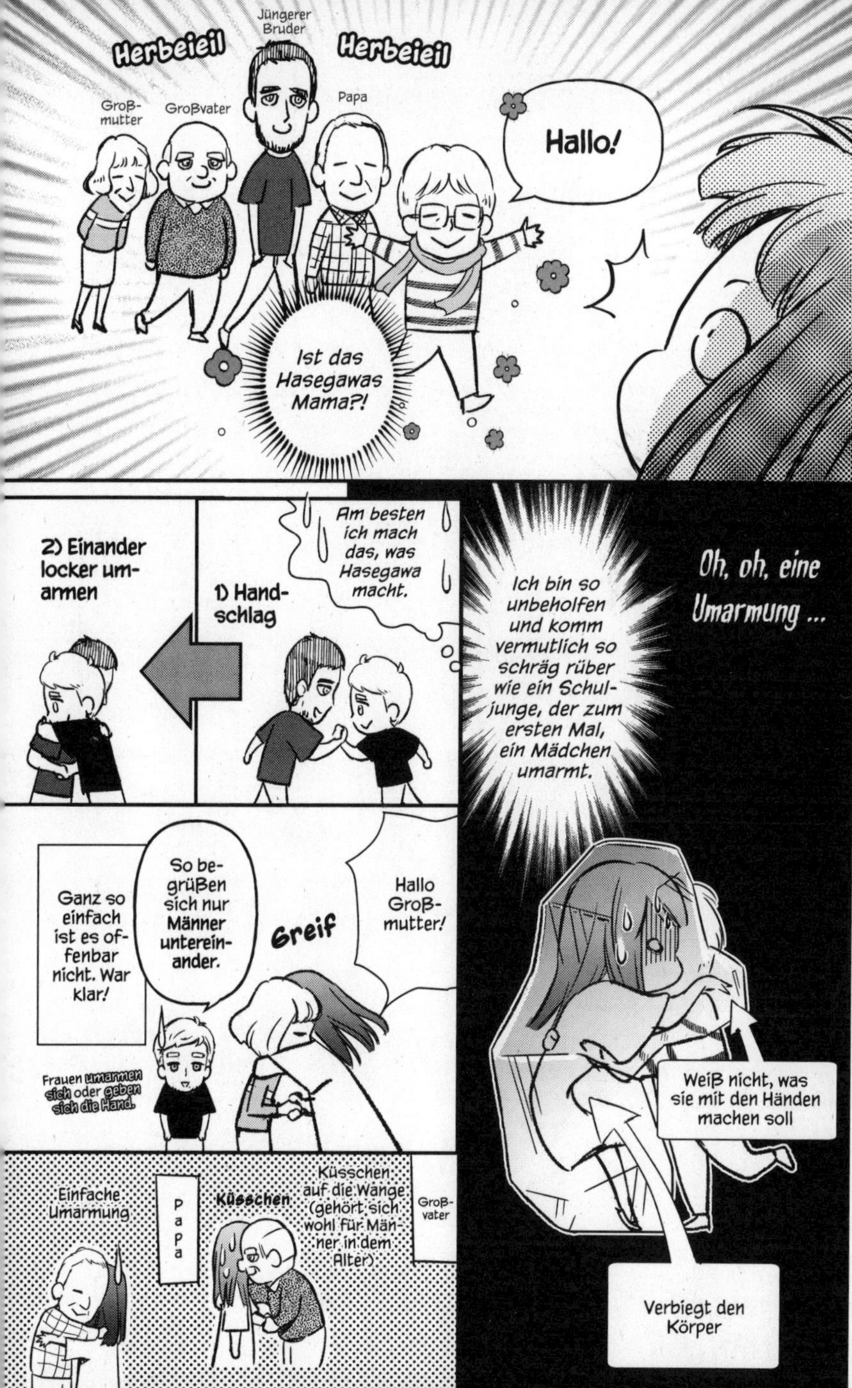

Herbeieil
Herbeieil
Jüngerer Bruder
Großmutter
Großvater
Papa
Hallo!
Ist das Hasegawas Mama?!
Oh, oh, eine Umarmung ...
Am besten ich mach das, was Hasegawa macht.
1) Handschlag
2) Einander locker umarmen
Ich bin so unbeholfen und komm vermutlich so schräg rüber wie ein Schuljunge, der zum ersten Mal, ein Mädchen umarmt.
Hallo Großmutter!
Greif
So begrüßen sich nur Männer untereinander.
Ganz so einfach ist es offenbar nicht. War klar!
Frauen umarmen sich oder geben sich die Hand.
Weiß nicht, was sie mit den Händen machen soll
Verbiegt den Körper
Großvater
Küsschen auf die Wange (gehört sich wohl für Männer in dem Alter)
Küsschen
Papa
Einfache Umarmung

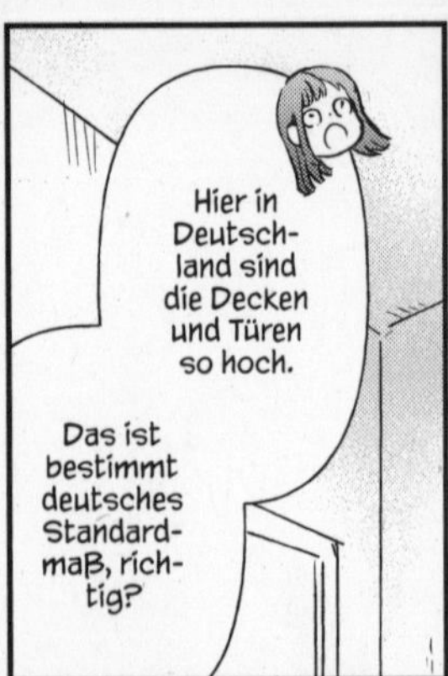

Hier in Deutschland sind die Decken und Türen so hoch.
Das ist bestimmt deutsches Standardmaß, richtig?

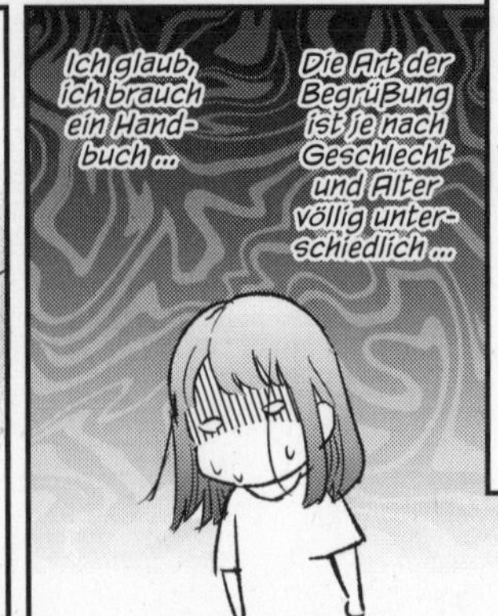

Die Art der Begrüßung ist je nach Geschlecht und Alter völlig unterschiedlich ...
Ich glaub, ich brauch ein Handbuch ...

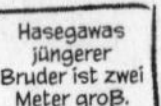

Hasegawas jüngerer Bruder ist zwei Meter groß.

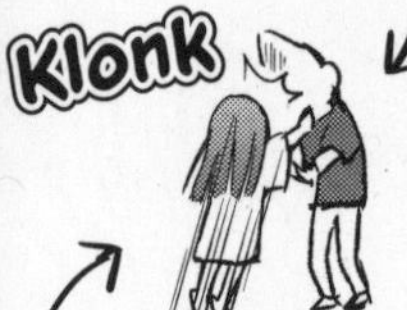

Deutsche Männer beugen sich zur Frau herunter.
Klonk
Japanische Frauen strecken sich zu den Männern nach oben.

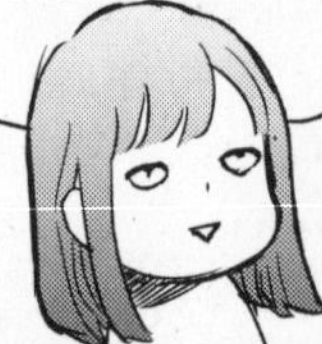

Die Wohnung, in der wir in Japan gewohnt haben, war nur halb so groß wie die, in der Hasegawa bisher allein gewohnt hat.

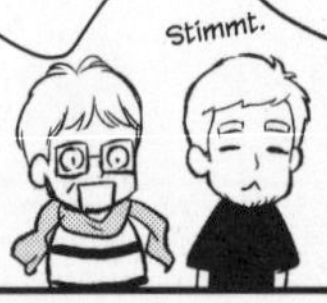

So klein?
Stimmt.

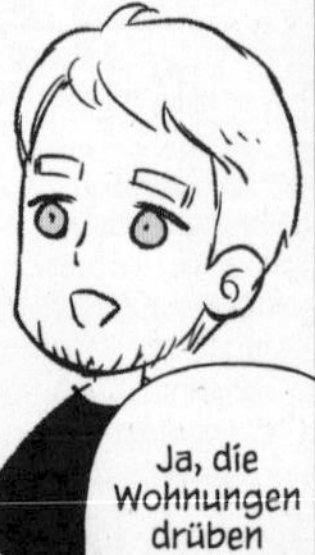

Ja, die Wohnungen drüben sind ...

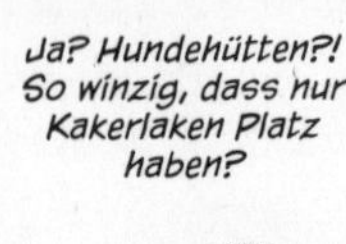

Ja? Hundehütten?! So winzig, dass nur Kakerlaken Platz haben?

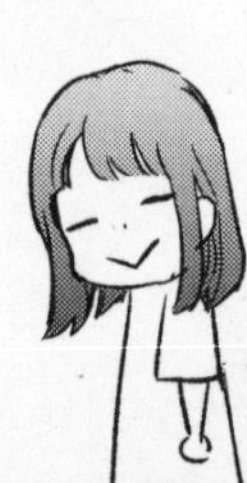

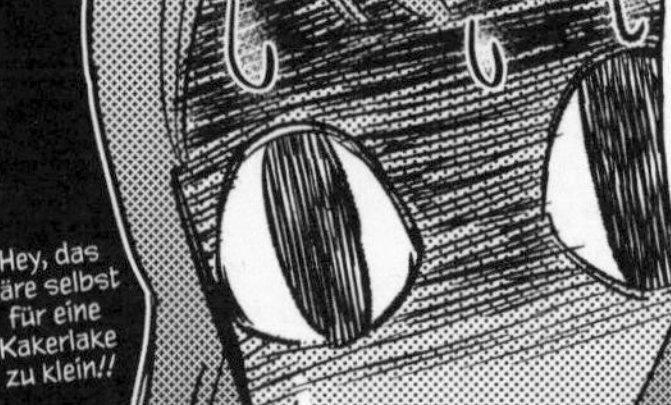

... so klein wie Schneckenhäuser.
Schneckenhäuser?!
Hey, das wäre selbst für eine Kakerlake zu klein!!
Anhand dieses Vergleichs wird deutlich, wie sehr sich Wahrnehmungen unterscheiden.

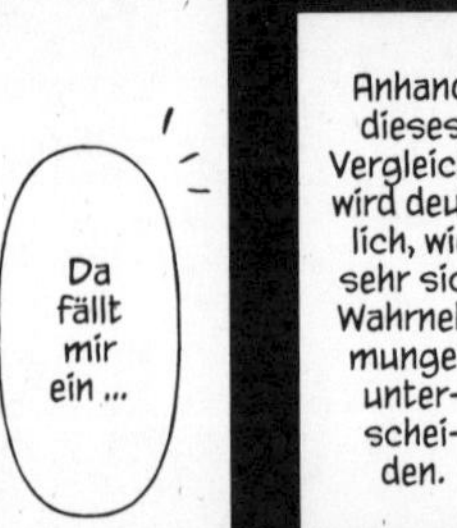

Da fällt mir ein ...

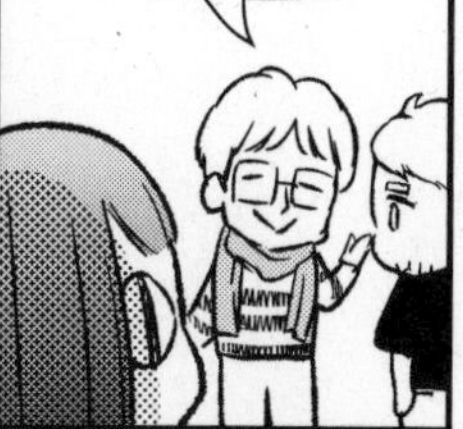
Ihr kommt doch nächsten Mittwoch, oder? (Die ganze Familie trifft sich zweimal pro Woche.)

Das ist bestimmt sehr anstrengend für mich, wo ich doch kein Wort verstehe. Ehrlich gesagt möchte ich lieber zu Hause bleiben und entspannen.

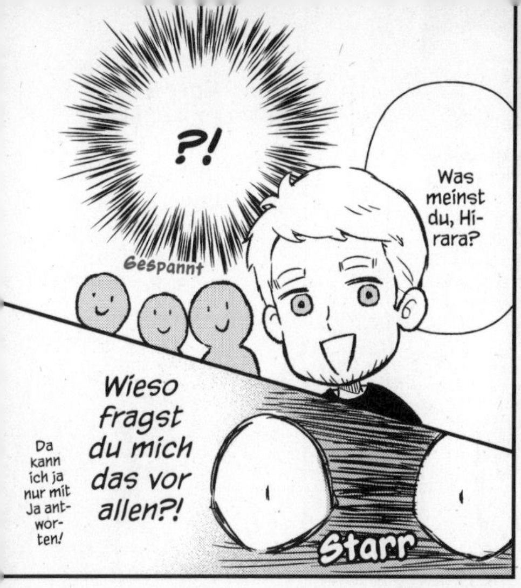
Was meinst du, Hirara?
?!
Gespannt
Wieso fragst du mich das vor allen?!
Da kann ich ja nur mit Ja antworten!
Starr

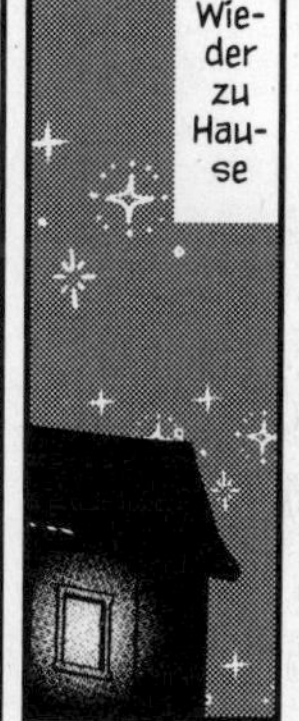
Wieder zu Hause

Was hast du dir eigentlich dabei gedacht?! Ich bin gerade erst hier angekommen. Verstehst du nicht, dass so was purer Stress für mich ist?!
Warte nächstes Mal, bis wir zurück sind, bevor du mich so was fragst!

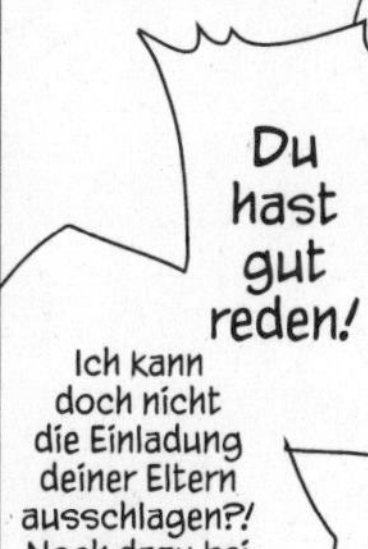
Wenn du nicht hingehen möchtest, hättest du es doch nur sagen müssen.
Du hast gut reden!
Ich kann doch nicht die Einladung deiner Eltern ausschlagen?! Noch dazu bei unser allerersten Begegnung!

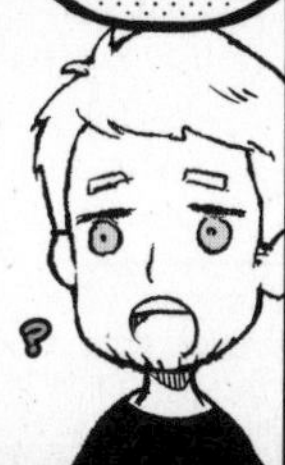
Doch, kannst du. Das ist das Normalste der Welt.
?

Das glaubst du vielleicht, weil du ein unsensibler Mann bist!
Erst später habe ich es dann verstanden.

Die Deutschen sagen ihre Meinung freiheraus.
(Wobei man aber selbstverständlich darauf achtet, den anderen durch das Gesagte nicht zu verletzen.)

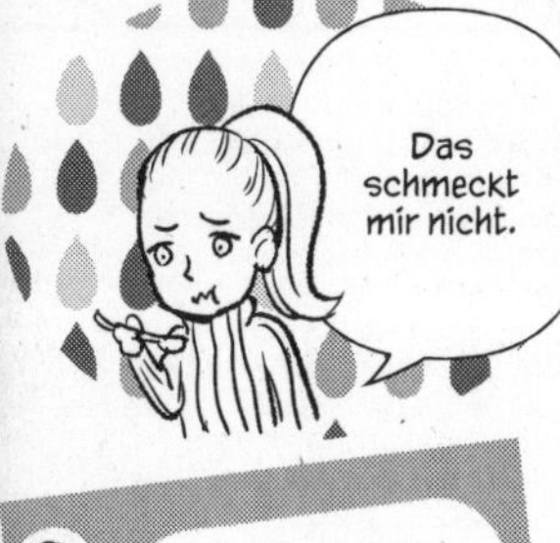
Das schmeckt mir nicht.
Am Samstag ins Kino? Nee, ich find den Film doof.

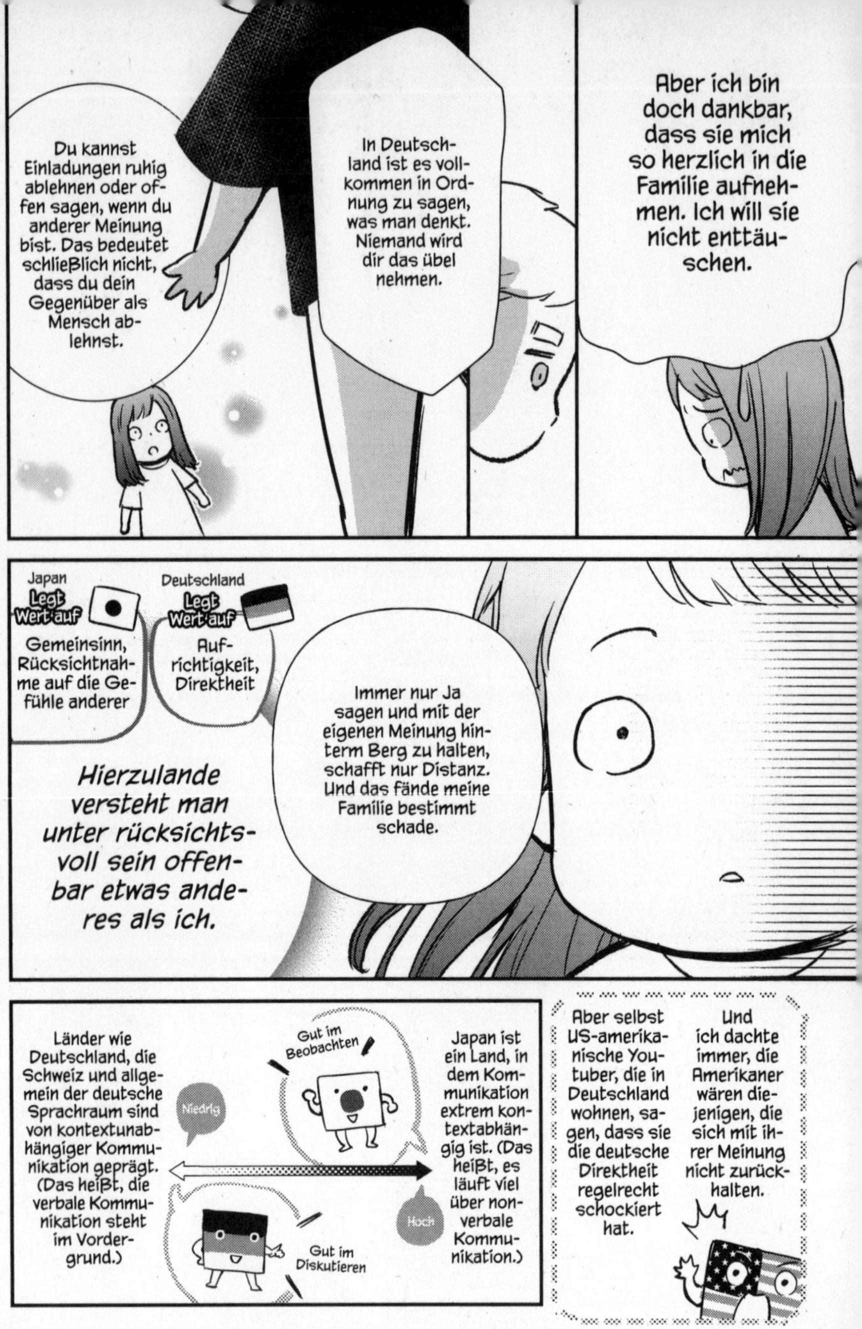

Du kannst Einladungen ruhig ablehnen oder offen sagen, wenn du anderer Meinung bist. Das bedeutet schließlich nicht, dass du dein Gegenüber als Mensch ablehnst.

In Deutschland ist es vollkommen in Ordnung zu sagen, was man denkt. Niemand wird dir das übel nehmen.

Aber ich bin doch dankbar, dass sie mich so herzlich in die Familie aufnehmen. Ich will sie nicht enttäuschen.

Japan
Legt Wert auf
Gemeinsinn, Rücksichtnahme auf die Gefühle anderer

Deutschland
Legt Wert auf
Aufrichtigkeit, Direktheit

Immer nur Ja sagen und mit der eigenen Meinung hinterm Berg zu halten, schafft nur Distanz. Und das fände meine Familie bestimmt schade.

Hierzulande versteht man unter rücksichtsvoll sein offenbar etwas anderes als ich.

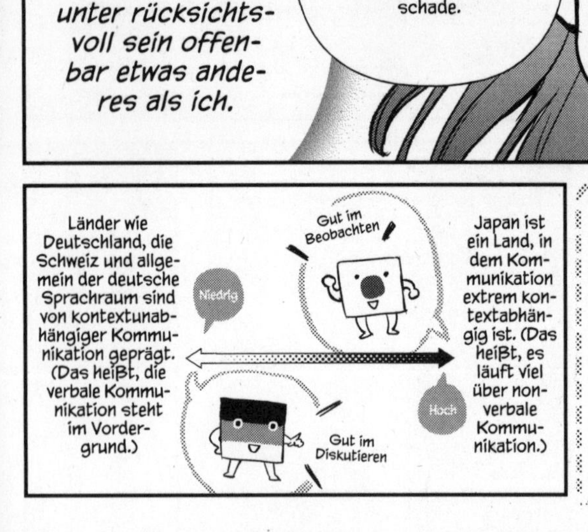

Und ich dachte immer, die Amerikaner wären diejenigen, die sich mit ihrer Meinung nicht zurückhalten.

Aber selbst US-amerikanische Youtuber, die in Deutschland wohnen, sagen, dass sie die deutsche Direktheit regelrecht schockiert hat.

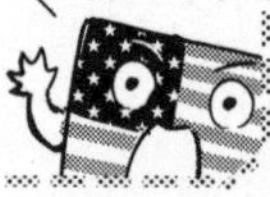

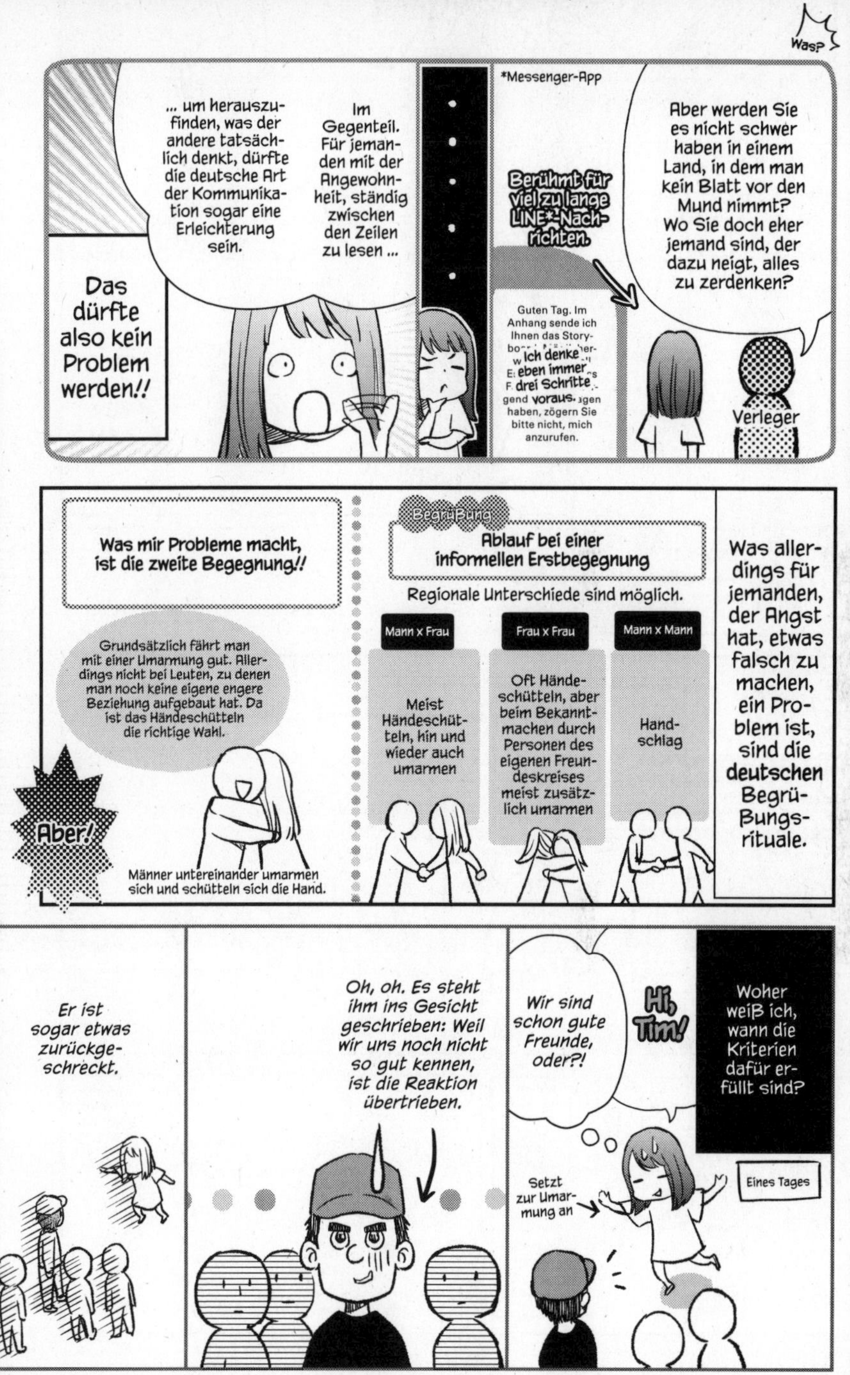

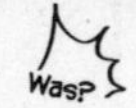

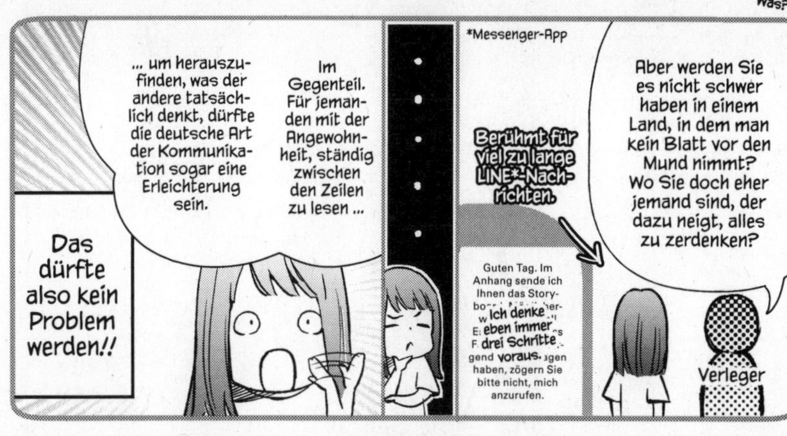

Was allerdings für jemanden, der Angst hat, etwas falsch zu machen, ein Problem ist, sind die **deutschen** Begrüßungsrituale.

Begrüßung

Ablauf bei einer informellen Erstbegegnung

Regionale Unterschiede sind möglich.

Mann x Frau	Frau x Frau	Mann x Mann
Meist Händeschütteln, hin und wieder auch umarmen	Oft Händeschütteln, aber beim Bekanntmachen durch Personen des eigenen Freundeskreises meist zusätzlich umarmen	Handschlag

Was mir Probleme macht, ist die zweite Begegnung!!

Grundsätzlich fährt man mit einer Umarmung gut. Allerdings nicht bei Leuten, zu denen man noch keine eigene engere Beziehung aufgebaut hat. Da ist das Händeschütteln die richtige Wahl.

Aber!

Männer untereinander umarmen sich und schütteln sich die Hand.

Eines Tages

Woher weiß ich, wann die Kriterien dafür erfüllt sind?

Hi, Tim!

Wir sind schon gute Freunde, oder?!

Setzt zur Umarmung an

Oh, oh. Es steht ihm ins Gesicht geschrieben: Weil wir uns noch nicht so gut kennen, ist die Reaktion übertrieben.

Er ist sogar etwas zurückgeschreckt.

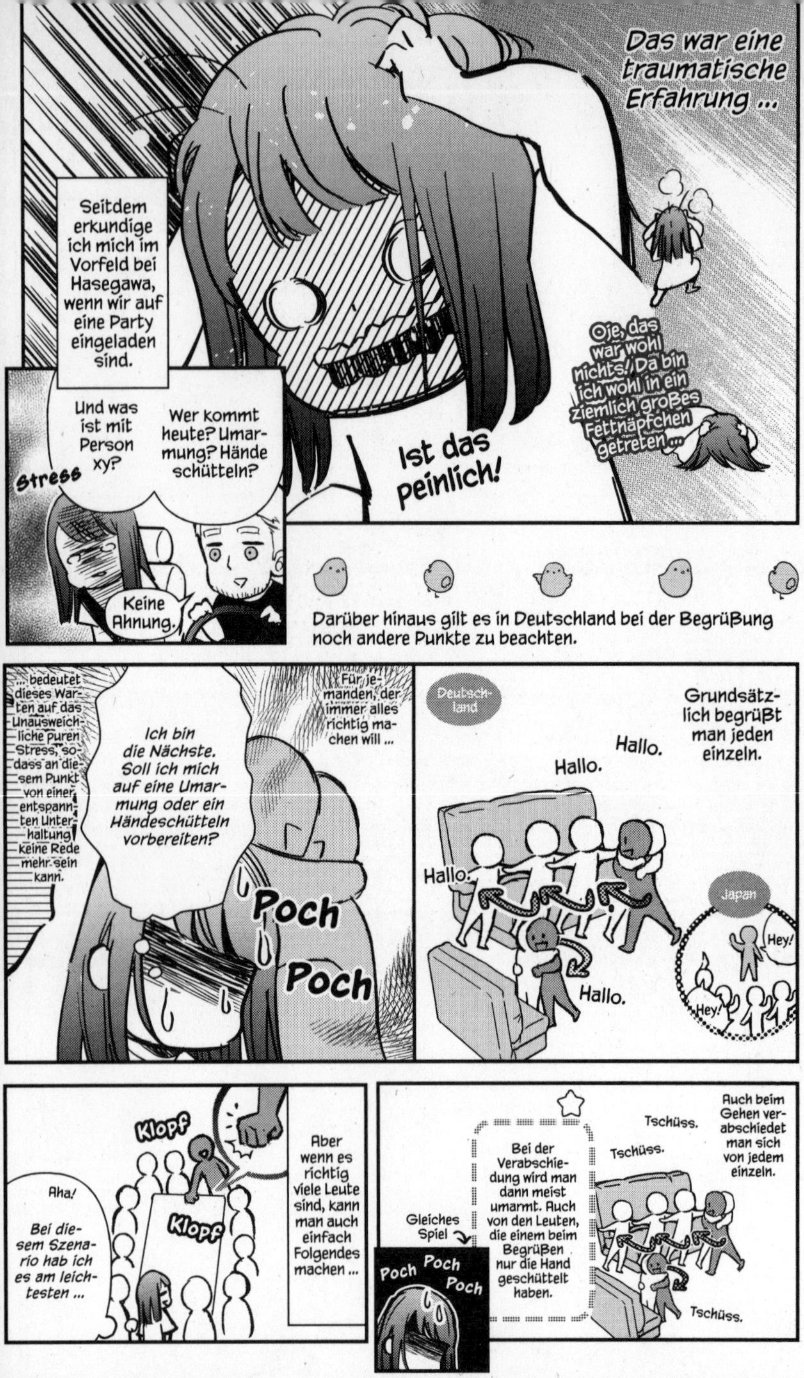

Das war eine traumatische Erfahrung ...

Seitdem erkundige ich mich im Vorfeld bei Hasegawa, wenn wir auf eine Party eingeladen sind.

Ist das peinlich!

Oje, das war wohl nichts. Da bin ich wohl in ein ziemlich großes Fettnäpfchen getreten ...

Und was ist mit Person xy?

Wer kommt heute? Umarmung? Hände schütteln?

Stress

Keine Ahnung.

Darüber hinaus gilt es in Deutschland bei der Begrüßung noch andere Punkte zu beachten.

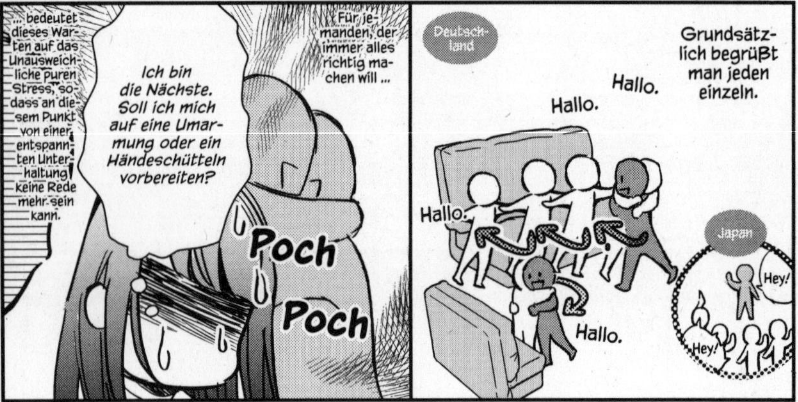

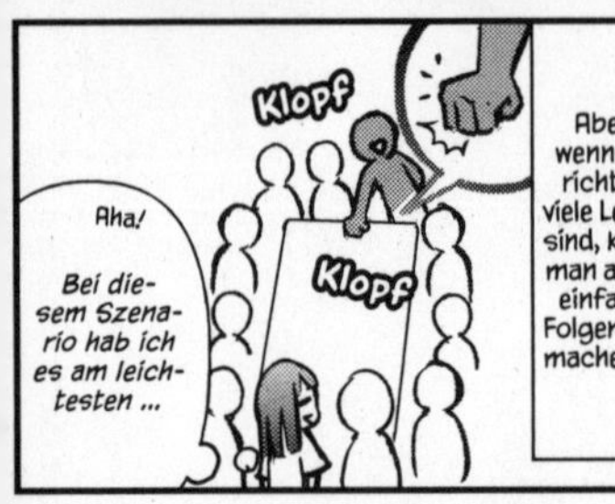

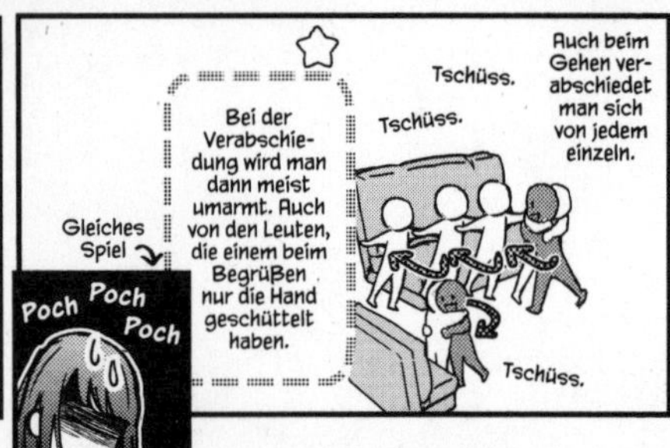

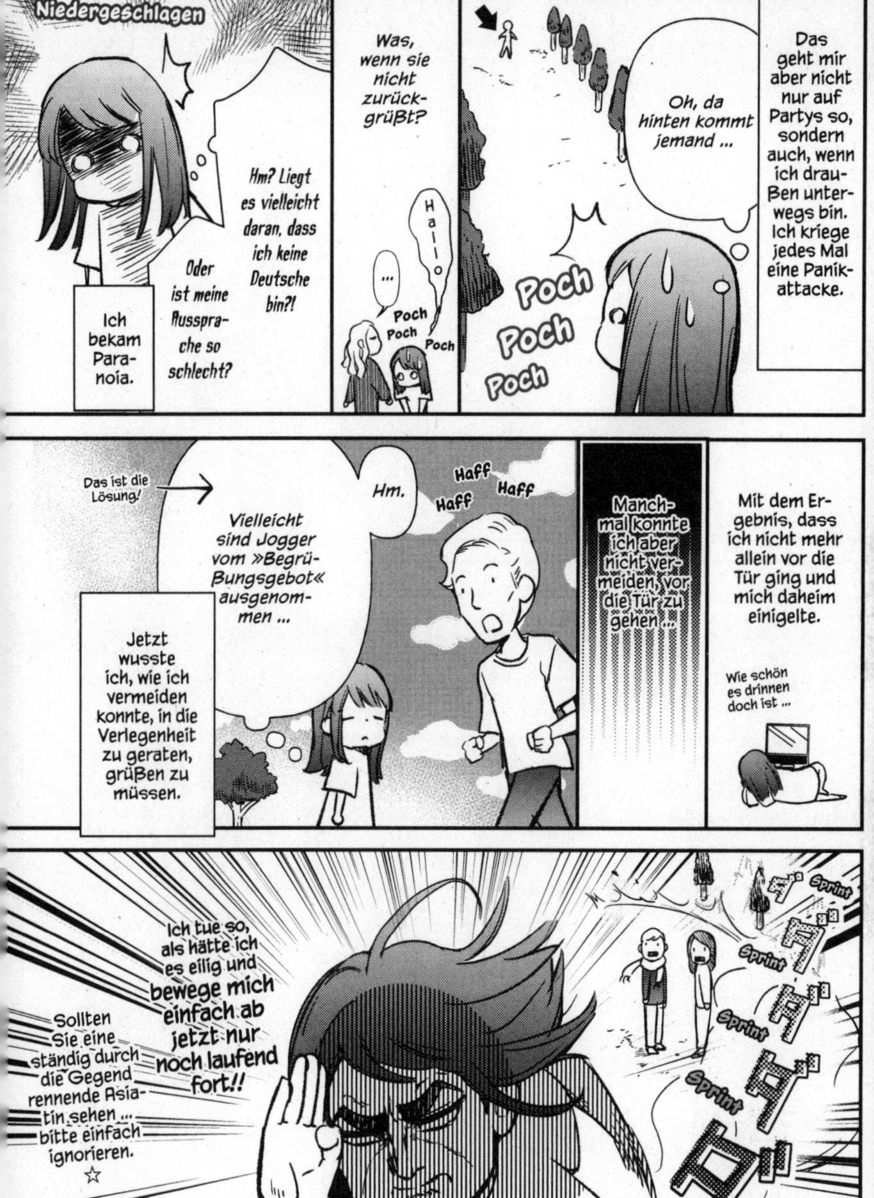

Das geht mir aber nicht nur auf Partys so, sondern auch, wenn ich draußen unterwegs bin. Ich kriege jedes Mal eine Panikattacke.
Oh, da hinten kommt jemand ...
Poch
Poch
Poch
Was, wenn sie nicht zurückgrüßt?
Hallo
...
Poch
Poch
Poch
Niedergeschlagen
Hm? Liegt es vielleicht daran, dass ich keine Deutsche bin?!
Oder ist meine Aussprache so schlecht?
Ich bekam Paranoia.
Mit dem Ergebnis, dass ich nicht mehr allein vor die Tür ging und mich daheim einigelte.
Wie schön es drinnen doch ist ...
Manchmal konnte ich aber nicht vermeiden, vor die Tür zu gehen ...
Haff
Haff
Haff
Hm.
Das ist die Lösung!
Vielleicht sind Jogger vom »Begrüßungsgebot« ausgenommen ...
Jetzt wusste ich, wie ich vermeiden konnte, in die Verlegenheit zu geraten, grüßen zu müssen.
Sprint
Sprint
Sprint
Sprint
Sprint
Ich tue so, als hätte ich es eilig und bewege mich einfach ab jetzt nur noch laufend fort!!
Sollten Sie eine ständig durch die Gegend rennende Asiatin sehen ... bitte einfach ignorieren. ☆

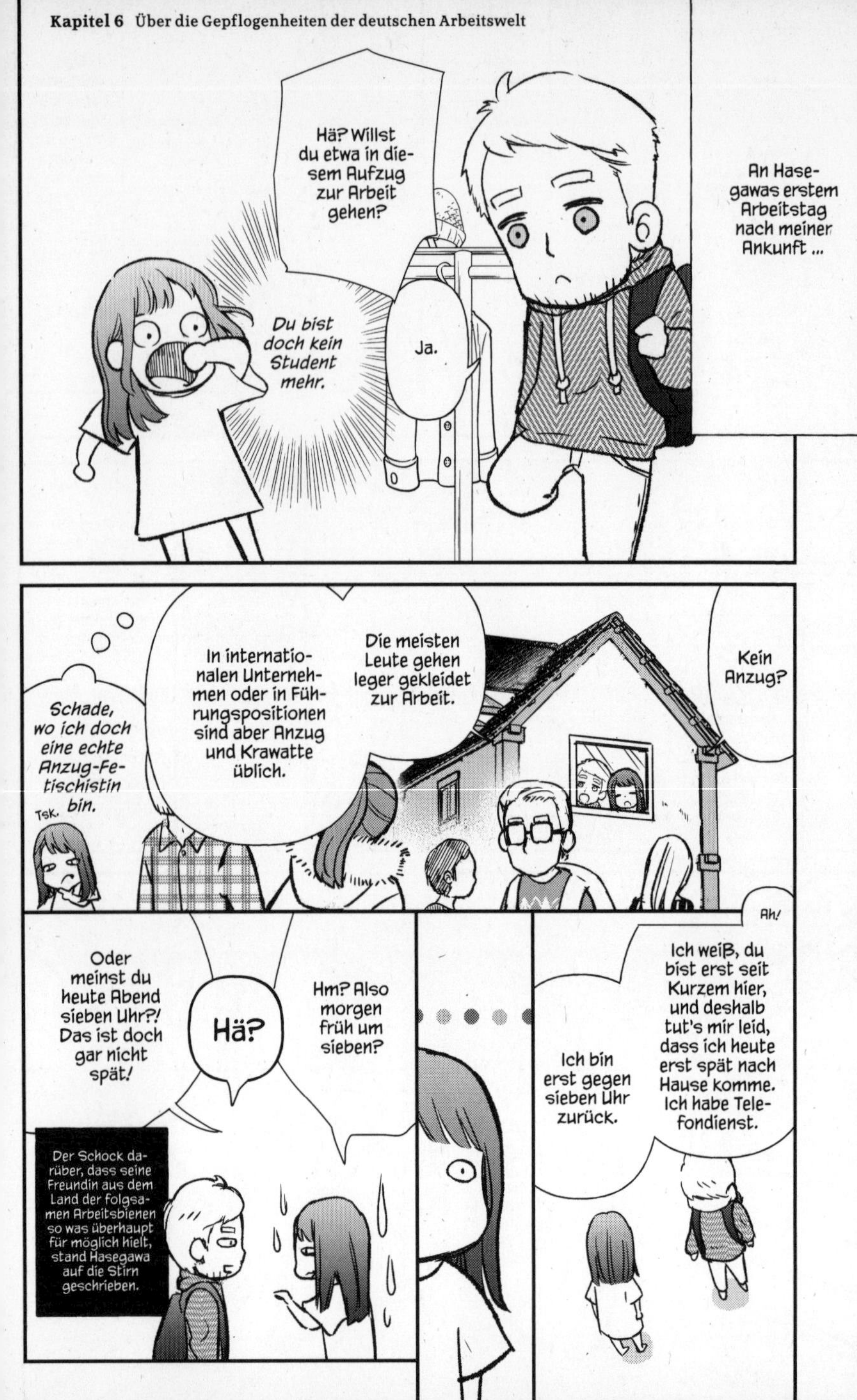
An Hasegawas erstem Arbeitstag nach meiner Ankunft ...
Hä? Willst du etwa in diesem Aufzug zur Arbeit gehen?
Ja.
Du bist doch kein Student mehr.
Kein Anzug?
Die meisten Leute gehen leger gekleidet zur Arbeit.
In internationalen Unternehmen oder in Führungspositionen sind aber Anzug und Krawatte üblich.
Schade, wo ich doch eine echte Anzug-Fetischistin bin.
Tsk.
Ah!
Ich weiß, du bist erst seit Kurzem hier, und deshalb tut's mir leid, dass ich heute erst spät nach Hause komme. Ich habe Telefondienst.
Ich bin erst gegen sieben Uhr zurück.
Hm? Also morgen früh um sieben?
Hä?
Oder meinst du heute Abend sieben Uhr?! Das ist doch gar nicht spät!
Der Schock darüber, dass seine Freundin aus dem Land der folgsamen Arbeitsbienen so was überhaupt für möglich hielt, stand Hasegawa auf die Stirn geschrieben.

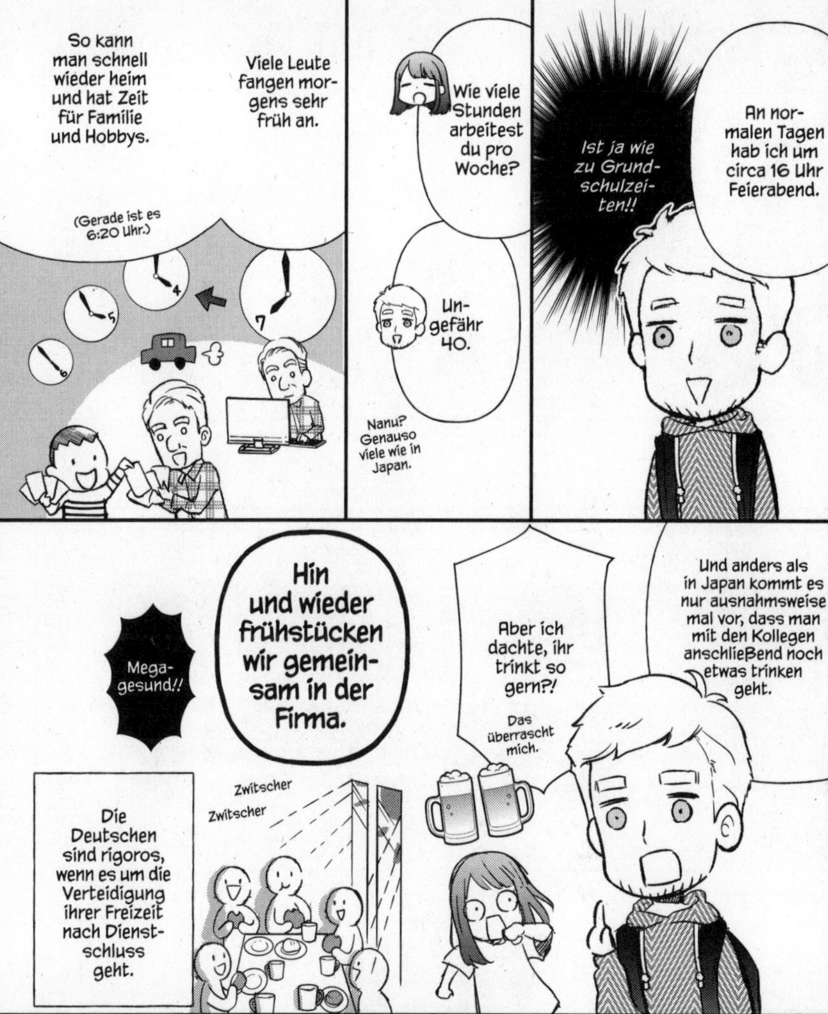

Lange Rede, kurzer Sinn! In diesem Kapitel erzähle ich euch, **was mich an der deutschen Arbeitswelt überrascht hat!**

Der Arbeitstag eines durchschnittlichen Angestellten sieht wie folgt aus ...

Bei Führungskräften und Selbstständigen kann es natürlich anders sein.

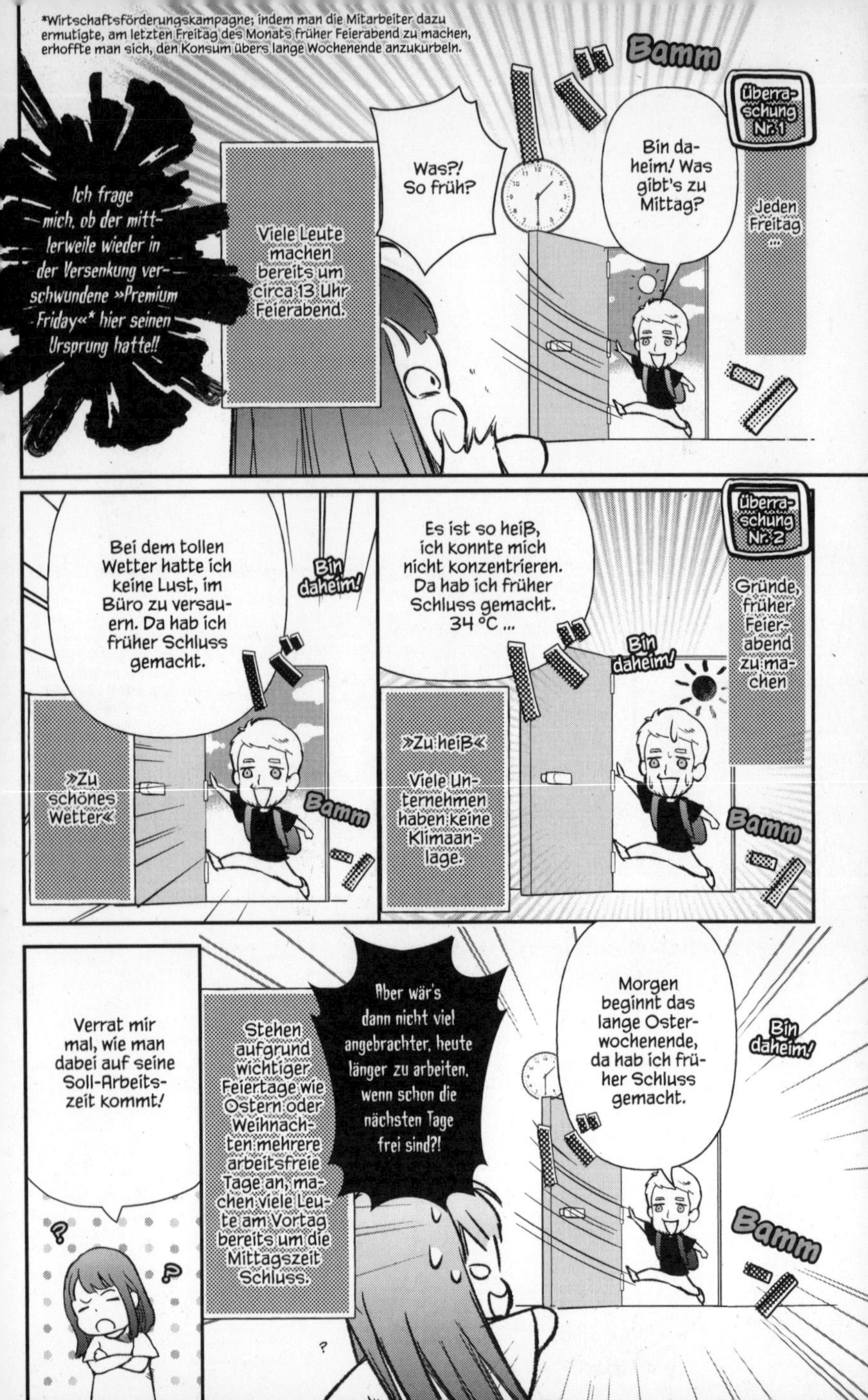

*Wirtschaftsförderungskampagne; indem man die Mitarbeiter dazu ermutigte, am letzten Freitag des Monats früher Feierabend zu machen, erhoffte man sich, den Konsum übers lange Wochenende anzukurbeln.
Bamm
Überraschung Nr. 1
Jeden Freitag …
Bin daheim! Was gibt's zu Mittag?
Was?! So früh?
Viele Leute machen bereits um circa 13 Uhr Feierabend.
Ich frage mich, ob der mittlerweile wieder in der Versenkung verschwundene »Premium Friday«* hier seinen Ursprung hatte!!
Überraschung Nr. 2
Gründe, früher Feierabend zu machen
Es ist so heiß, ich konnte mich nicht konzentrieren. Da hab ich früher Schluss gemacht. 34 °C …
Bin daheim!
»Zu heiß«
Viele Unternehmen haben keine Klimaanlage.
Bamm
Bei dem tollen Wetter hatte ich keine Lust, im Büro zu versauern. Da hab ich früher Schluss gemacht.
Bin daheim!
»Zu schönes Wetter«
Bamm
Morgen beginnt das lange Osterwochenende, da hab ich früher Schluss gemacht.
Bin daheim!
Bamm
Aber wär's dann nicht viel angebrachter, heute länger zu arbeiten, wenn schon die nächsten Tage frei sind?!
Stehen aufgrund wichtiger Feiertage wie Ostern oder Weihnachten mehrere arbeitsfreie Tage an, machen viele Leute am Vortag bereits um die Mittagszeit Schluss.
Verrat mir mal, wie man dabei auf seine Soll-Arbeitszeit kommt!

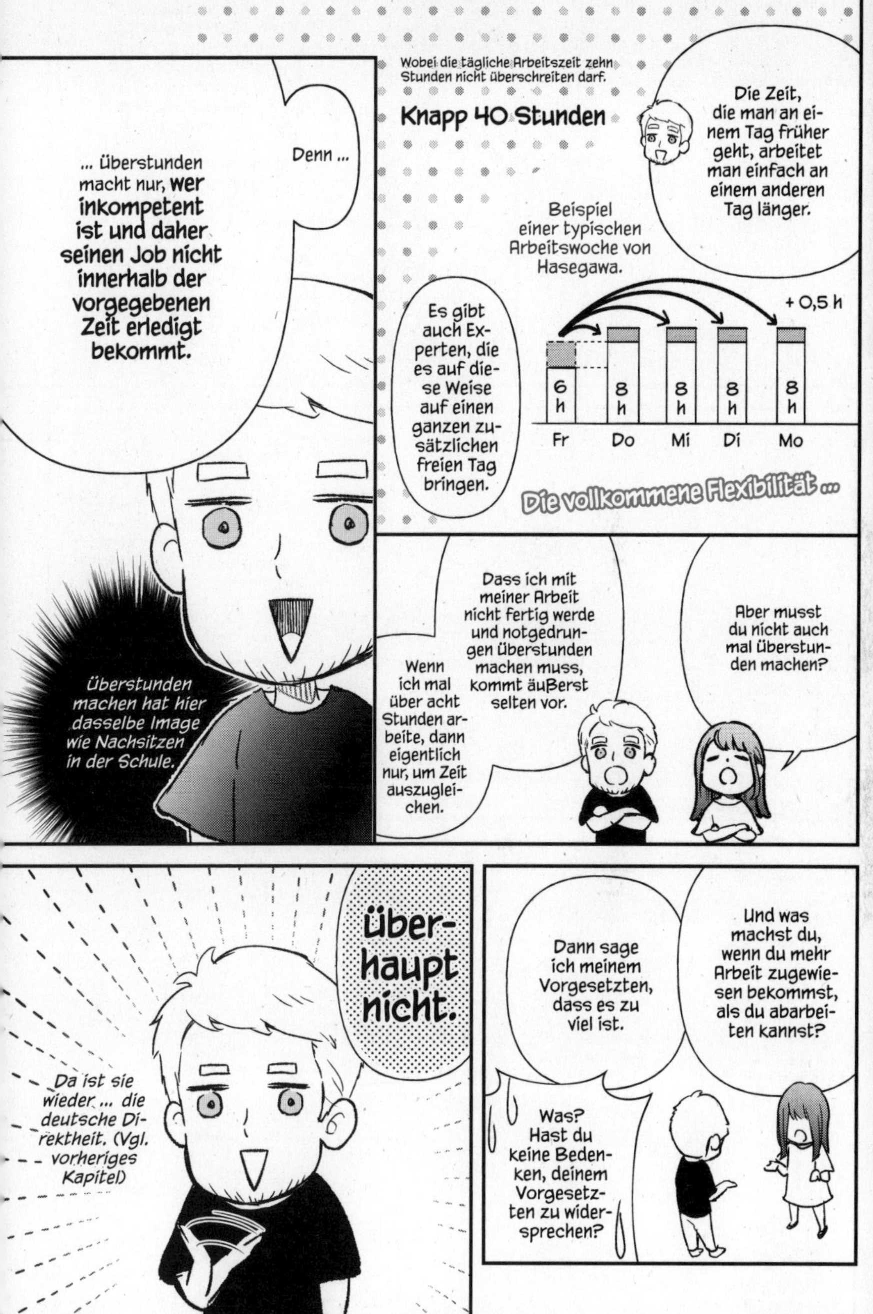
Denn ...
... überstunden macht nur, wer inkompetent ist und daher seinen Job nicht innerhalb der vorgegebenen Zeit erledigt bekommt.
Überstunden machen hat hier dasselbe Image wie Nachsitzen in der Schule.
Wobei die tägliche Arbeitszeit zehn Stunden nicht überschreiten darf.
Knapp 40 Stunden
Die Zeit, die man an einem Tag früher geht, arbeitet man einfach an einem anderen Tag länger.
Beispiel einer typischen Arbeitswoche von Hasegawa.
+ 0,5 h
6 h
8 h
8 h
8 h
8 h
Fr
Do
Mi
Di
Mo
Es gibt auch Experten, die es auf diese Weise auf einen ganzen zusätzlichen freien Tag bringen.
Die vollkommene Flexibilität ...
Aber musst du nicht auch mal überstunden machen?
Dass ich mit meiner Arbeit nicht fertig werde und notgedrungen überstunden machen muss, kommt äußerst selten vor.
Wenn ich mal über acht Stunden arbeite, dann eigentlich nur, um Zeit auszugleichen.
überhaupt nicht.
Da ist sie wieder ... die deutsche Direktheit. (Vgl. vorheriges Kapitel)
Und was machst du, wenn du mehr Arbeit zugewiesen bekommst, als du abarbeiten kannst?
Dann sage ich meinem Vorgesetzten, dass es zu viel ist.
Was? Hast du keine Bedenken, deinem Vorgesetzten zu widersprechen?

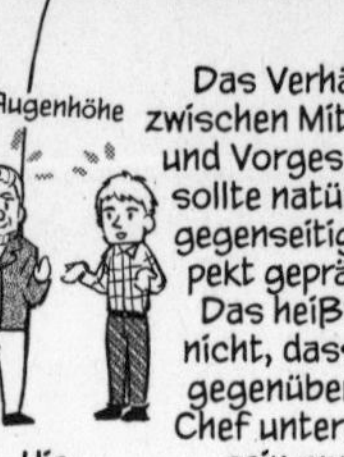
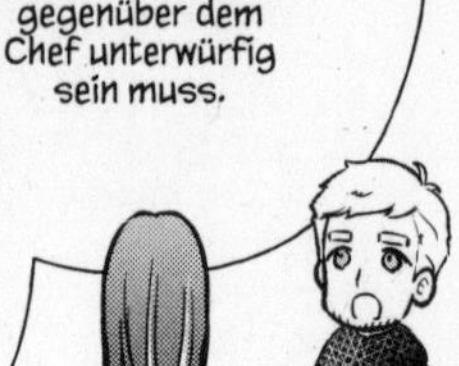
Das Verhältnis zwischen Mitarbeiter und Vorgesetztem sollte natürlich von gegenseitigem Respekt geprägt sein. Das heißt aber nicht, dass man gegenüber dem Chef unterwürfig sein muss.
Augenhöhe
Hierarchische Strukturen spielen hier keine so große Rolle wie in Japan.
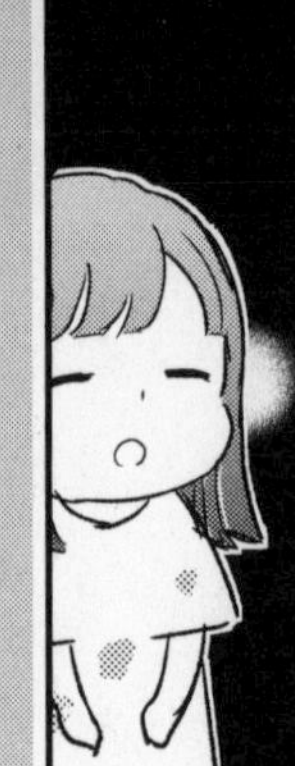
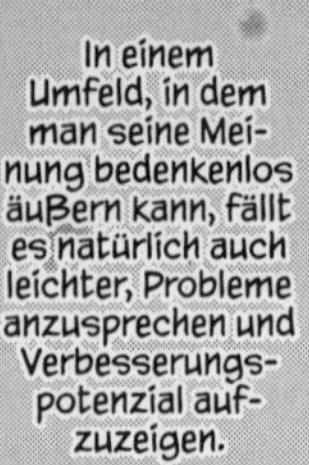
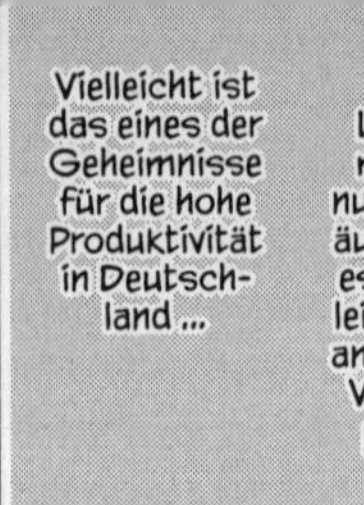
In einem Umfeld, in dem man seine Meinung bedenkenlos äußern kann, fällt es natürlich auch leichter, Probleme anzusprechen und Verbesserungspotenzial aufzuzeigen.
Vielleicht ist das eines der Geheimnisse für die hohe Produktivität in Deutschland ...
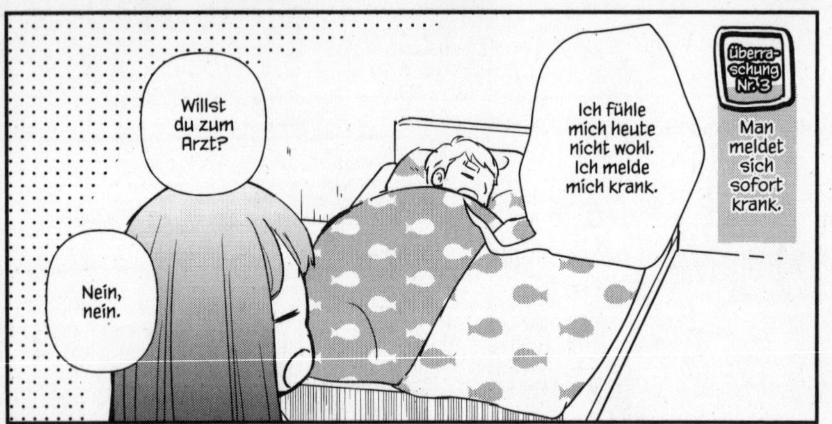
Überraschung Nr. 3
Man meldet sich sofort krank.
Ich fühle mich heute nicht wohl. Ich melde mich krank.
Willst du zum Arzt?
Nein, nein.
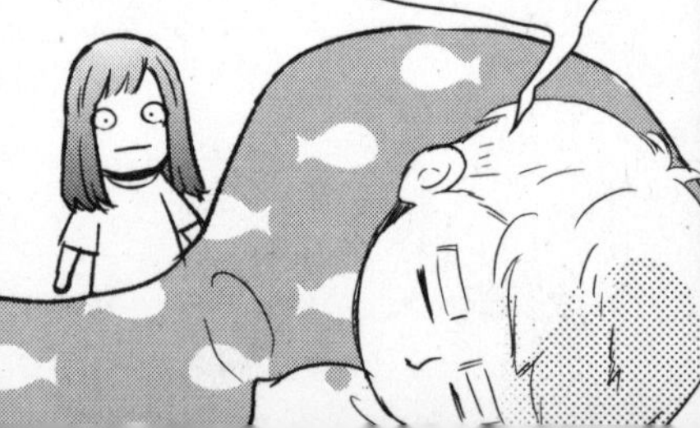
Medikamente verschreibt er mir dafür sowieso nicht. Das Einzige, was der mir sagt, ist, dass ich mich schonen soll.
Die Ansicht, dass eine Erkältung nicht mit Medikamenten zu behandeln sei, sondern durch Ruhe auszukurieren ist, ist im kollektiven Bewusstsein tief verankert.
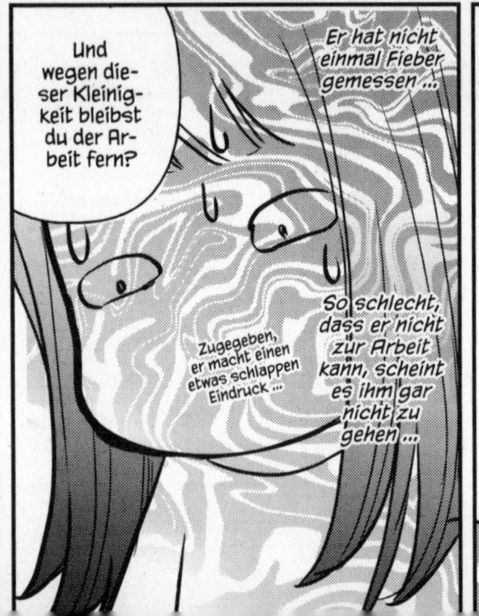
Er hat nicht einmal Fieber gemessen ...
Und wegen dieser Kleinigkeit bleibst du der Arbeit fern?
So schlecht, dass er nicht zur Arbeit kann, scheint es ihm gar nicht zu gehen ...
Zugegeben, er macht einen etwas schlappen Eindruck ...

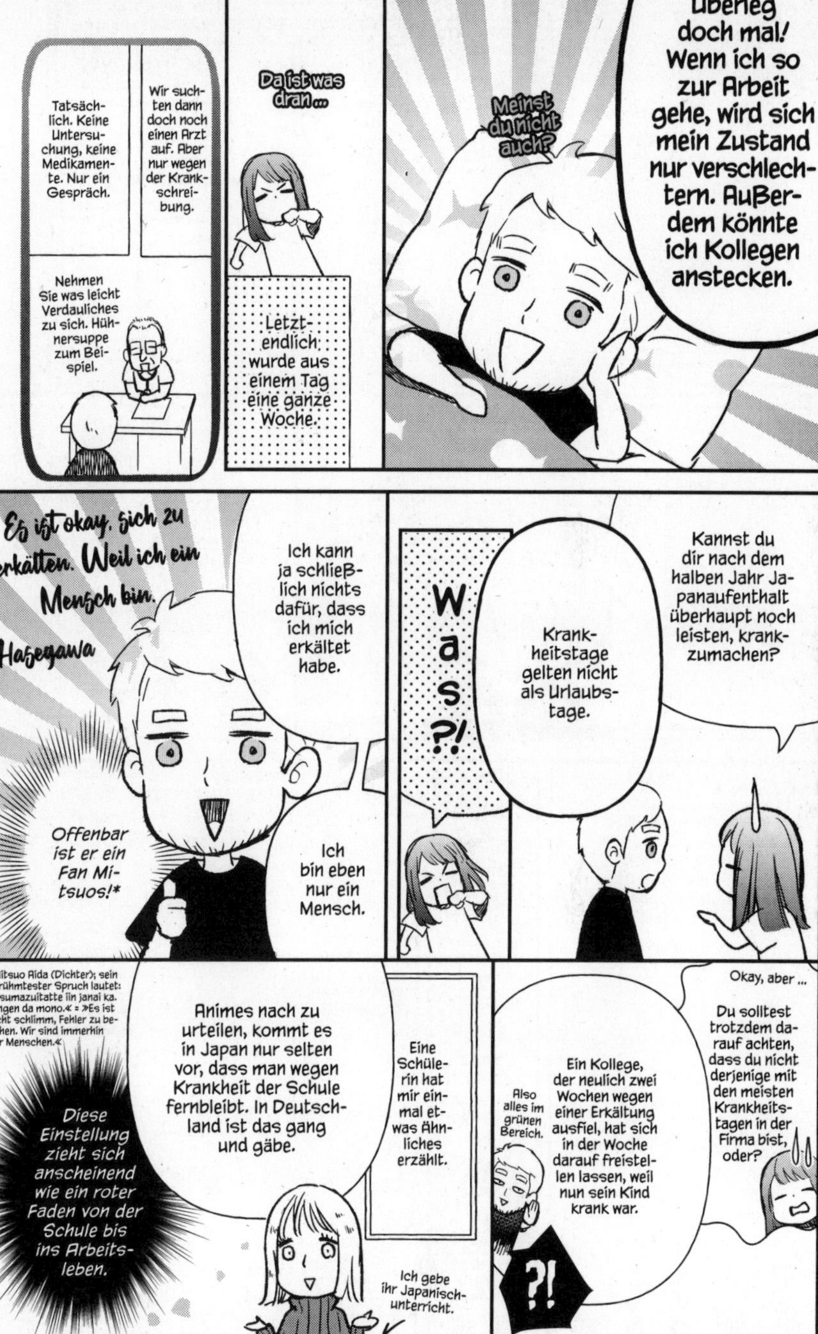

*Mitsuo Aida (Dichter); sein berühmtester Spruch lautet: »Tsumazuitatte iin janai ka. Ningen da mono.« = »Es ist nicht schlimm, Fehler zu begehen. Wir sind immerhin nur Menschen.«

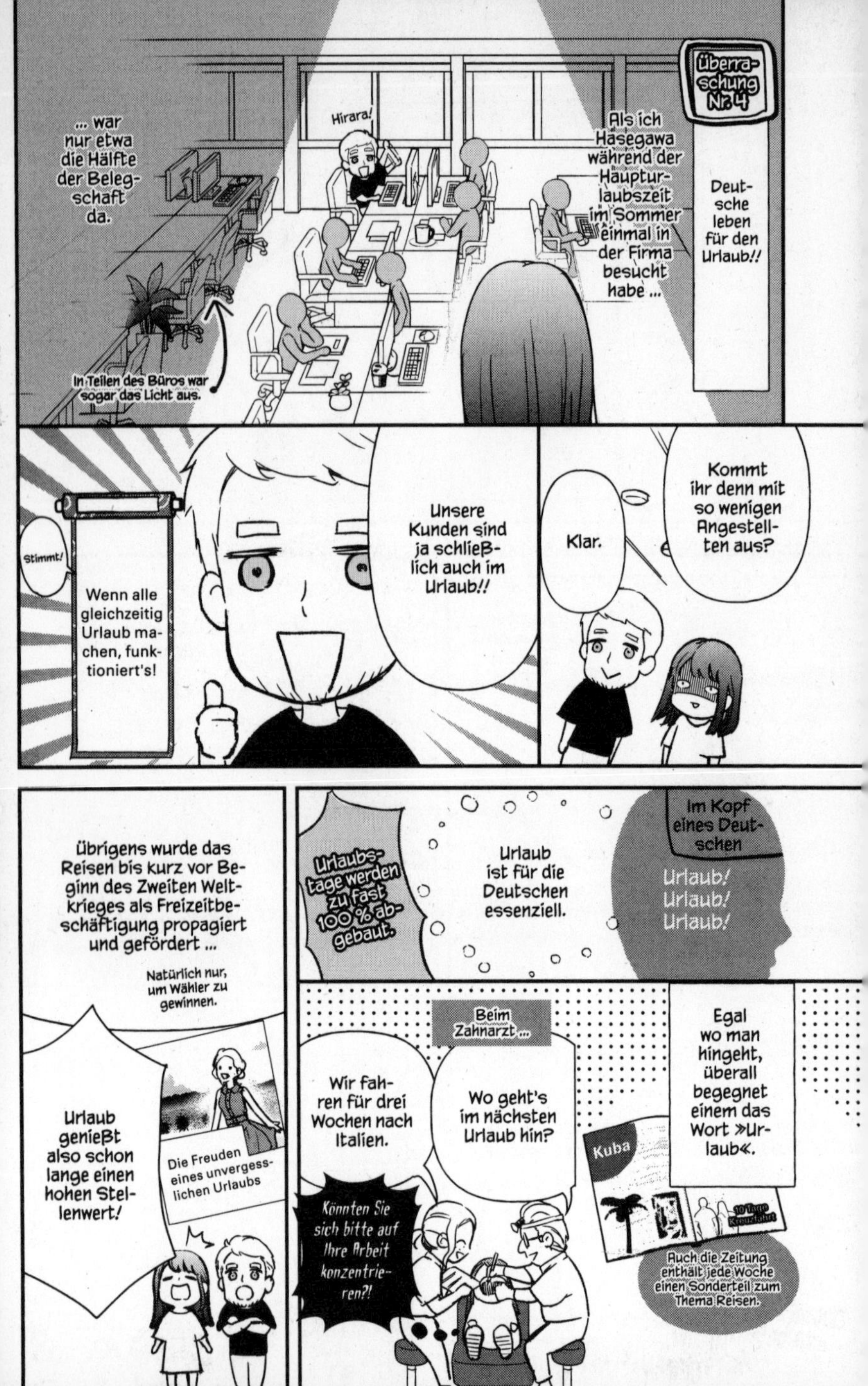
Überraschung Nr. 4
Deutsche leben für den Urlaub!!
Als ich Hasegawa während der Haupturlaubszeit im Sommer einmal in der Firma besucht habe ...
Hirara!
... war nur etwa die Hälfte der Belegschaft da.
In Teilen des Büros war sogar das Licht aus.
Kommt ihr denn mit so wenigen Angestellten aus?
Klar.
Unsere Kunden sind ja schließlich auch im Urlaub!!
Wenn alle gleichzeitig Urlaub machen, funktioniert's!
Stimmt!
Im Kopf eines Deutschen
Urlaub! Urlaub! Urlaub!
Urlaub ist für die Deutschen essenziell.
Urlaubstage werden zu fast 100 % abgebaut.
Übrigens wurde das Reisen bis kurz vor Beginn des Zweiten Weltkrieges als Freizeitbeschäftigung propagiert und gefördert ...
Natürlich nur, um Wähler zu gewinnen.
Die Freuden eines unvergesslichen Urlaubs
Urlaub genießt also schon lange einen hohen Stellenwert!
Egal wo man hingeht, überall begegnet einem das Wort »Urlaub«.
Beim Zahnarzt ...
Wo geht's im nächsten Urlaub hin?
Wir fahren für drei Wochen nach Italien.
Könnten Sie sich bitte auf Ihre Arbeit konzentrieren?!
Kuba
10 Tage Kreuzfahrt
Auch die Zeitung enthält jede Woche einen Sonderteil zum Thema Reisen.

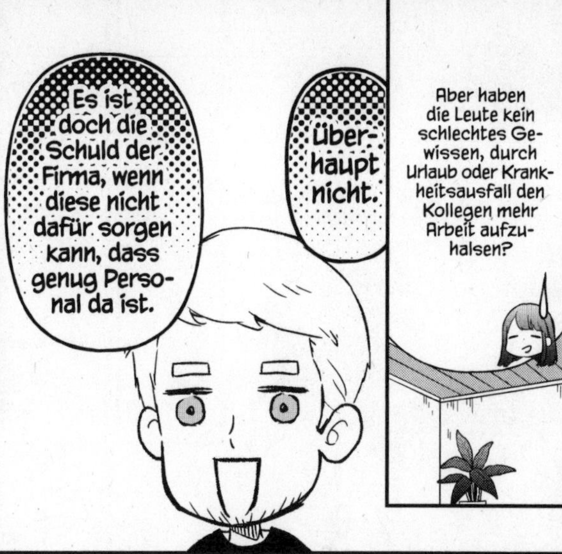

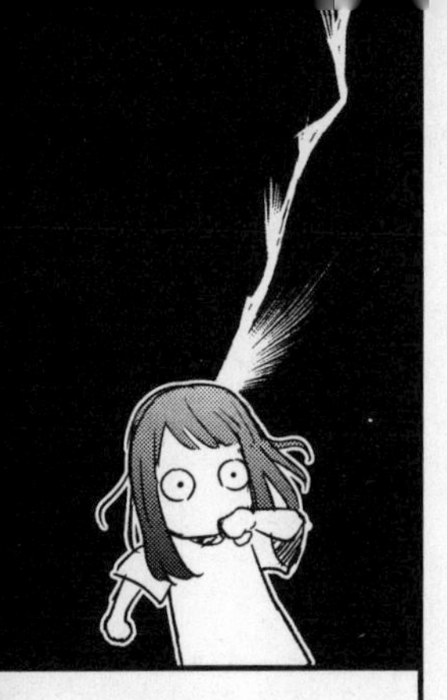

Wenn ich so darüber nachdenke, hat er recht ...

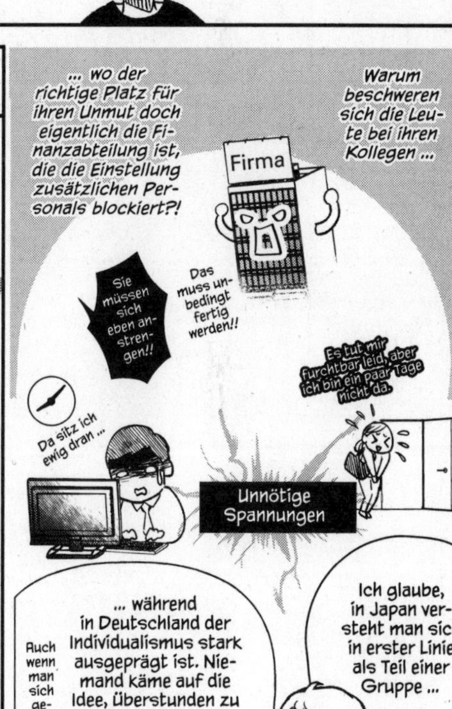

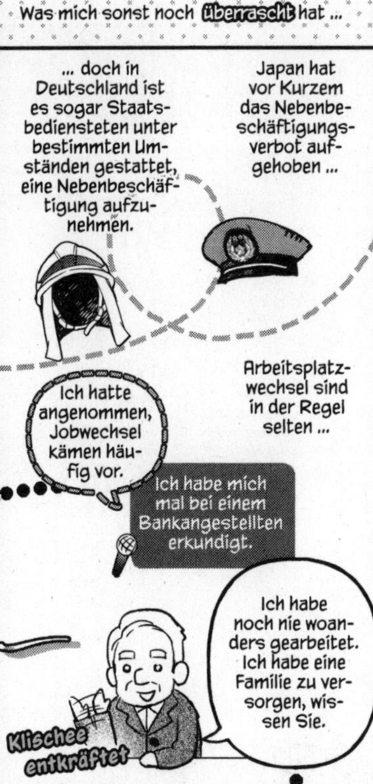

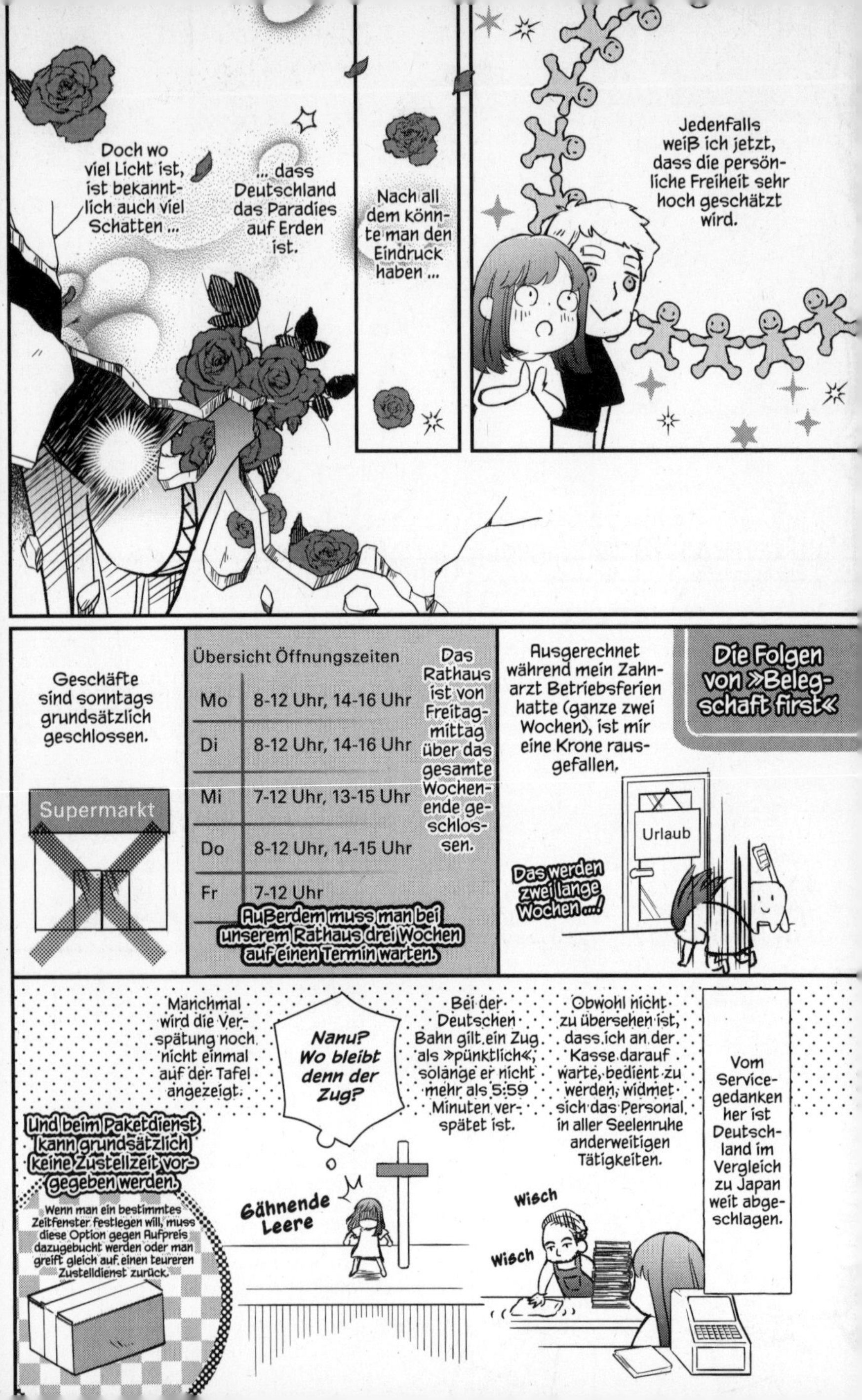

Jedenfalls weiß ich jetzt, dass die persönliche Freiheit sehr hoch geschätzt wird.

Nach all dem könnte man den Eindruck haben ...

... dass Deutschland das Paradies auf Erden ist.

Doch wo viel Licht ist, ist bekanntlich auch viel Schatten ...

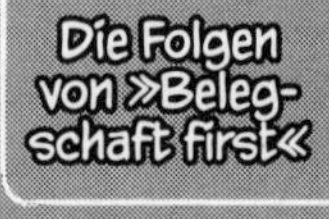

Ausgerechnet während mein Zahnarzt Betriebsferien hatte (ganze zwei Wochen), ist mir eine Krone rausgefallen.

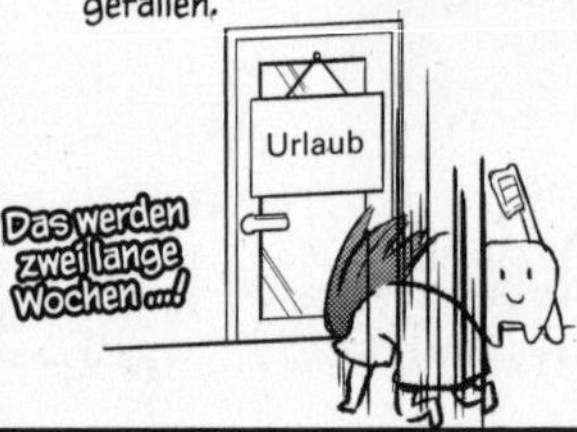

Das Rathaus ist von Freitagmittag über das gesamte Wochenende geschlossen.

Übersicht Öffnungszeiten

Mo	8-12 Uhr, 14-16 Uhr
Di	8-12 Uhr, 14-16 Uhr
Mi	7-12 Uhr, 13-15 Uhr
Do	8-12 Uhr, 14-15 Uhr
Fr	7-12 Uhr

Außerdem muss man bei unserem Rathaus drei Wochen auf einen Termin warten.

Geschäfte sind sonntags grundsätzlich geschlossen.

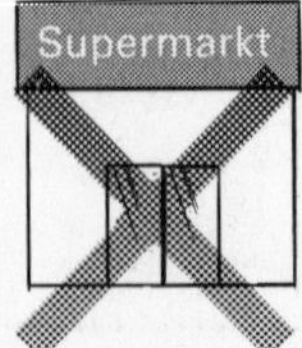

Vom Servicegedanken her ist Deutschland im Vergleich zu Japan weit abgeschlagen.

Obwohl nicht zu übersehen ist, dass ich an der Kasse darauf warte, bedient zu werden, widmet sich das Personal in aller Seelenruhe anderweitigen Tätigkeiten.

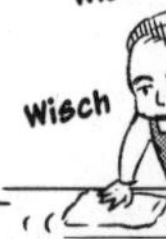

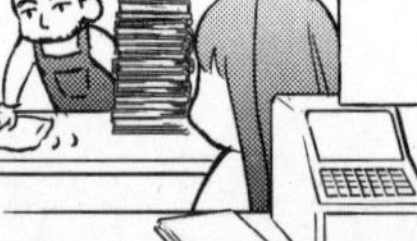

Bei der Deutschen Bahn gilt ein Zug als »pünktlich«, solange er nicht mehr als 5:59 Minuten verspätet ist.

Nanu? Wo bleibt denn der Zug?

Manchmal wird die Verspätung noch nicht einmal auf der Tafel angezeigt.

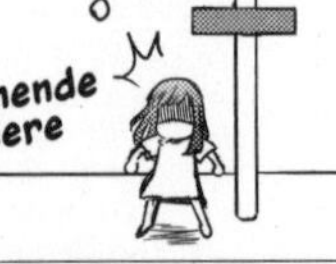

Und beim Paketdienst kann grundsätzlich keine Zustellzeit vorgegeben werden.

Wenn man ein bestimmtes Zeitfenster festlegen will, muss diese Option gegen Aufpreis dazugebucht werden oder man greift gleich auf einen teureren Zustelldienst zurück.

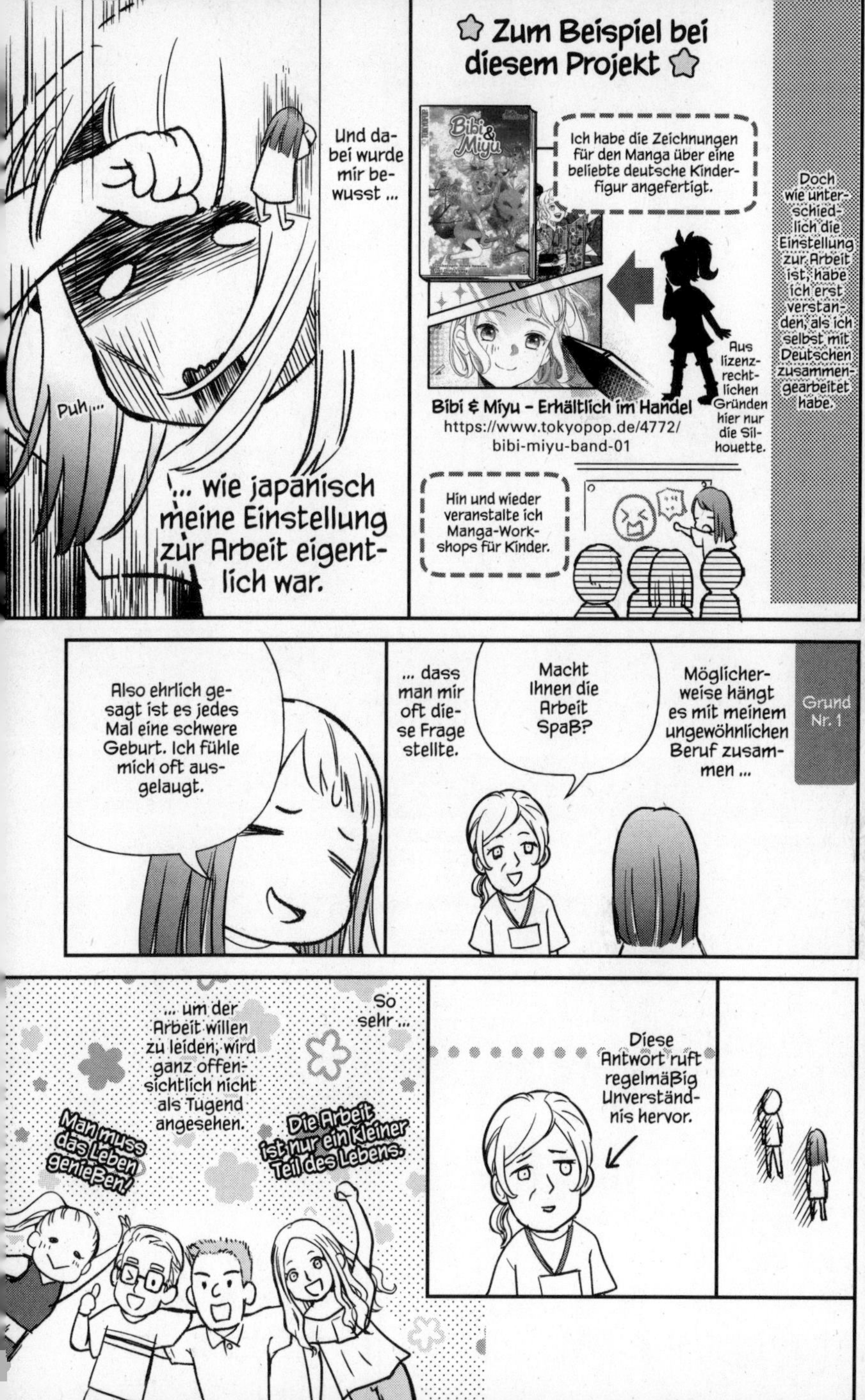

Doch wie unterschiedlich die Einstellung zur Arbeit ist, habe ich erst verstanden, als ich selbst mit Deutschen zusammengearbeitet habe.
Zum Beispiel bei diesem Projekt
Ich habe die Zeichnungen für den Manga über eine beliebte deutsche Kinderfigur angefertigt.
Bibi & Miyu
Aus lizenzrechtlichen Gründen hier nur die Silhouette.
Bibi & Miyu – Erhältlich im Handel
https://www.tokyopop.de/4772/bibi-miyu-band-01
Hin und wieder veranstalte ich Manga-Workshops für Kinder.
Und dabei wurde mir bewusst ...
Puh ...
... wie japanisch meine Einstellung zur Arbeit eigentlich war.
Grund Nr. 1
Möglicherweise hängt es mit meinem ungewöhnlichen Beruf zusammen ...
Macht Ihnen die Arbeit Spaß?
... dass man mir oft diese Frage stellte.
Also ehrlich gesagt ist es jedes Mal eine schwere Geburt. Ich fühle mich oft ausgelaugt.
Diese Antwort ruft regelmäßig Unverständnis hervor.
So sehr ...
... um der Arbeit willen zu leiden, wird ganz offensichtlich nicht als Tugend angesehen.
Die Arbeit ist nur ein kleiner Teil des Lebens.
Man muss das Leben genießen!

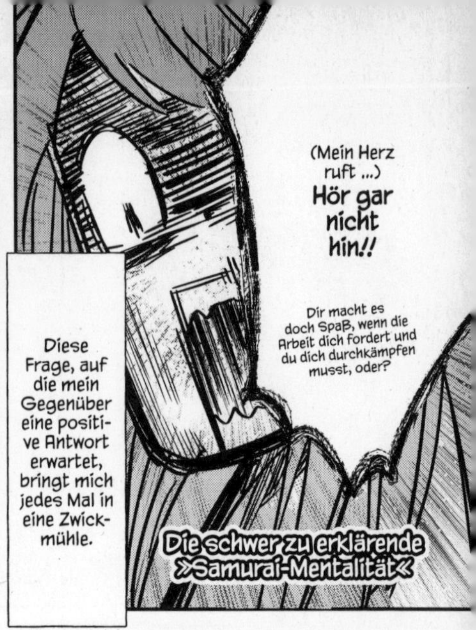

Diese Frage, auf die mein Gegenüber eine positive Antwort erwartet, bringt mich jedes Mal in eine Zwickmühle.

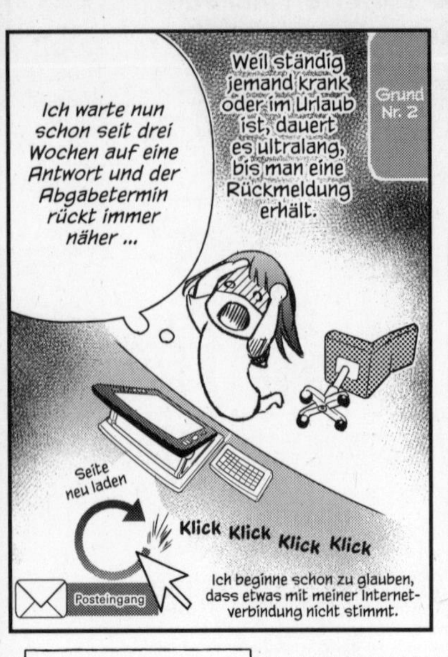

Ich glaube, in Deutschland wären wöchentliche Veröffentlichungen von Serien nicht realisierbar.

Sonntag ist Ruhetag.

Mangaka

Verlag

Ich bin ab nächster Woche zwei Wochen im Urlaub.

Ich denke, dass sich eine so reiche Manga-Kultur in Japan entwickeln konnte, ist unter anderem dem Fleiß der Japaner zu verdanken.

Das meine ich völlig wertfrei.

Grund Nr. 3

Es passieren so viele Fehler.

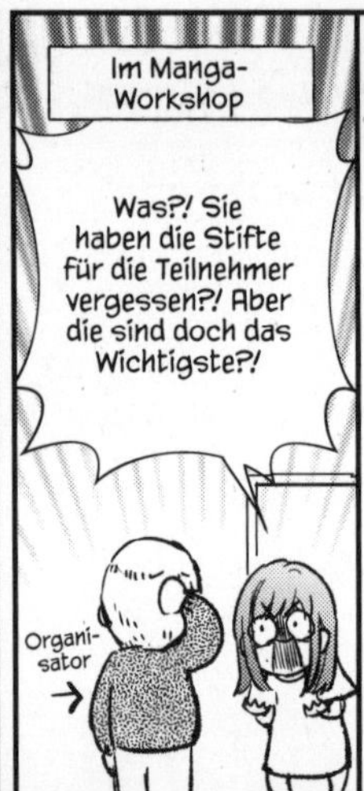

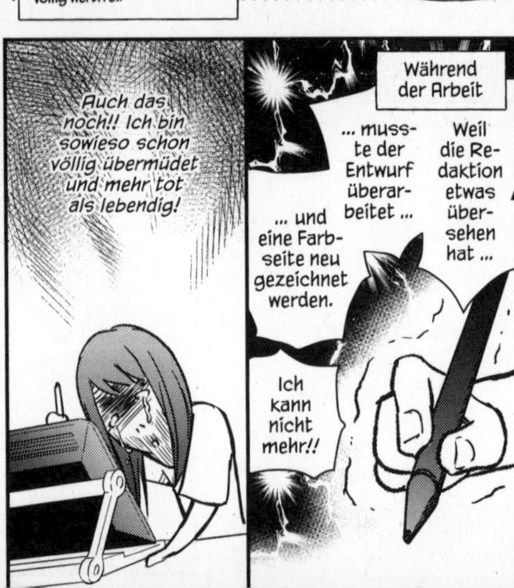

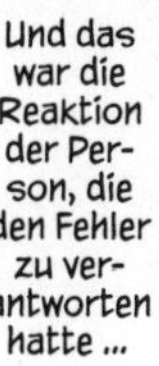
Und das war die Reaktion der Person, die den Fehler zu verantworten hatte ...

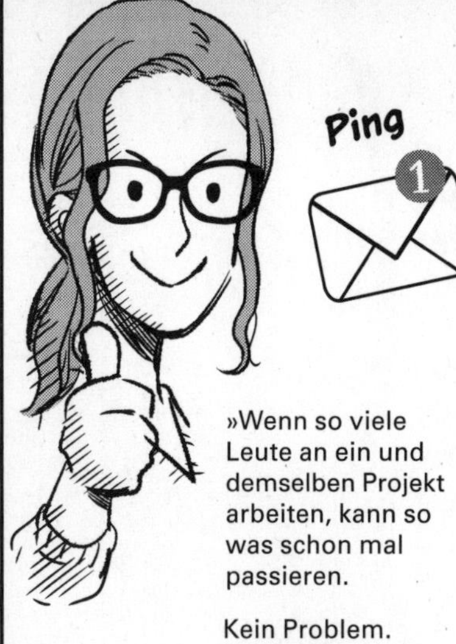
Ping
1
»Wenn so viele Leute an ein und demselben Projekt arbeiten, kann so was schon mal passieren.
Kein Problem. Kommt nicht wieder vor.«

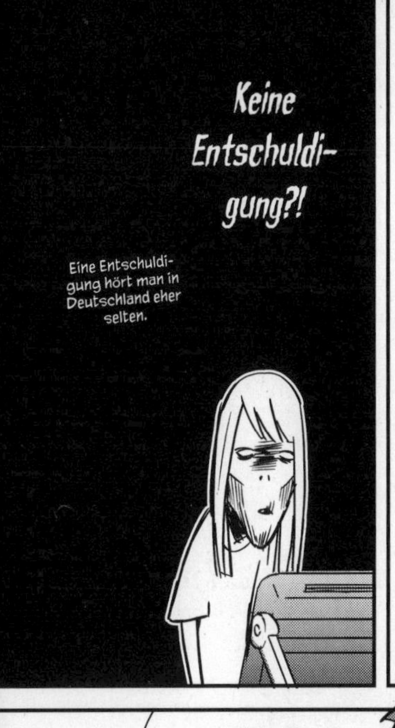
Keine Entschuldi-gung?!
Eine Entschuldigung hört man in Deutschland eher selten.

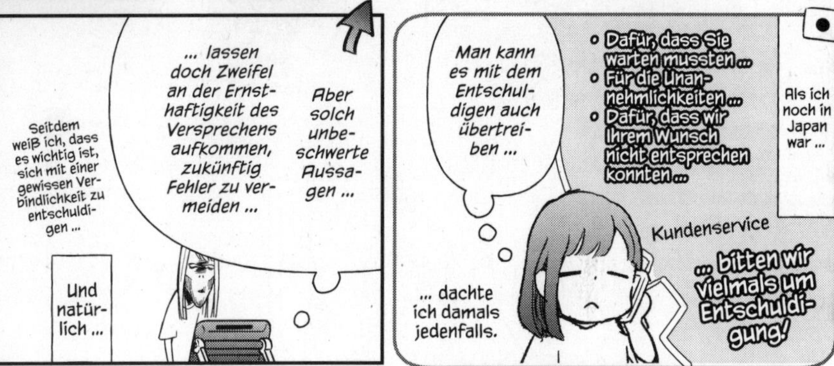
Als ich noch in Japan war ...
Kundenservice
... bitten wir vielmals um Entschuldigung!
Dafür, dass Sie warten mussten ...
Für die Unannehmlichkeiten ...
Dafür, dass wir Ihrem Wunsch nicht entsprechen konnten ...
Man kann es mit dem Entschuldigen auch übertreiben ...
... dachte ich damals jedenfalls.
Aber solch unbeschwerte Aussagen ...
... lassen doch Zweifel an der Ernsthaftigkeit des Versprechens aufkommen, zukünftig Fehler zu vermeiden ...
Seitdem weiß ich, dass es wichtig ist, sich mit einer gewissen Verbindlichkeit zu entschuldigen ...
Und natürlich ...

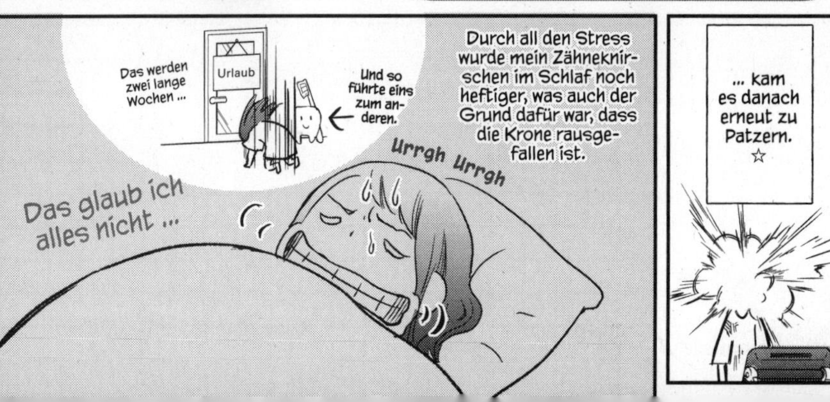
... kam es danach erneut zu Patzern. ☆
Durch all den Stress wurde mein Zähneknirschen im Schlaf noch heftiger, was auch der Grund dafür war, dass die Krone rausgefallen ist.
Urrgh Urrgh
Das glaub ich alles nicht ...
Das werden zwei lange Wochen ...
Urlaub
Und so führte eins zum anderen.

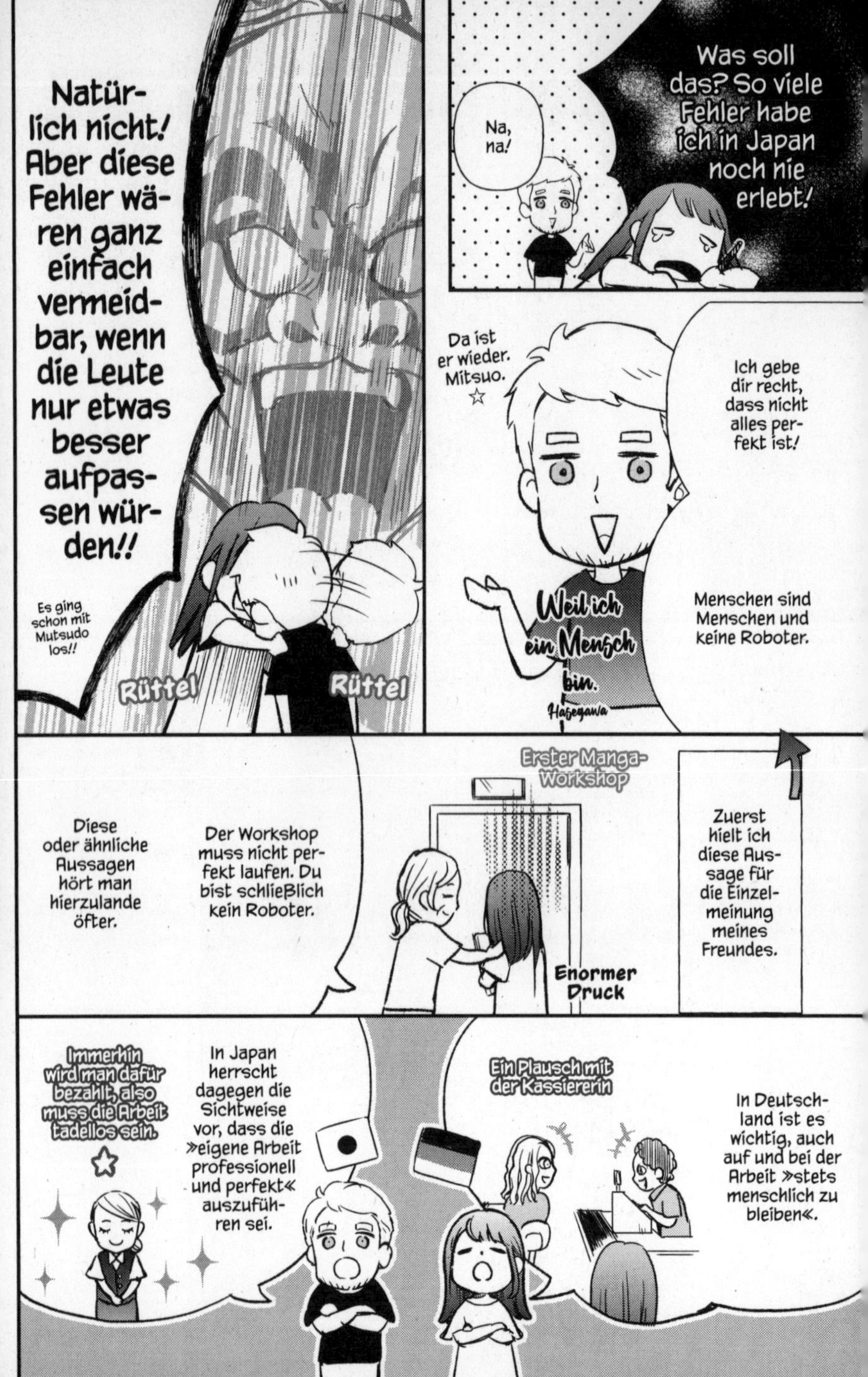

Was soll das? So viele Fehler habe ich in Japan noch nie erlebt!
Na, na!
Natürlich nicht! Aber diese Fehler wären ganz einfach vermeidbar, wenn die Leute nur etwas besser aufpassen würden!!
Es ging schon mit Mutsudo los!!
Rüttel
Rüttel
Ich gebe dir recht, dass nicht alles perfekt ist!
Da ist er wieder. Mitsuo. ☆
Menschen sind Menschen und keine Roboter.
Weil ich ein Mensch bin.
Hasegawa
Zuerst hielt ich diese Aussage für die Einzelmeinung meines Freundes.
Erster Manga-Workshop
Enormer Druck
Der Workshop muss nicht perfekt laufen. Du bist schließlich kein Roboter.
Diese oder ähnliche Aussagen hört man hierzulande öfter.
In Deutschland ist es wichtig, auch auf und bei der Arbeit »stets menschlich zu bleiben«.
Ein Plausch mit der Kassiererin
In Japan herrscht dagegen die Sichtweise vor, dass die »eigene Arbeit professionell und perfekt« auszuführen sei.
Immerhin wird man dafür bezahlt, also muss die Arbeit tadellos sein.

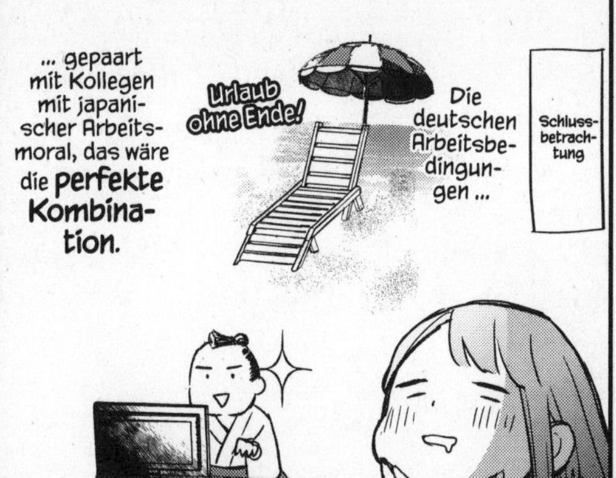
Schlussbetrachtung
Die deutschen Arbeitsbedingungen ...
Urlaub ohne Ende!
... gepaart mit Kollegen mit japanischer Arbeitsmoral, das wäre die perfekte Kombination.

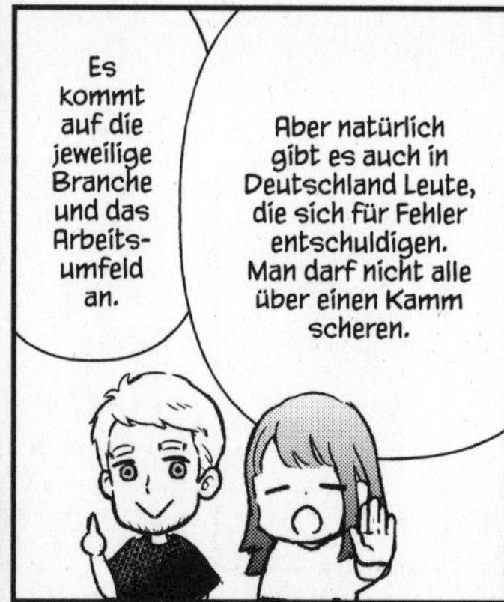
Aber natürlich gibt es auch in Deutschland Leute, die sich für Fehler entschuldigen. Man darf nicht alle über einen Kamm scheren.
Es kommt auf die jeweilige Branche und das Arbeitsumfeld an.

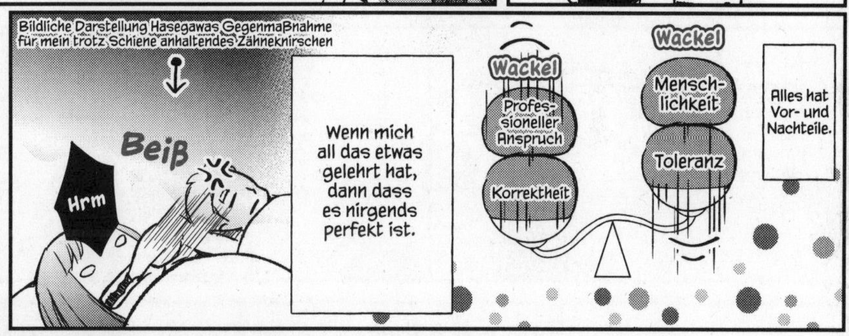
Alles hat Vor- und Nachteile.
Wackel
Menschlichkeit
Toleranz
Wackel
Professioneller Anspruch
Korrektheit
Wenn mich all das etwas gelehrt hat, dann dass es nirgends perfekt ist.
Bildliche Darstellung Hasegawas Gegenmaßnahme für mein trotz Schiene anhaltendes Zähneknirschen
Beiß
Hrm

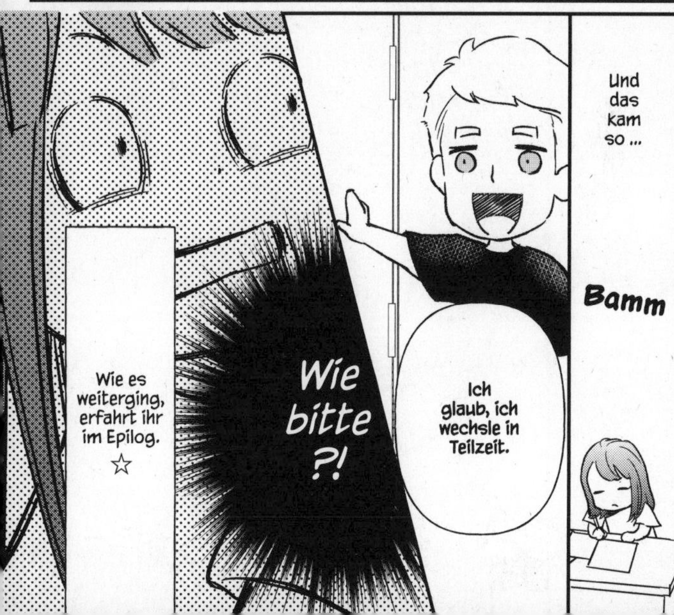
Ich springe zwar etwas ...
... aber ich möchte erwähnen, dass Hasegawa zwischenzeitlich seine Arbeitszeit von Vollzeit auf nur noch dreimal die Woche arbeiten verringert hat.
Und das kam so ...
Bamm
Ich glaub, ich wechsle in Teilzeit.
Wie bitte?!
Wie es weiterging, erfahrt ihr im Epilog. ☆

»Und wenn dir das Leben in Deutschland gefällt, können wir heiraten. Was meinst du?«

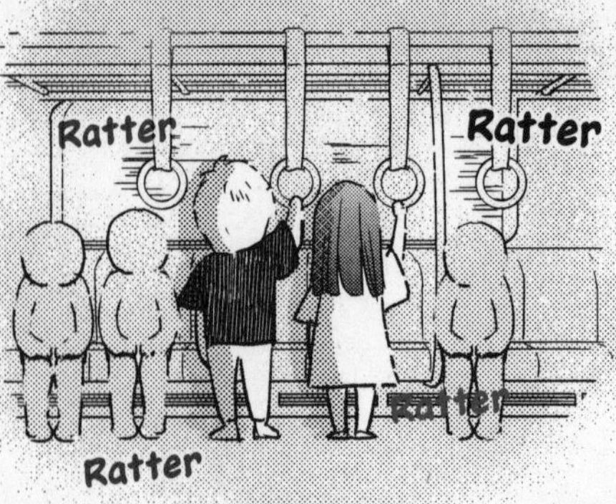

Aber als ich mich in Deutschland eingelebt hatte, befiel mich plötzlich ein Gefühl von Unsicherheit.

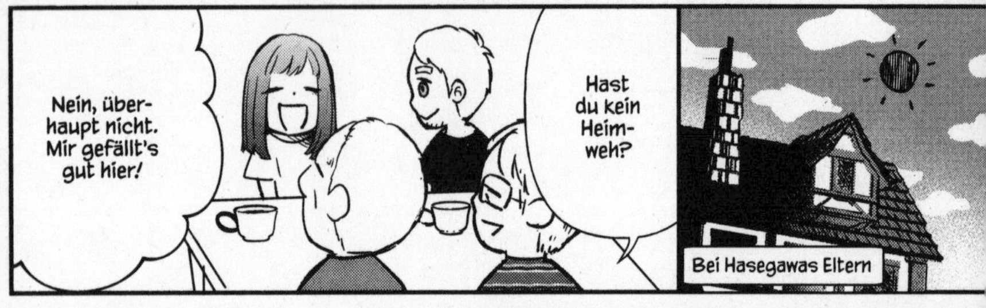

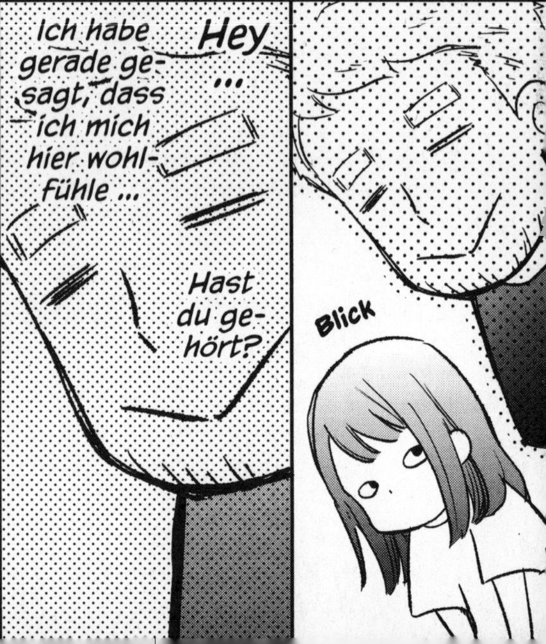

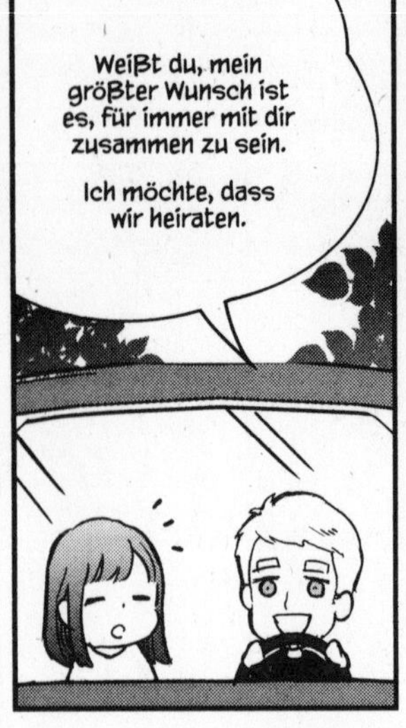

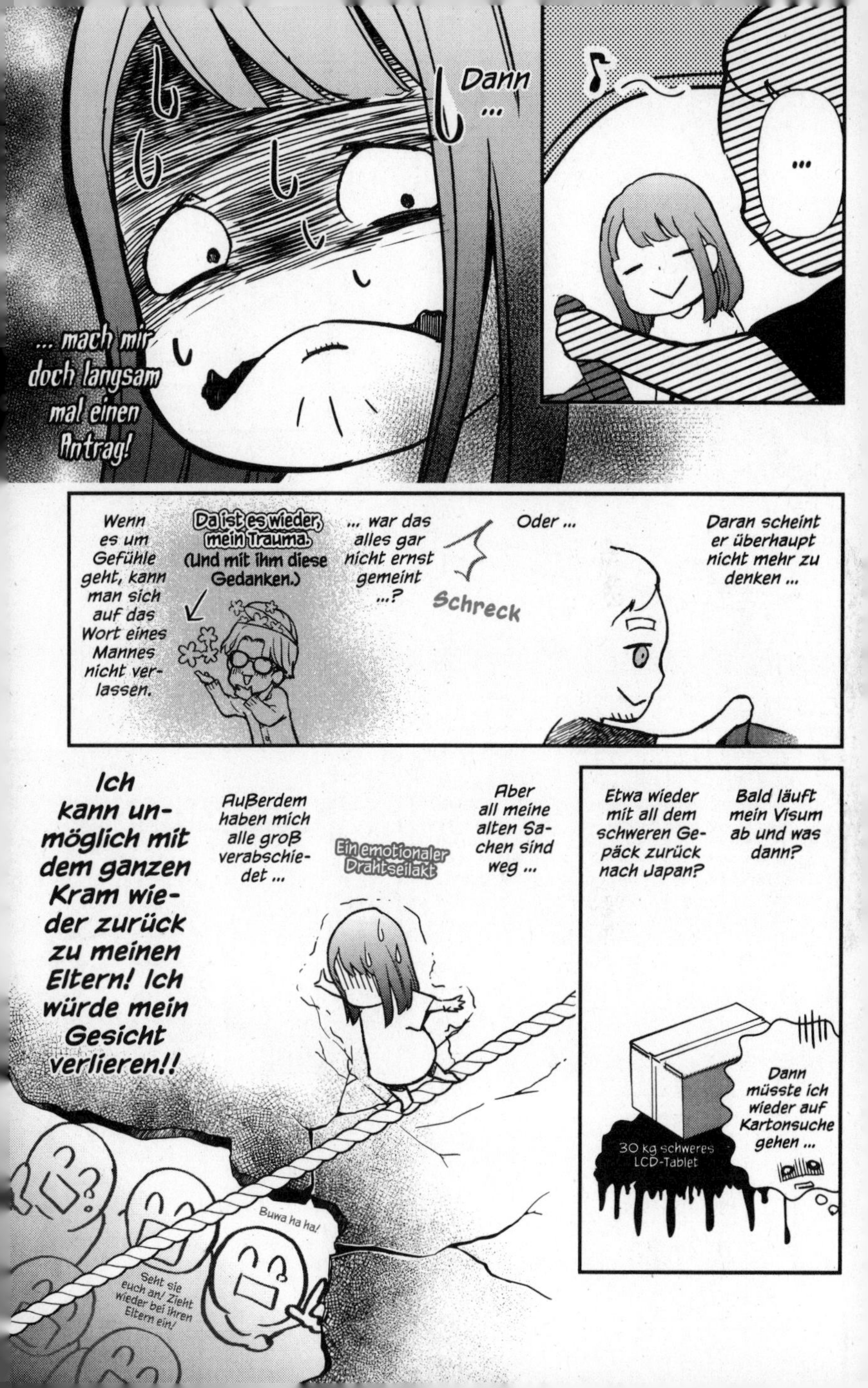

...

Dann ...

... mach mir doch langsam mal einen Antrag!

Daran scheint er überhaupt nicht mehr zu denken ...

Oder ...

Schreck

... war das alles gar nicht ernst gemeint ...?

Wenn es um Gefühle geht, kann man sich auf das Wort eines Mannes nicht verlassen.

Da ist es wieder, mein Trauma. (Und mit ihm diese Gedanken.)

Bald läuft mein Visum ab und was dann?

Etwa wieder mit all dem schweren Gepäck zurück nach Japan?

30 kg schweres LCD-Tablet

Dann müsste ich wieder auf Kartonsuche gehen ...

Aber all meine alten Sachen sind weg ...

Außerdem haben mich alle groß verabschiedet ...

Ein emotionaler Drahtseilakt

Ich kann unmöglich mit dem ganzen Kram wieder zurück zu meinen Eltern! Ich würde mein Gesicht verlieren!!

Buwa ha ha!

Seht sie euch an! Zieht wieder bei ihren Eltern ein!

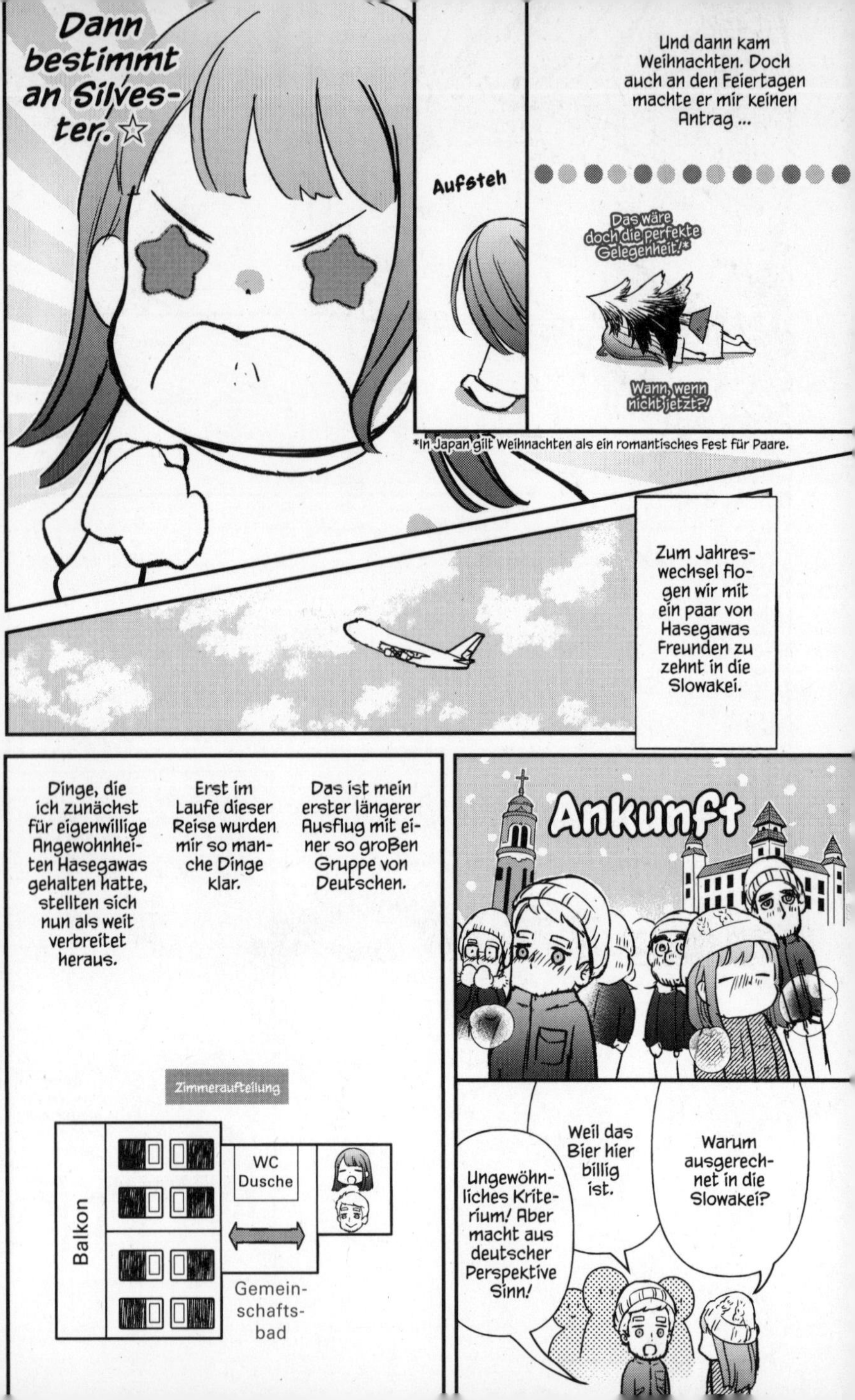

Und dann kam Weihnachten. Doch auch an den Feiertagen machte er mir keinen Antrag ...

Das wäre doch die perfekte Gelegenheit!*

Wann, wenn nicht jetzt?!

Aufsteh

Dann bestimmt an Silvester. ☆

*In Japan gilt Weihnachten als ein romantisches Fest für Paare.

Zum Jahreswechsel flogen wir mit ein paar von Hasegawas Freunden zu zehnt in die Slowakei.

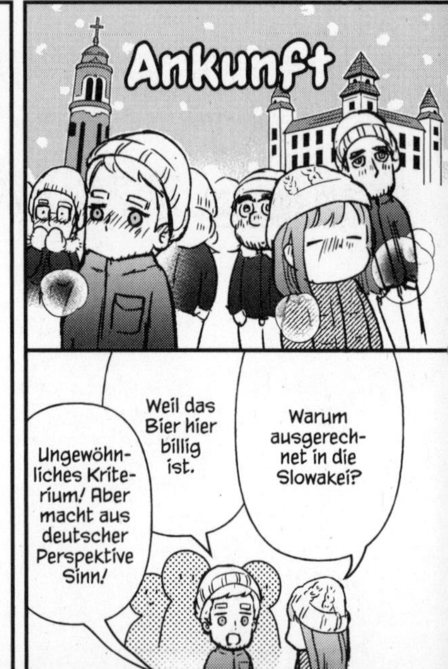

Das ist mein erster längerer Ausflug mit einer so großen Gruppe von Deutschen.

Erst im Laufe dieser Reise wurden mir so manche Dinge klar.

Dinge, die ich zunächst für eigenwillige Angewohnheiten Hasegawas gehalten hatte, stellten sich nun als weit verbreitet heraus.

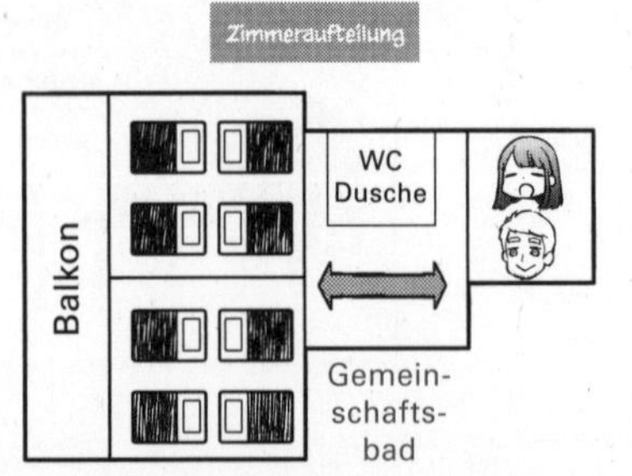

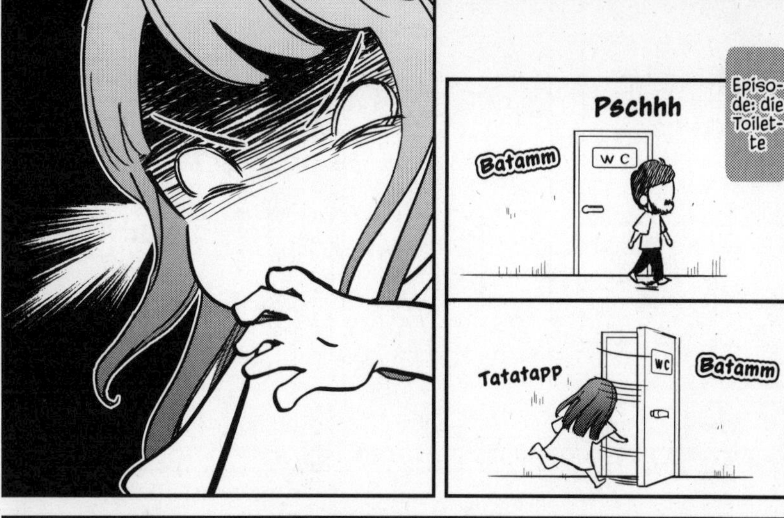
Episode: die Toilette
Pschhh
Batamm
Tatatapp
Batamm

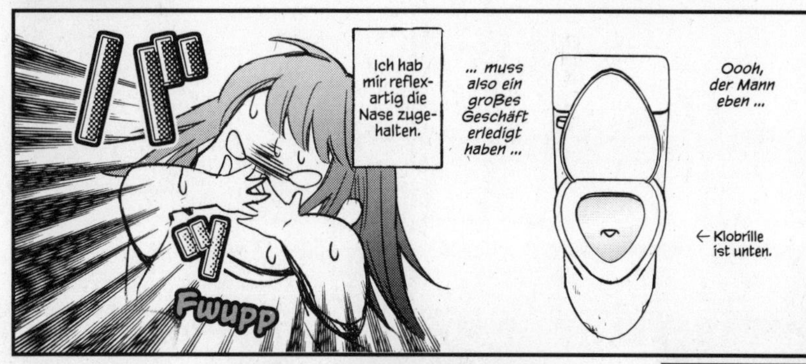
Oooh, der Mann eben ...
... muss also ein großes Geschäft erledigt haben ...
← Klobrille ist unten.
Ich hab mir reflexartig die Nase zugehalten.
Fwupp

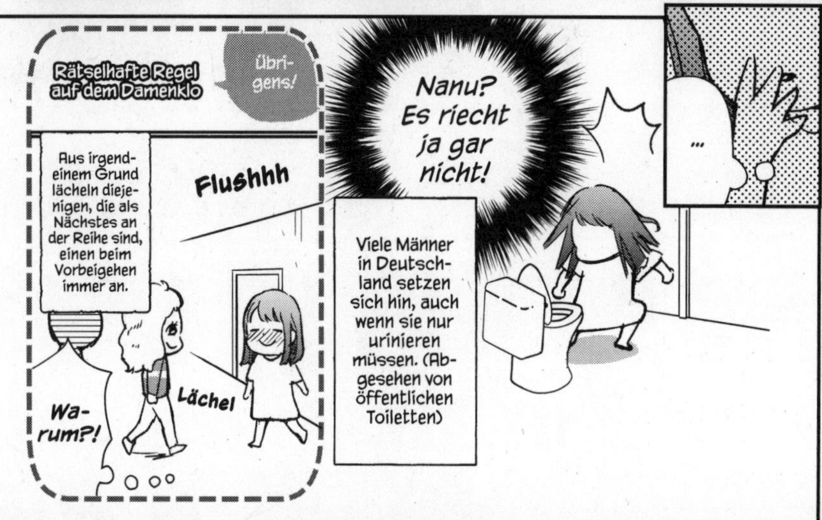
...
Nanu? Es riecht ja gar nicht!
Viele Männer in Deutschland setzen sich hin, auch wenn sie nur urinieren müssen. (Abgesehen von öffentlichen Toiletten)
Übrigens!
Rätselhafte Regel auf dem Damenklo
Flushhh
Aus irgendeinem Grund lächeln diejenigen, die als Nächstes an der Reihe sind, einen beim Vorbeigehen immer an.
Lächel
Warum?!

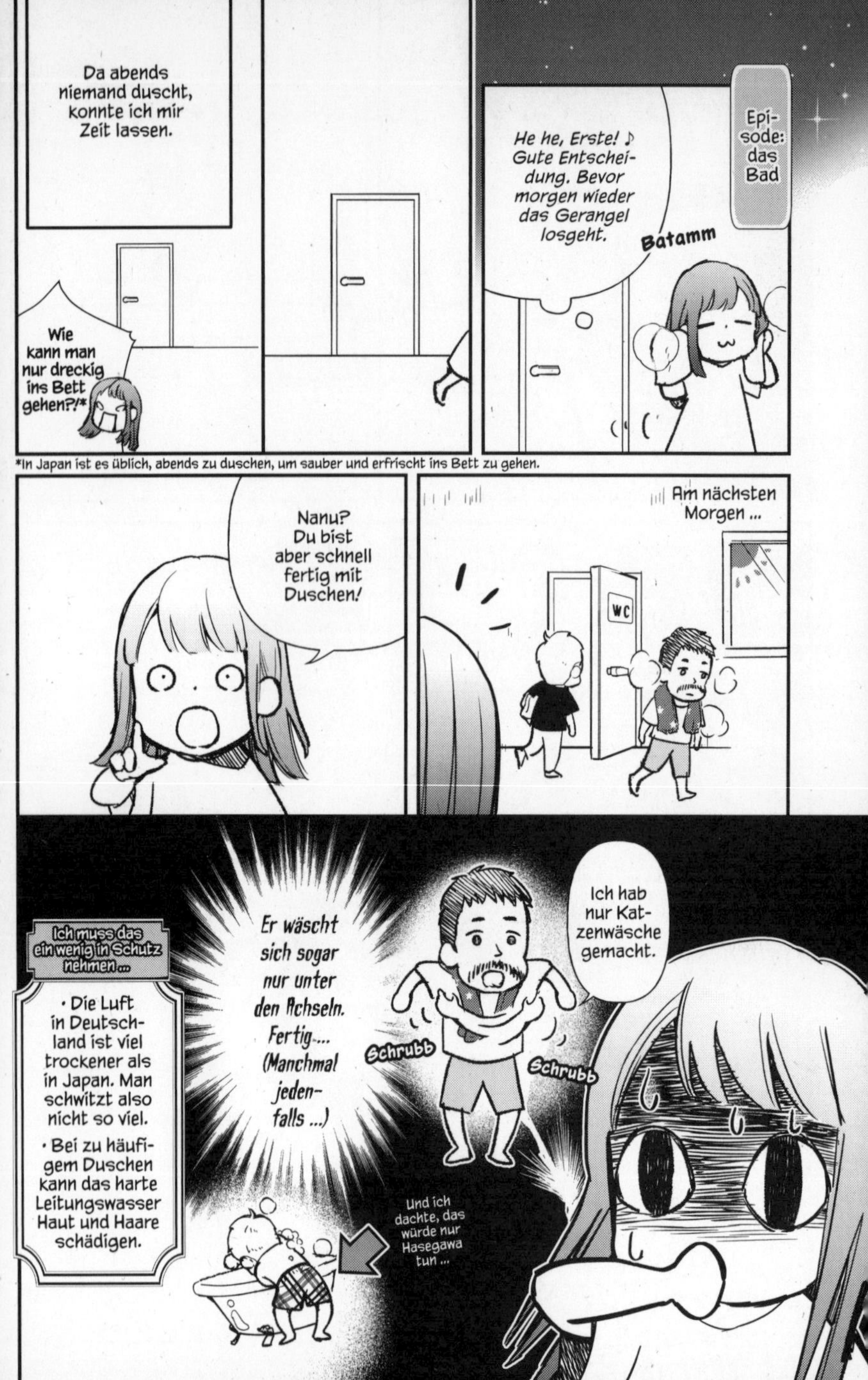
Epi-
sode:
das
Bad
He he, Erste! ♪ Gute Entscheidung. Bevor morgen wieder das Gerangel losgeht.
Batamm
Da abends niemand duscht, konnte ich mir Zeit lassen.
Wie kann man nur dreckig ins Bett gehen?!*
*In Japan ist es üblich, abends zu duschen, um sauber und erfrischt ins Bett zu gehen.
Am nächsten Morgen ...
WC
Nanu? Du bist aber schnell fertig mit Duschen!
Ich hab nur Katzenwäsche gemacht.
Er wäscht sich sogar nur unter den Achseln. Fertig.... (Manchmal jedenfalls ...)
Schrubb
Schrubb
Ich muss das ein wenig in Schutz nehmen ...
• Die Luft in Deutschland ist viel trockener als in Japan. Man schwitzt also nicht so viel.
• Bei zu häufigem Duschen kann das harte Leitungswasser Haut und Haare schädigen.
Und ich dachte, das würde nur Hasegawa tun ...

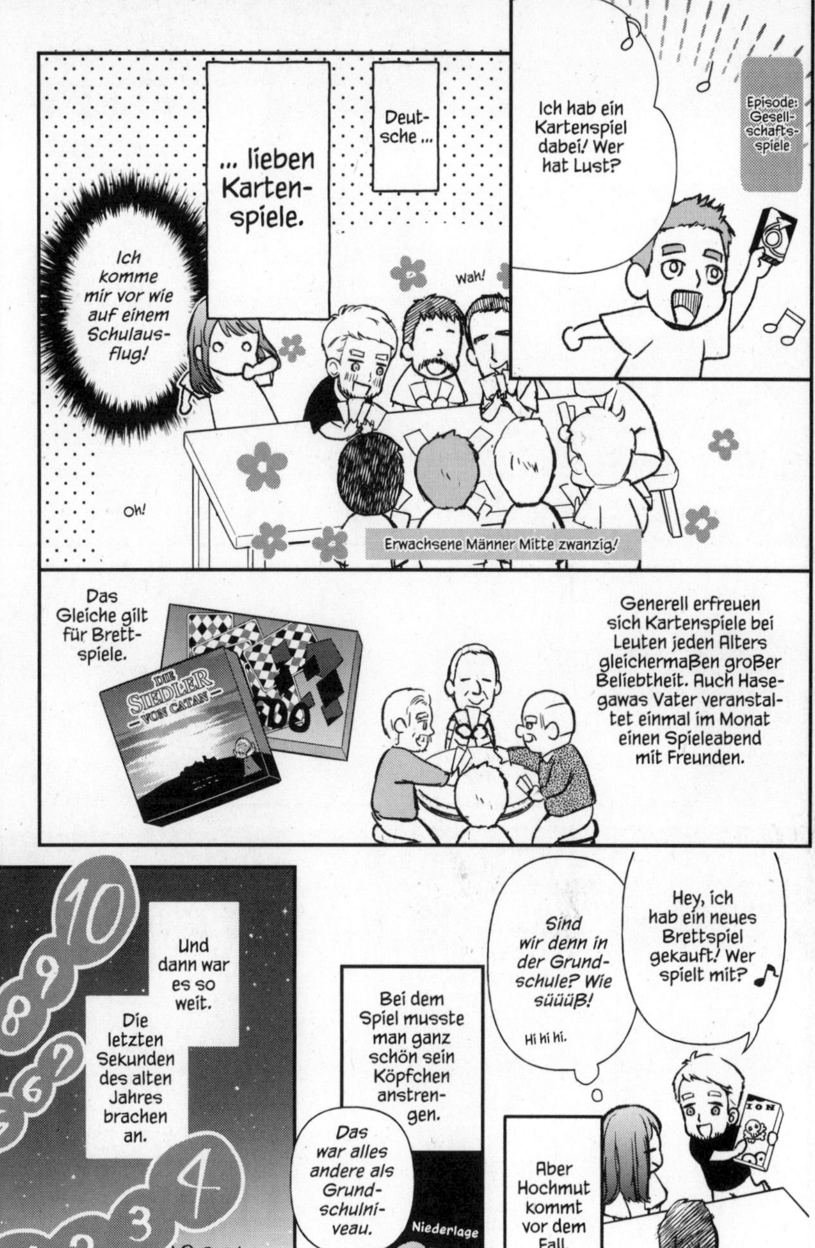

Episode: Gesellschaftsspiele
Ich hab ein Kartenspiel dabei! Wer hat Lust?
Deutsche ...
... lieben Kartenspiele.
Wah!
Ich komme mir vor wie auf einem Schulausflug!
Oh!
Erwachsene Männer Mitte zwanzig!
Generell erfreuen sich Kartenspiele bei Leuten jeden Alters gleichermaßen großer Beliebtheit. Auch Hasegawas Vater veranstaltet einmal im Monat einen Spieleabend mit Freunden.
Das Gleiche gilt für Brettspiele.
DIE SIEDLER VON CATAN
Hey, ich hab ein neues Brettspiel gekauft! Wer spielt mit?
Sind wir denn in der Grundschule? Wie süüüß!
Hi hi hi.
Aber Hochmut kommt vor dem Fall.
Bei dem Spiel musste man ganz schön sein Köpfchen anstrengen.
Das war alles andere als Grundschulniveau.
Niederlage
Und dann war es so weit.
Die letzten Sekunden des alten Jahres brachen an.
10 9 8 7 6 5 4 3 2 1

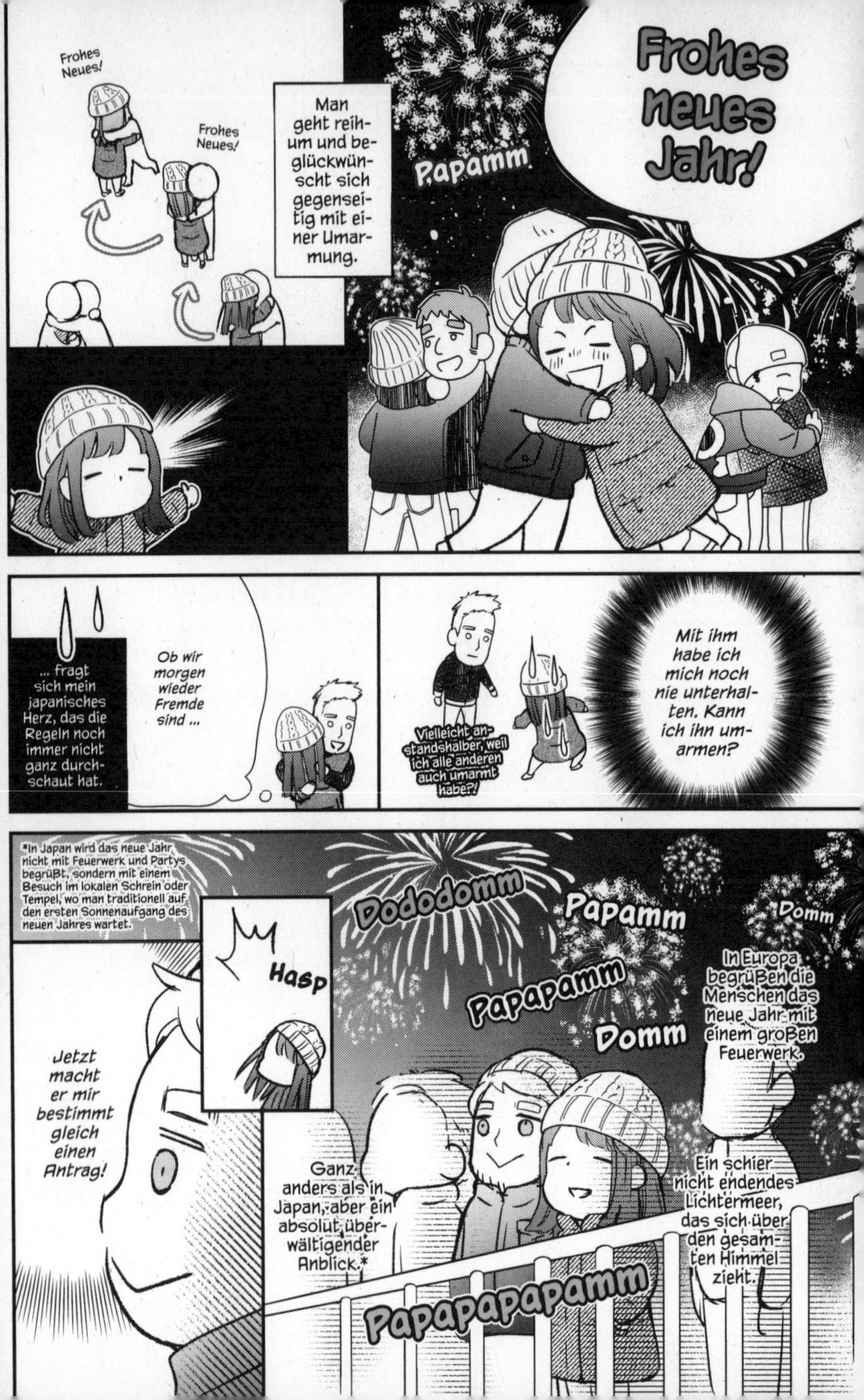

Frohes neues Jahr!

Papamm

Man geht reihum und beglückwünscht sich gegenseitig mit einer Umarmung.

Frohes Neues!

Frohes Neues!

Mit ihm habe ich mich noch nie unterhalten. Kann ich ihn umarmen?

Vielleicht anstandshalber, weil ich alle anderen auch umarmt habe?!

Ob wir morgen wieder Fremde sind ...

... fragt sich mein japanisches Herz, das die Regeln noch immer nicht ganz durchschaut hat.

Domm

Papamm

Dododomm

In Europa begrüßen die Menschen das neue Jahr mit einem großen Feuerwerk.

Papapamm

Domm

Ein schier nicht endendes Lichtermeer, das sich über den gesamten Himmel zieht.

Ganz anders als in Japan, aber ein absolut überwältigender Anblick.*

Papapapapamm

*In Japan wird das neue Jahr nicht mit Feuerwerk und Partys begrüßt, sondern mit einem Besuch im lokalen Schrein oder Tempel, wo man traditionell auf den ersten Sonnenaufgang des neuen Jahres wartet.

Hasp

Jetzt macht er mir bestimmt gleich einen Antrag!

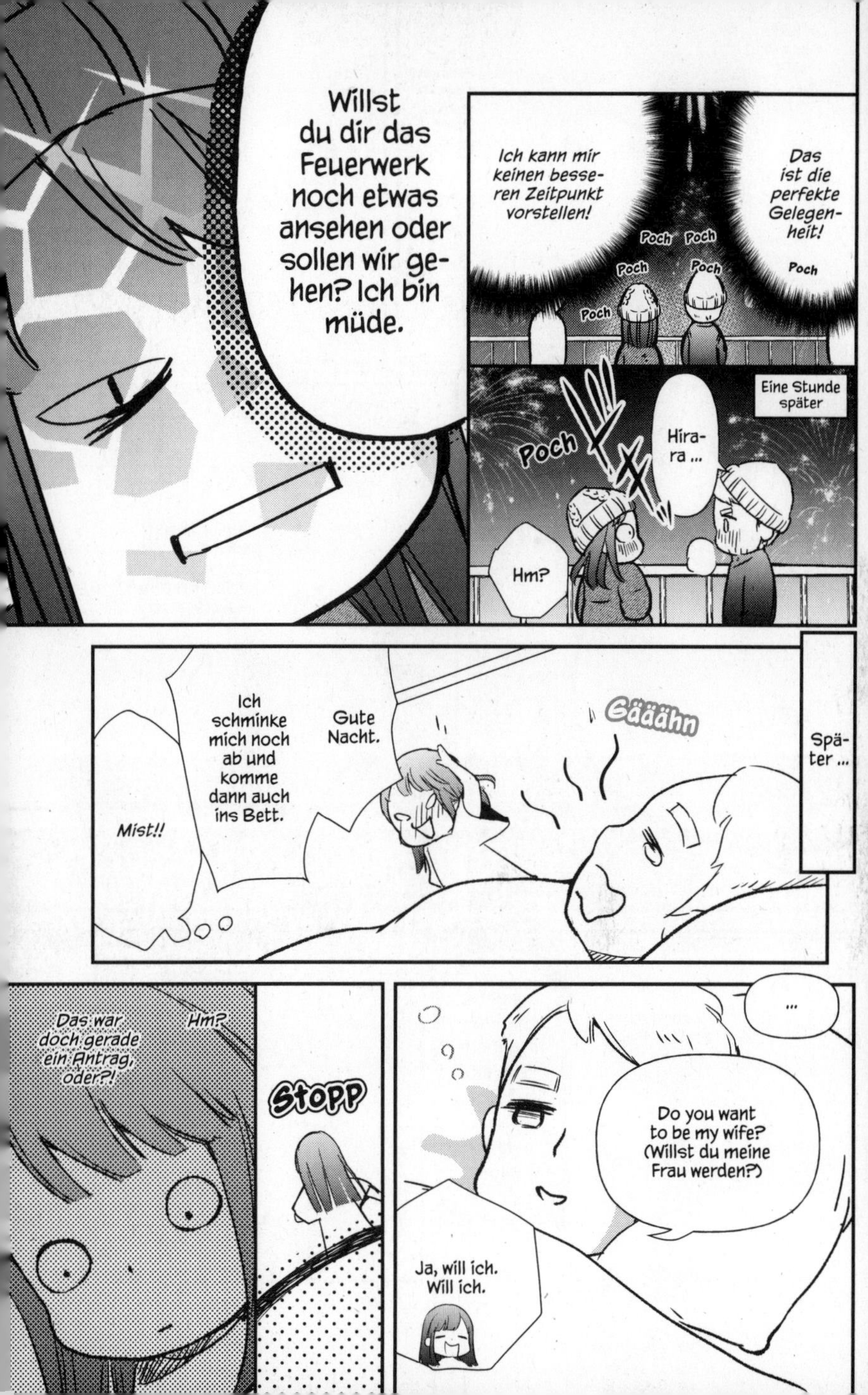
Das ist die perfekte Gelegenheit!
Ich kann mir keinen besseren Zeitpunkt vorstellen!
Poch
Poch
Poch
Poch
Poch
Poch
Eine Stunde später
Hira- ra ...
Poch
Hm?
Willst du dir das Feuerwerk noch etwas ansehen oder sollen wir gehen? Ich bin müde.
Spä- ter ...
Gäääähn
Gute Nacht.
Ich schminke mich noch ab und komme dann auch ins Bett.
Mist!!
...
Do you want to be my wife? (Willst du meine Frau werden?)
Ja, will ich. Will ich.
Stopp
Hm?
Das war doch gerade ein Antrag, oder?!

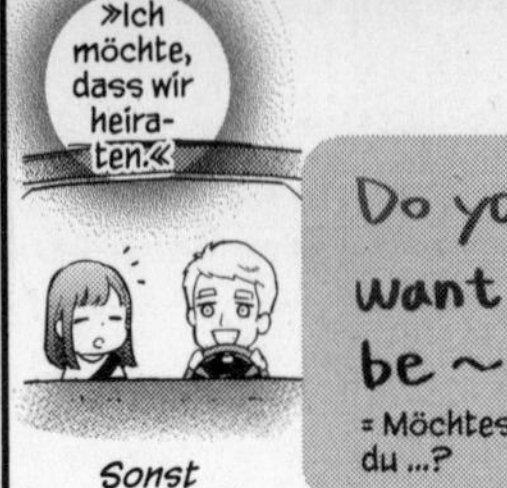

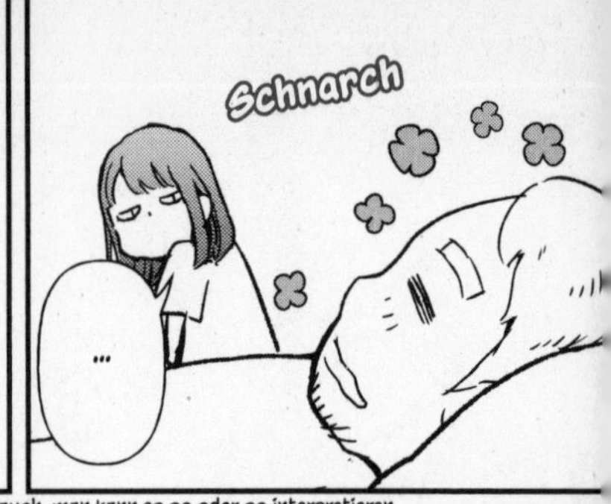

Ich hab eine Muttersprachlerin gefragt. Die meinte auch, man kann es so oder so interpretieren.

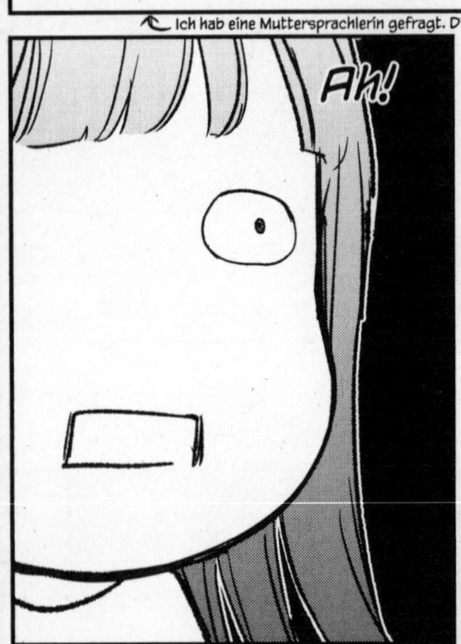

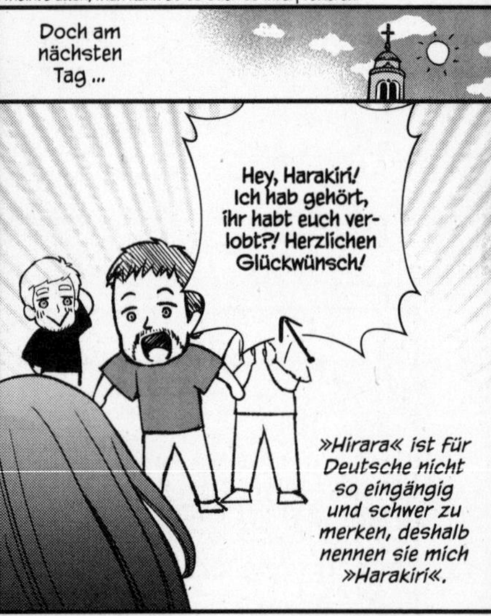

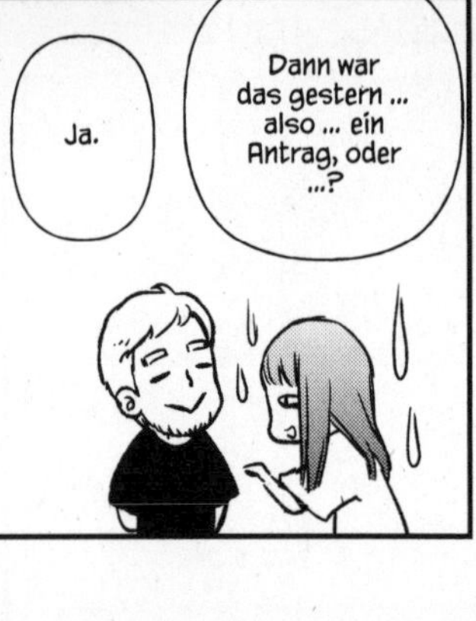

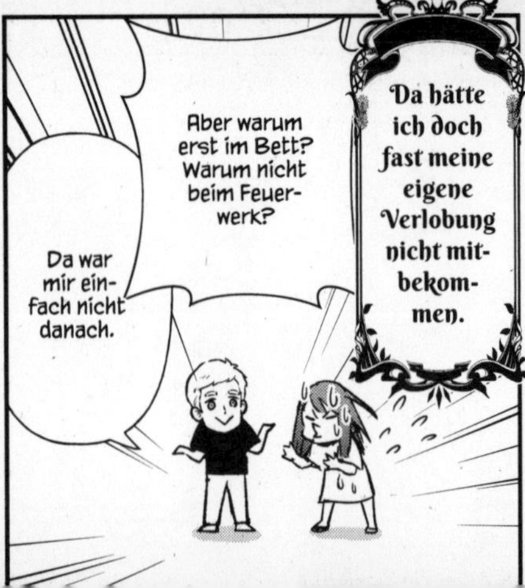

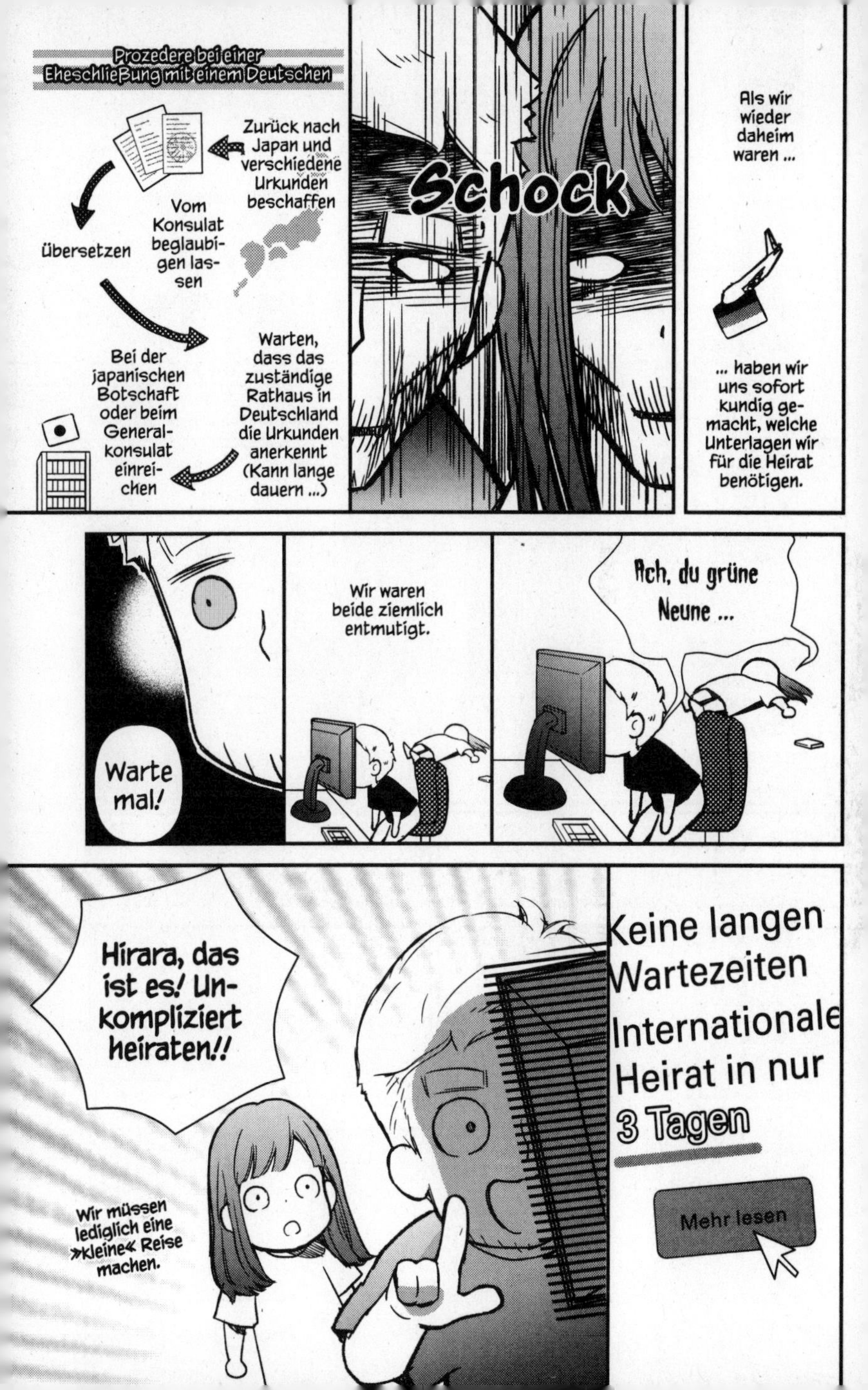

Als wir wieder daheim waren ...

... haben wir uns sofort kundig gemacht, welche Unterlagen wir für die Heirat benötigen.

Schock

Prozedere bei einer Eheschließung mit einem Deutschen

Zurück nach Japan und verschiedene Urkunden beschaffen

Vom Konsulat beglaubigen lassen

übersetzen

Warten, dass das zuständige Rathaus in Deutschland die Urkunden anerkennt (Kann lange dauern ...)

Bei der japanischen Botschaft oder beim Generalkonsulat einreichen

Ach, du grüne Neune ...

Wir waren beide ziemlich entmutigt.

Warte mal!

Keine langen Wartezeiten

Internationale Heirat in nur 3 Tagen

Mehr lesen

Hirara, das ist es! Unkompliziert heiraten!!

Wir müssen lediglich eine »kleine« Reise machen.

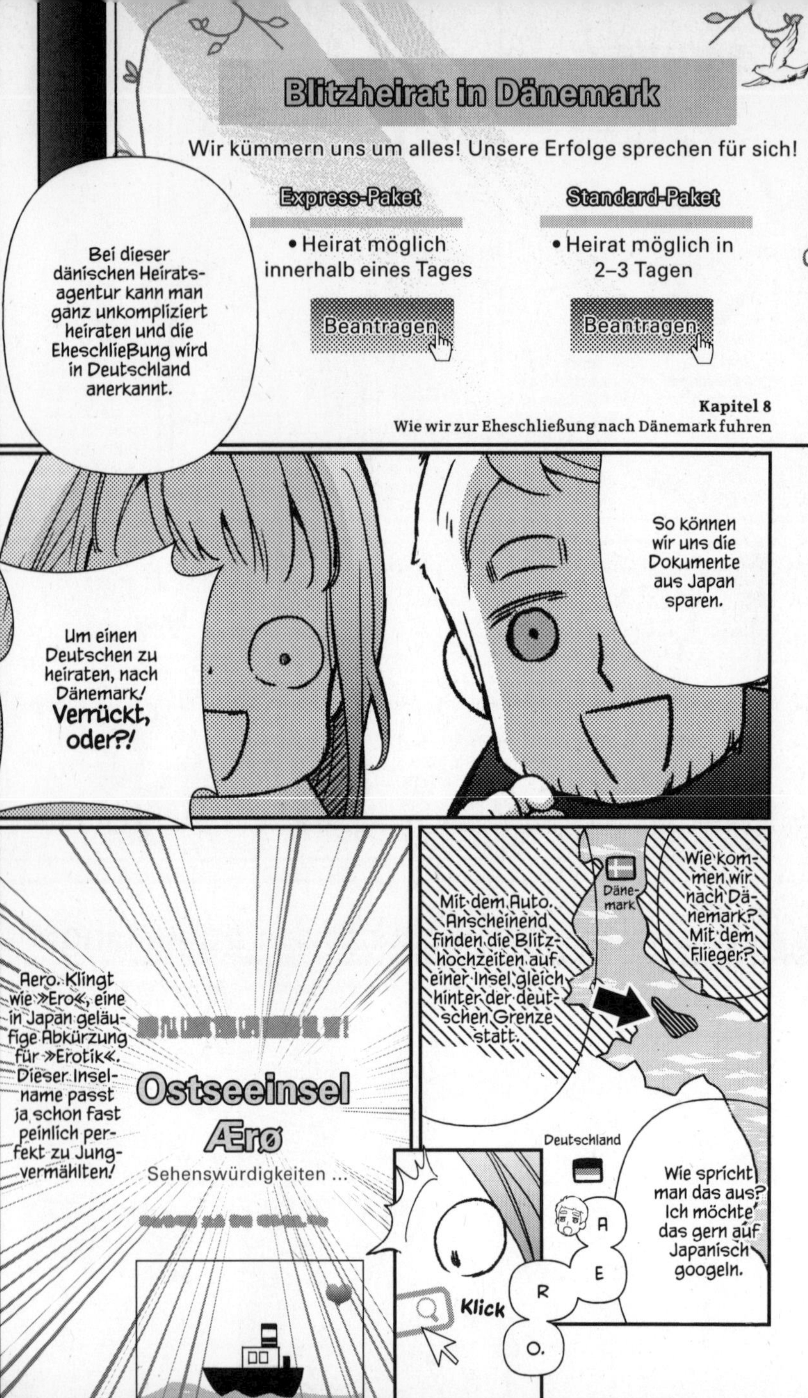

Blitzheirat in Dänemark
Wir kümmern uns um alles! Unsere Erfolge sprechen für sich!
Express-Paket
• Heirat möglich innerhalb eines Tages
Beantragen
Standard-Paket
• Heirat möglich in 2–3 Tagen
Beantragen
Bei dieser dänischen Heirats-agentur kann man ganz unkompliziert heiraten und die Eheschließung wird in Deutschland anerkannt.
Kapitel 8
Wie wir zur Eheschließung nach Dänemark fuhren
Um einen Deutschen zu heiraten, nach Dänemark! Verrückt, oder?!
So können wir uns die Dokumente aus Japan sparen.
Wie kommen wir nach Dänemark? Mit dem Flieger?
Mit dem Auto. Anscheinend finden die Blitz-hochzeiten auf einer Insel gleich hinter der deutschen Grenze statt.
Dänemark
Deutschland
Wie spricht man das aus? Ich möchte das gern auf Japanisch googeln.
A E R O.
Klick
Ostseeinsel Ærø
Sehenswürdigkeiten …
Aero. Klingt wie »Ero«, eine in Japan geläufige Abkürzung für »Erotik«. Dieser Inselname passt ja schon fast peinlich perfekt zu Jungvermählten!

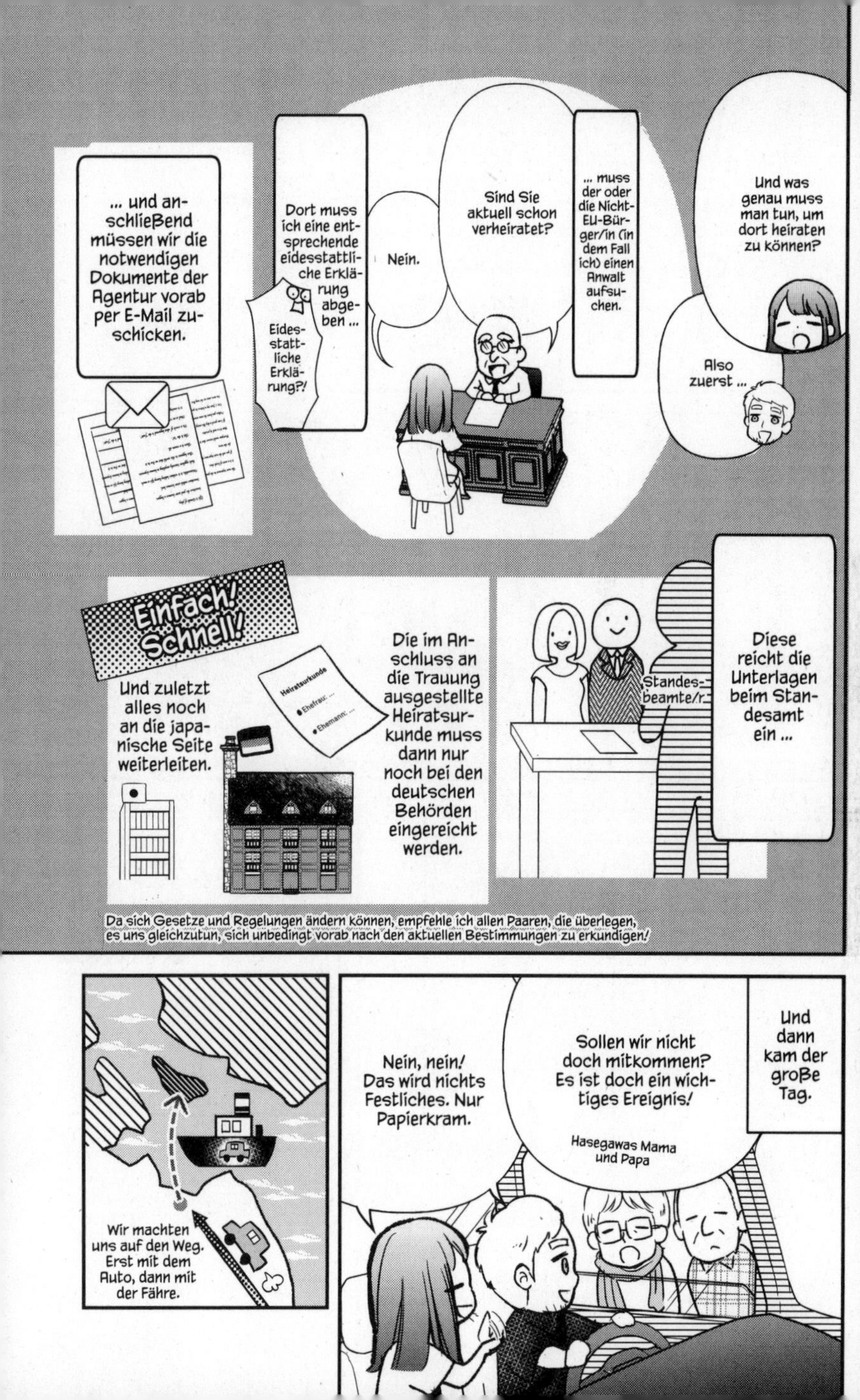

Und was genau muss man tun, um dort heiraten zu können?

Also zuerst ...

... muss der oder die Nicht-EU-Bürger/in (in dem Fall ich) einen Anwalt aufsuchen.

Sind Sie aktuell schon verheiratet?

Nein.

Dort muss ich eine entsprechende eidesstattliche Erklärung abgeben ...

Eidesstattliche Erklärung?!

... und anschließend müssen wir die notwendigen Dokumente der Agentur vorab per E-Mail zuschicken.

Diese reicht die Unterlagen beim Standesamt ein ...

Standesbeamte/r

Die im Anschluss an die Trauung ausgestellte Heiratsurkunde muss dann nur noch bei den deutschen Behörden eingereicht werden.

Heiratsurkunde
Ehefrau: ...
Ehemann: ...

Einfach! Schnell!

Und zuletzt alles noch an die japanische Seite weiterleiten.

Da sich Gesetze und Regelungen ändern können, empfehle ich allen Paaren, die überlegen, es uns gleichzutun, sich unbedingt vorab nach den aktuellen Bestimmungen zu erkundigen!

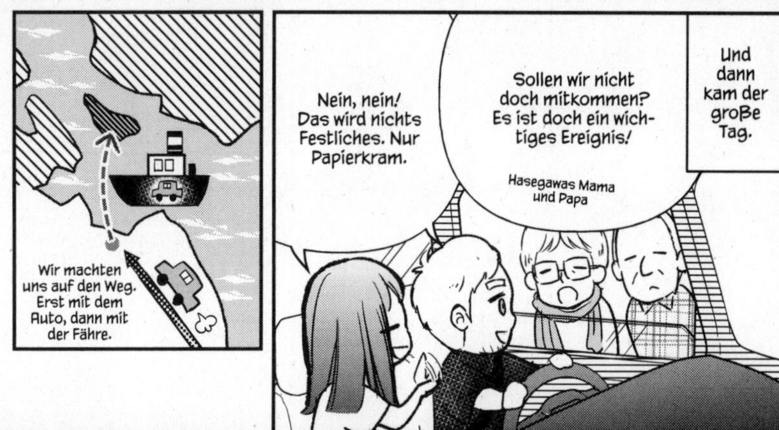

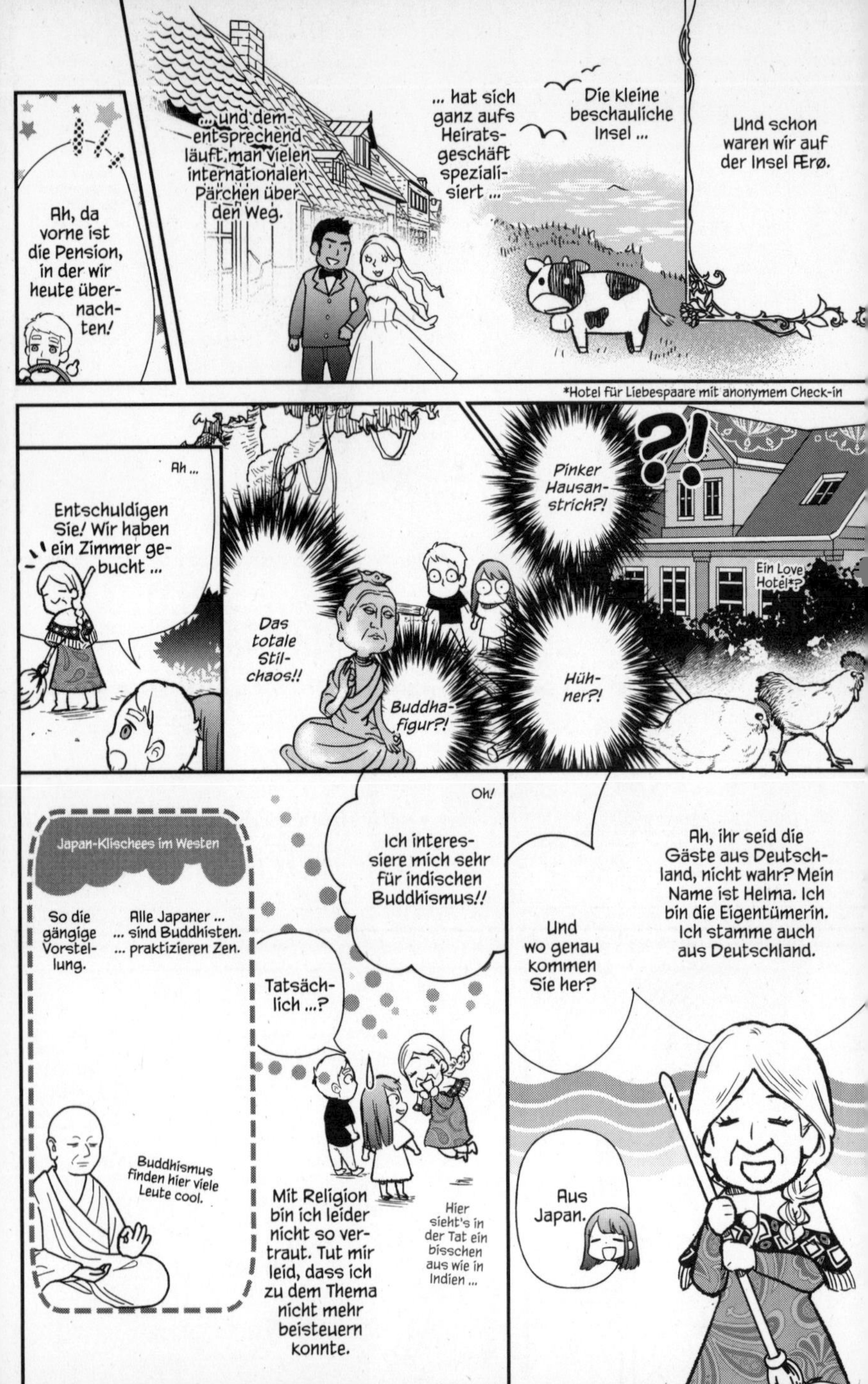

Und schon waren wir auf der Insel Ærø.
Die kleine beschauliche Insel ...
... hat sich ganz aufs Heiratsgeschäft spezialisiert ...
... und dementsprechend läuft man vielen internationalen Pärchen über den Weg.
Ah, da vorne ist die Pension, in der wir heute übernachten!
*Hotel für Liebespaare mit anonymem Check-in
Entschuldigen Sie! Wir haben ein Zimmer gebucht ...
Ah ...
?!
Pinker Hausanstrich?!
Ein Love Hotel*?
Das totale Stilchaos!!
Buddhafigur?!
Hühner?!
Japan-Klischees im Westen
So die gängige Vorstellung.
Alle Japaner ... ... sind Buddhisten. ... praktizieren Zen.
Buddhismus finden hier viele Leute cool.
Oh!
Ich interessiere mich sehr für indischen Buddhismus!!
Tatsächlich ...?
Mit Religion bin ich leider nicht so vertraut. Tut mir leid, dass ich zu dem Thema nicht mehr beisteuern konnte.
Hier sieht's in der Tat ein bisschen aus wie in Indien ...
Ah, ihr seid die Gäste aus Deutschland, nicht wahr? Mein Name ist Helma. Ich bin die Eigentümerin. Ich stamme auch aus Deutschland.
Und wo genau kommen Sie her?
Aus Japan.

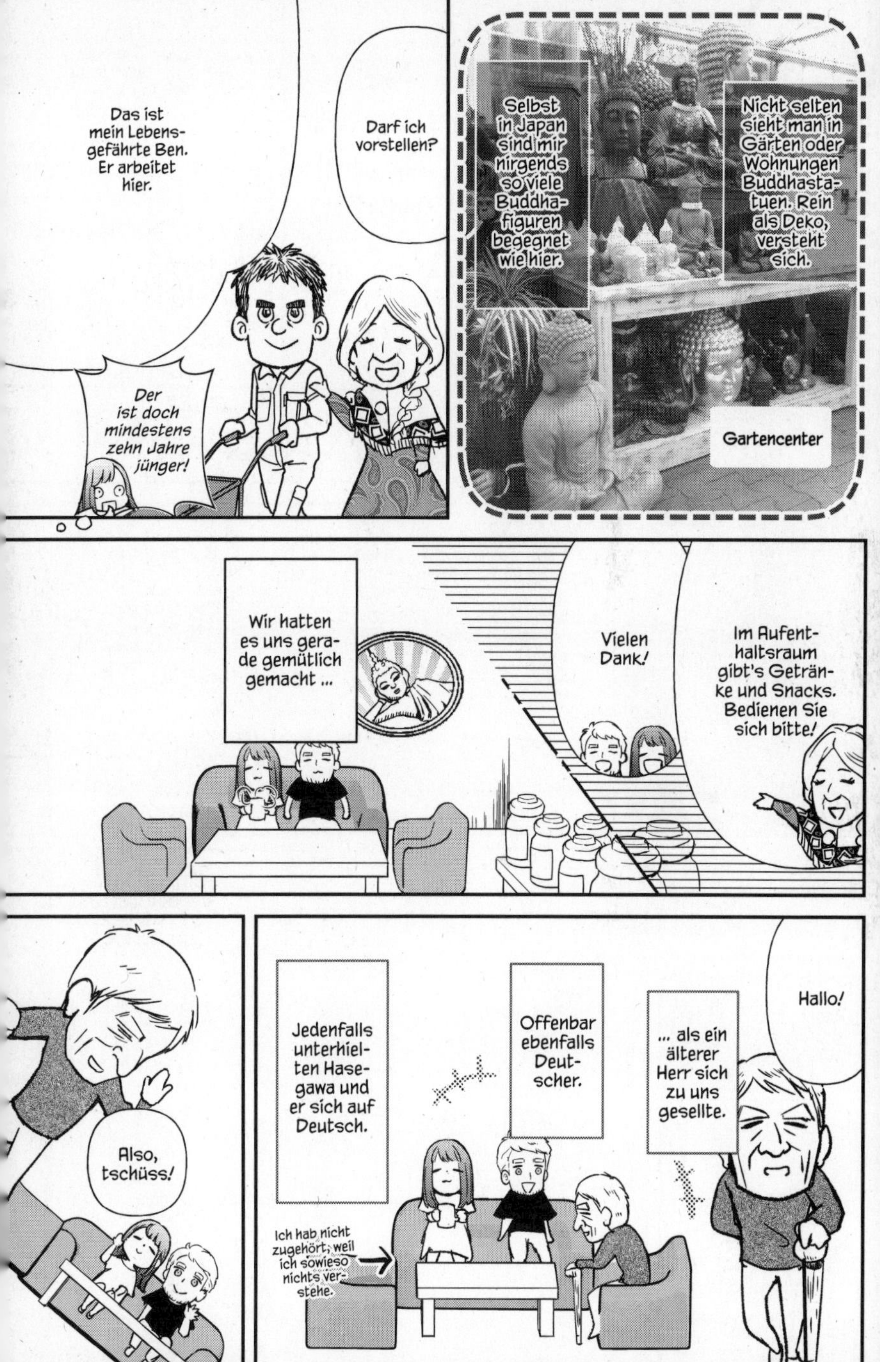
Darf ich vorstellen?
Das ist mein Lebensgefährte Ben. Er arbeitet hier.
Der ist doch mindestens zehn Jahre jünger!
Selbst in Japan sind mir nirgends so viele Buddhafiguren begegnet wie hier.
Nicht selten sieht man in Gärten oder Wohnungen Buddhastatuen. Rein als Deko, versteht sich.
Gartencenter
Im Aufenthaltsraum gibt's Getränke und Snacks. Bedienen Sie sich bitte!
Vielen Dank!
Wir hatten es uns gerade gemütlich gemacht …
Hallo!
… als ein älterer Herr sich zu uns gesellte.
Offenbar ebenfalls Deutscher.
Jedenfalls unterhielten Hasegawa und er sich auf Deutsch.
Ich hab nicht zugehört, weil ich sowieso nichts verstehe.
Also, tschüss!

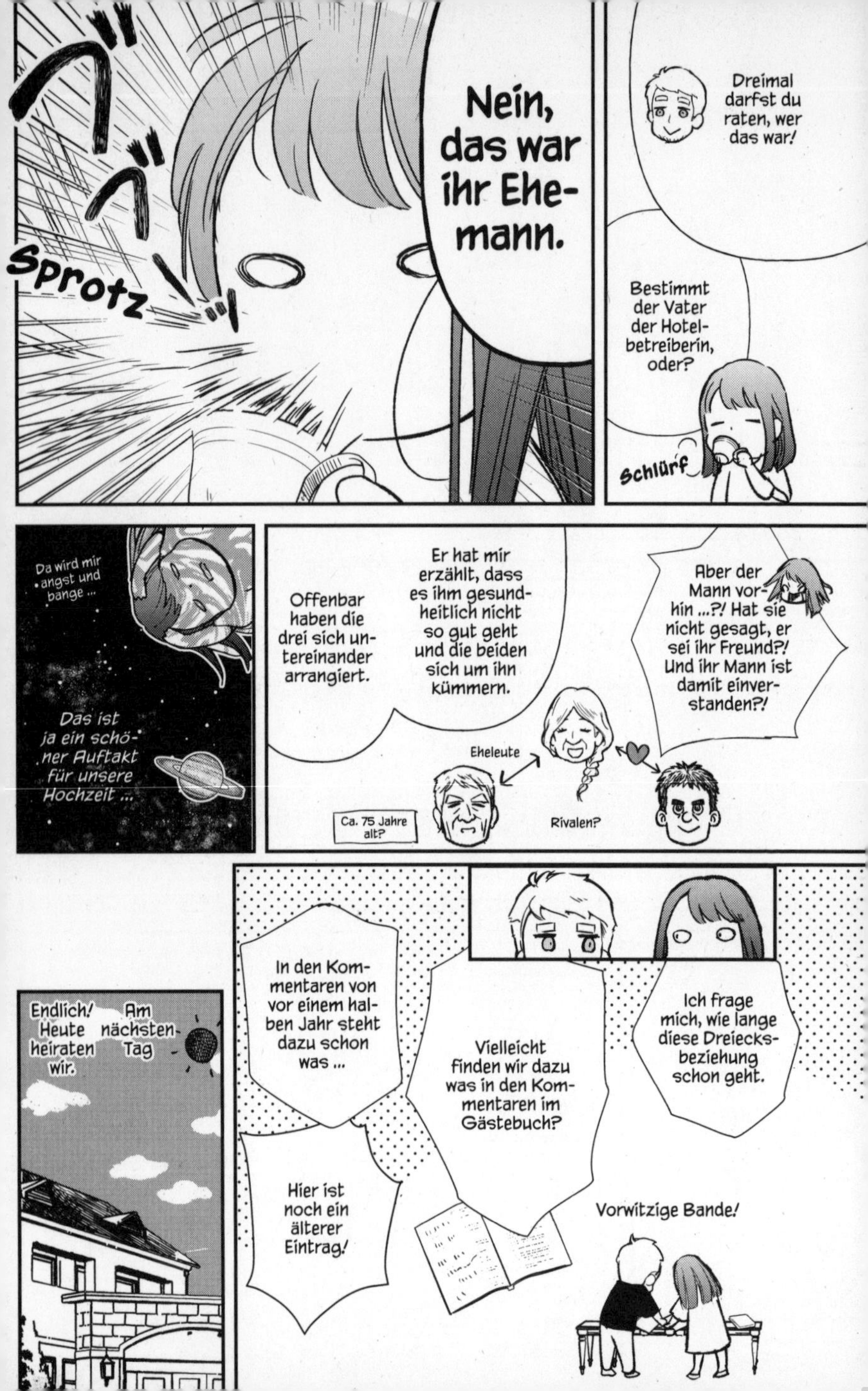

Dreimal darfst du raten, wer das war!
Bestimmt der Vater der Hotelbetreiberin, oder?
Schlürf
Nein, das war ihr Ehemann.
Sprotz
Aber der Mann vorhin ...?! Hat sie nicht gesagt, er sei ihr Freund?! Und ihr Mann ist damit einverstanden?!
Er hat mir erzählt, dass es ihm gesundheitlich nicht so gut geht und die beiden sich um ihn kümmern.
Offenbar haben die drei sich untereinander arrangiert.
Eheleute
Rivalen?
Ca. 75 Jahre alt?
Da wird mir angst und bange ...
Das ist ja ein schöner Auftakt für unsere Hochzeit ...
Ich frage mich, wie lange diese Dreiecksbeziehung schon geht.
Vielleicht finden wir dazu was in den Kommentaren im Gästebuch?
In den Kommentaren von vor einem halben Jahr steht dazu schon was ...
Hier ist noch ein älterer Eintrag!
Vorwitzige Bande!
Am nächsten Tag
Endlich! Heute heiraten wir.

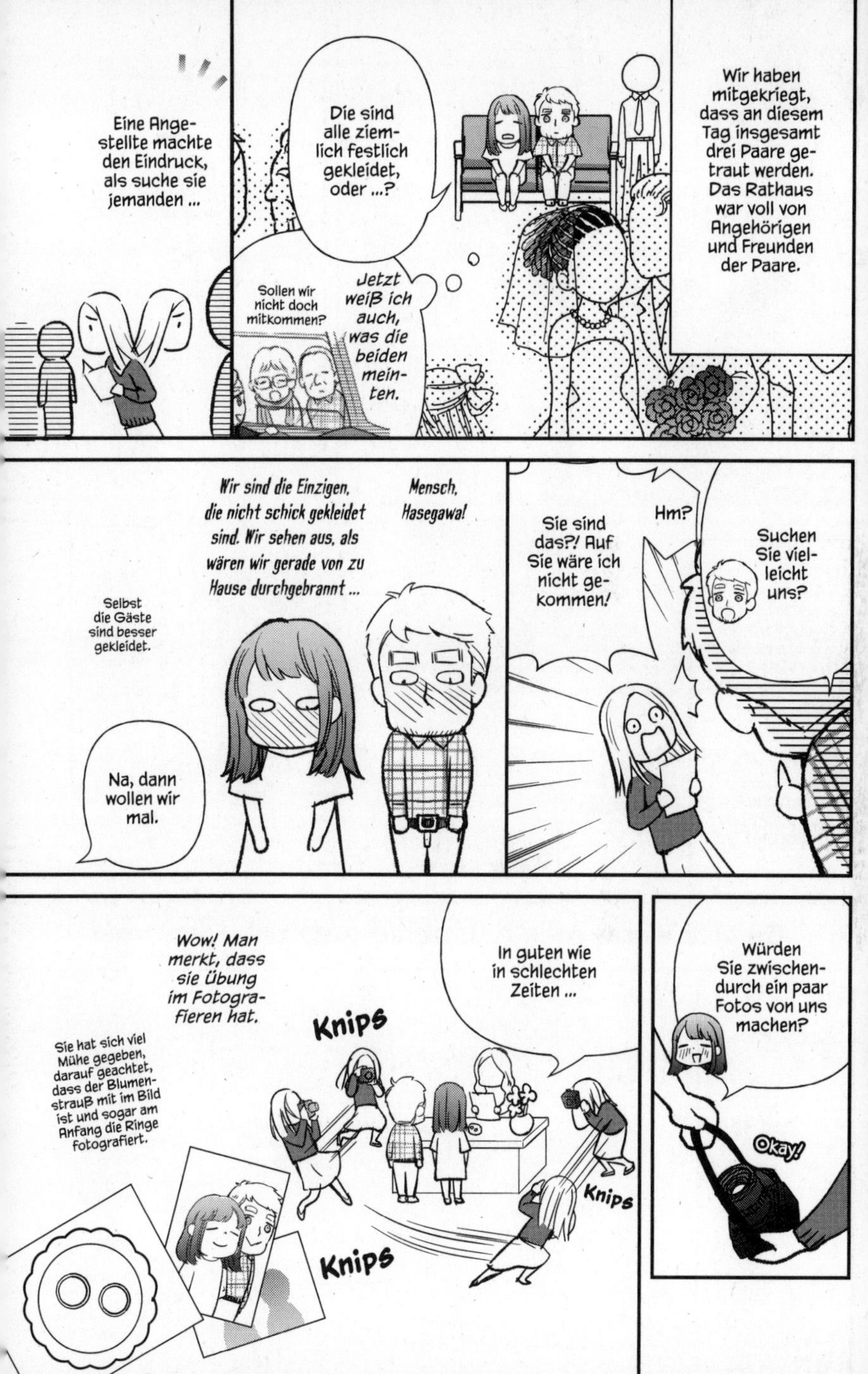
Wir haben mitgekriegt, dass an diesem Tag insgesamt drei Paare getraut werden. Das Rathaus war voll von Angehörigen und Freunden der Paare.
Die sind alle ziemlich festlich gekleidet, oder ...?
Jetzt weiß ich auch, was die beiden meinten.
Sollen wir nicht doch mitkommen?
Eine Angestellte machte den Eindruck, als suche sie jemanden ...
Hm?
Suchen Sie vielleicht uns?
Sie sind das?! Auf Sie wäre ich nicht gekommen!
Mensch, Hasegawa!
Wir sind die Einzigen, die nicht schick gekleidet sind. Wir sehen aus, als wären wir gerade von zu Hause durchgebrannt ...
Selbst die Gäste sind besser gekleidet.
Na, dann wollen wir mal.
Würden Sie zwischendurch ein paar Fotos von uns machen?
Okay!
In guten wie in schlechten Zeiten ...
Wow! Man merkt, dass sie Übung im Fotografieren hat.
Knips
Knips
Knips
Sie hat sich viel Mühe gegeben, darauf geachtet, dass der Blumenstrauß mit im Bild ist und sogar am Anfang die Ringe fotografiert.

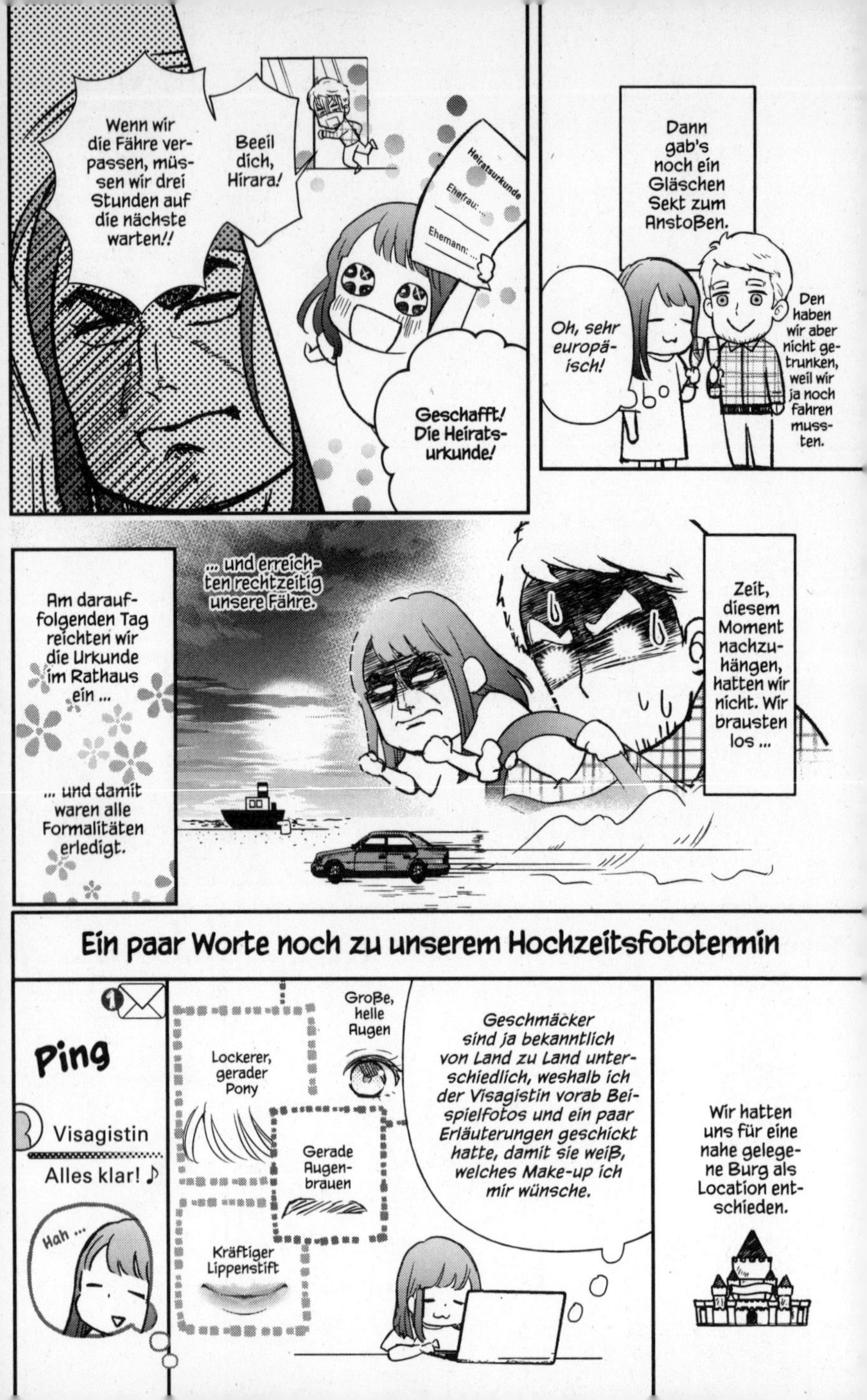

Dann gab's noch ein Gläschen Sekt zum Anstoßen.

Den haben wir aber nicht getrunken, weil wir ja noch fahren mussten.

Oh, sehr europäisch!

Geschafft! Die Heiratsurkunde!

Heiratsurkunde
Ehefrau: ...
Ehemann: ...

Beeil dich, Hirara!

Wenn wir die Fähre verpassen, müssen wir drei Stunden auf die nächste warten!!

Zeit, diesem Moment nachzuhängen, hatten wir nicht. Wir brausten los ...

... und erreichten rechtzeitig unsere Fähre.

Am darauffolgenden Tag reichten wir die Urkunde im Rathaus ein ...

... und damit waren alle Formalitäten erledigt.

Ein paar Worte noch zu unserem Hochzeitsfototermin

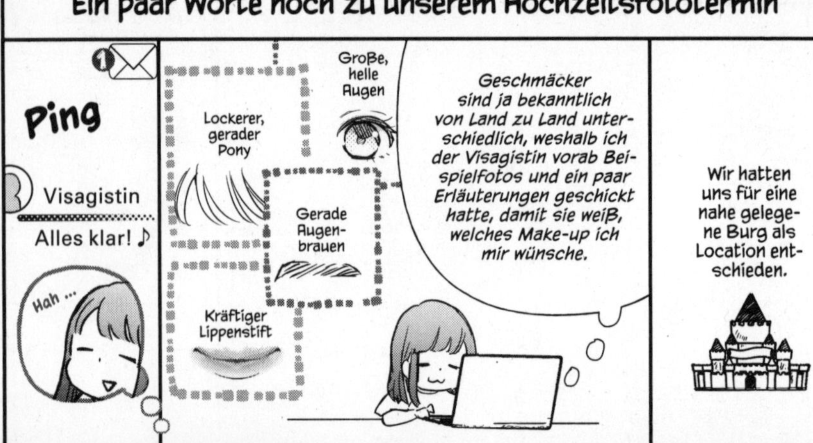

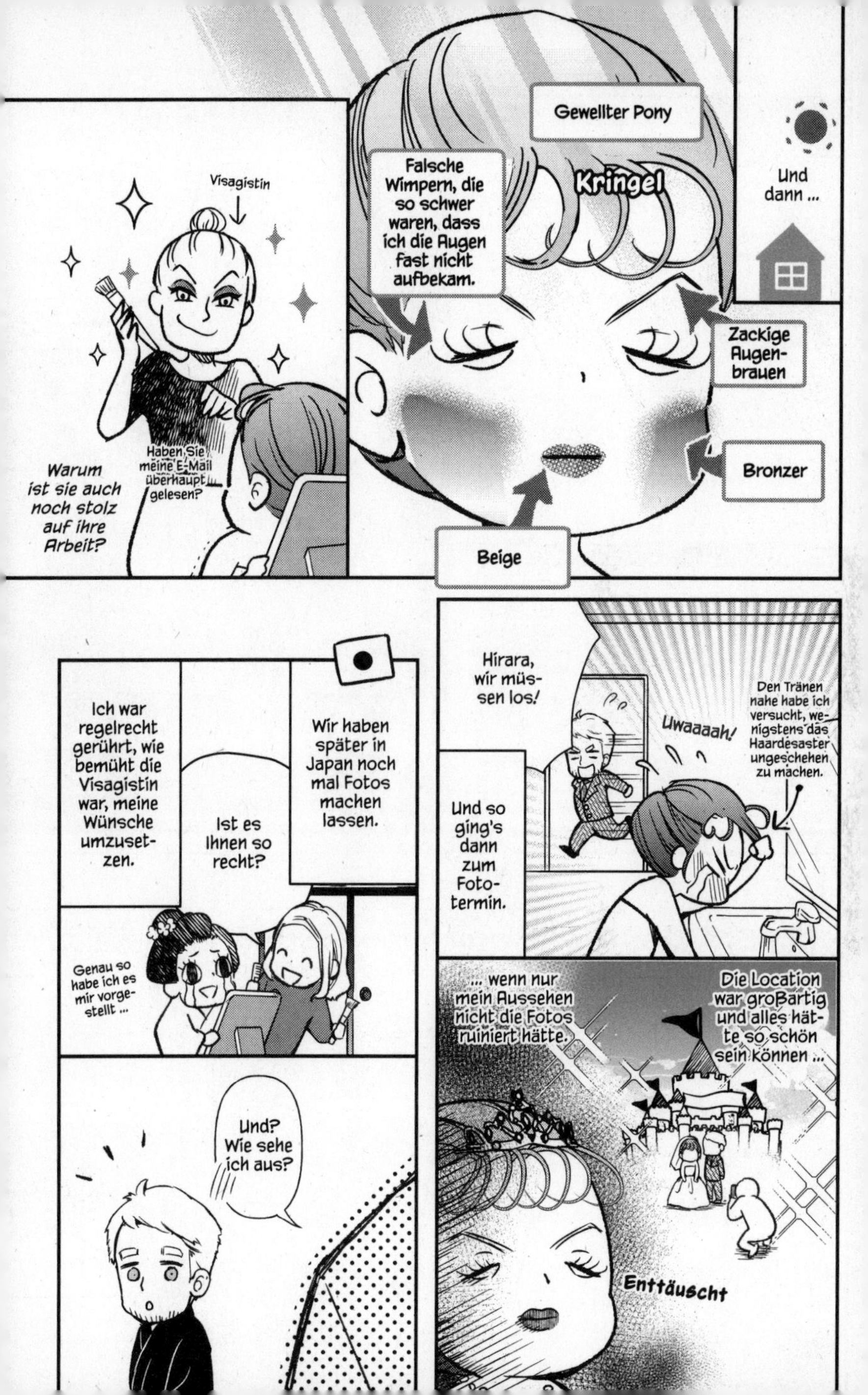

Und dann ...

Gewellter Pony

Kringel

Falsche Wimpern, die so schwer waren, dass ich die Augen fast nicht aufbekam.

Zackige Augenbrauen

Bronzer

Beige

Visagistin

Haben Sie meine E-Mail überhaupt gelesen?

Warum ist sie auch noch stolz auf ihre Arbeit?

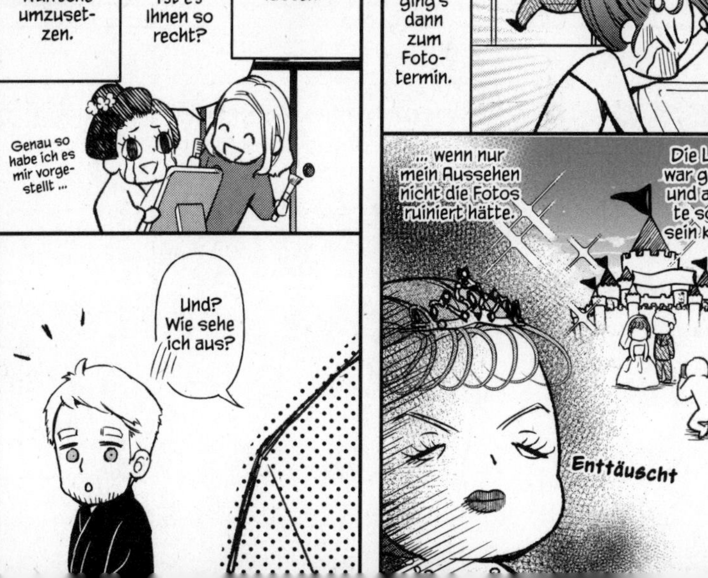

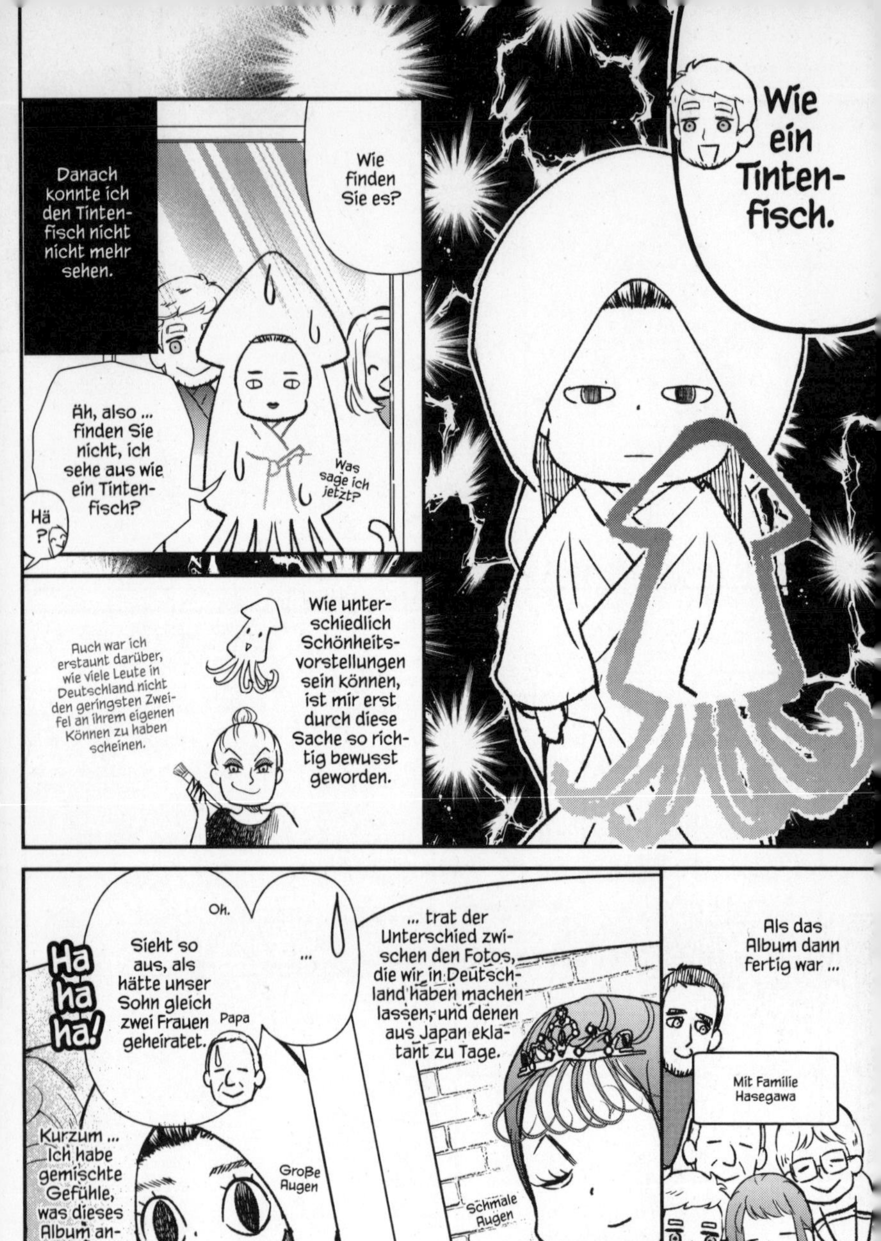

Wie finden Sie es?
Äh, also ... finden Sie nicht, ich sehe aus wie ein Tintenfisch?
Was sage ich jetzt?
Hä?
Wie ein Tintenfisch.
Danach konnte ich den Tintenfisch nicht nicht mehr sehen.
Wie unterschiedlich Schönheitsvorstellungen sein können, ist mir erst durch diese Sache so richtig bewusst geworden.
Auch war ich erstaunt darüber, wie viele Leute in Deutschland nicht den geringsten Zweifel an ihrem eigenen Können zu haben scheinen.
Als das Album dann fertig war ...
Mit Familie Hasegawa
Hochzeitsfotos
... trat der Unterschied zwischen den Fotos, die wir in Deutschland haben machen lassen, und denen aus Japan eklatant zu Tage.
Schmale Augen
Große Augen
Oh.
...
Sieht so aus, als hätte unser Sohn gleich zwei Frauen geheiratet.
Papa
Ha ha ha!
Kurzum ... Ich habe gemischte Gefühle, was dieses Album angeht.

Als wir einmal im Rathaus waren, um die Verlängerung meines Visums zu beantragen, sagte man uns Folgendes ...

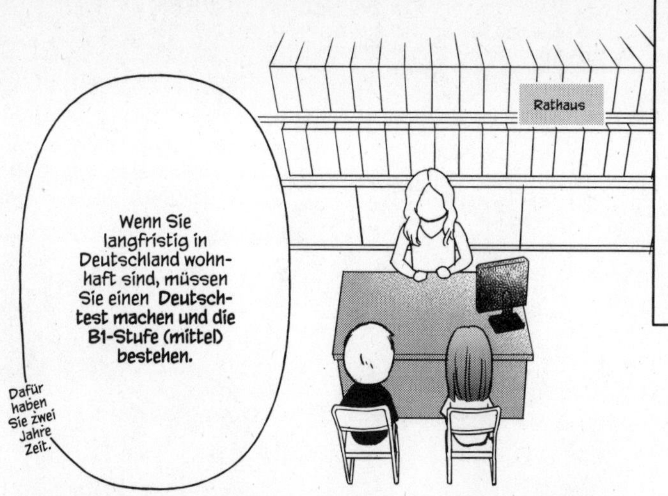

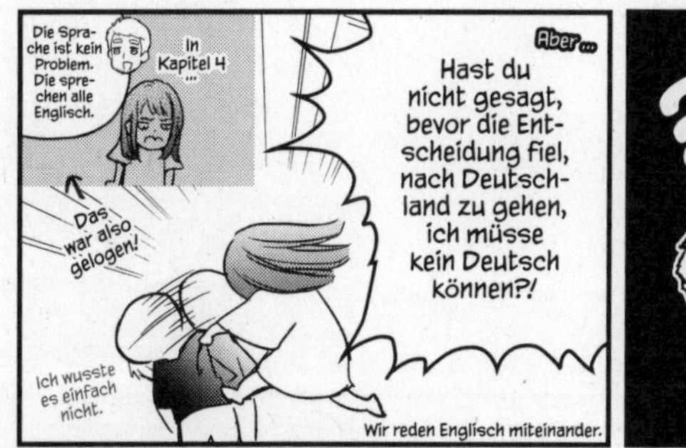

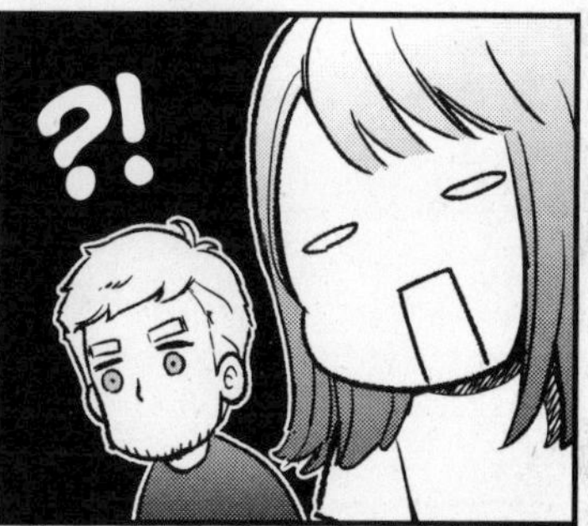

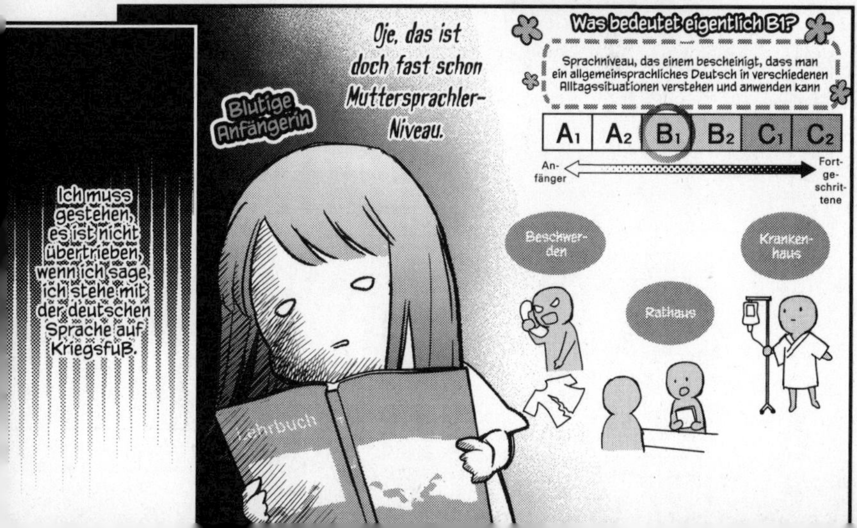

Ich muss gestehen, es ist nicht übertrieben, wenn ich sage, ich stehe mit der deutschen Sprache auf Kriegsfuß.

Blutige Anfängerin

Oje, das ist doch fast schon Muttersprachler-Niveau.

Was bedeutet eigentlich B1?

Sprachniveau, das einem bescheinigt, dass man ein allgemeinsprachliches Deutsch in verschiedenen Alltagssituationen verstehen und anwenden kann

A1 | A2 | B1 | B2 | C1 | C2

Anfänger – Fortgeschrittene

Beschwerden

Krankenhaus

Rathaus

Lehrbuch

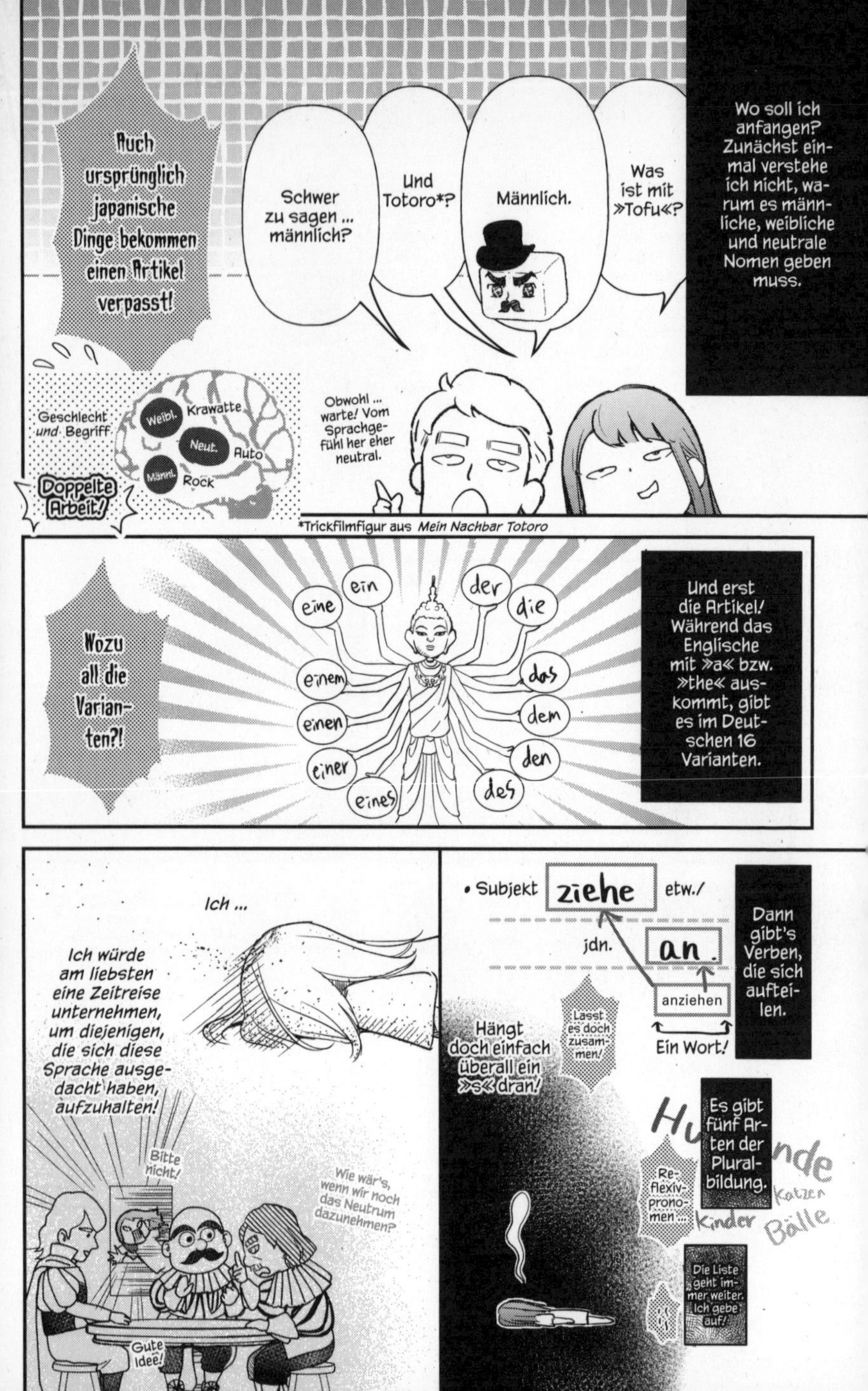

*Trickfilmfigur aus *Mein Nachbar Totoro*

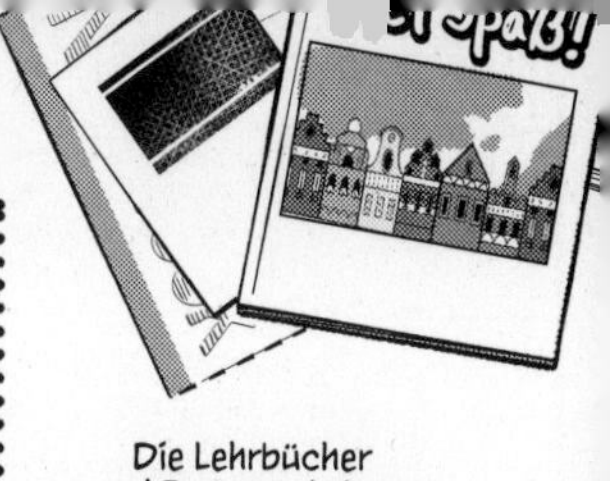

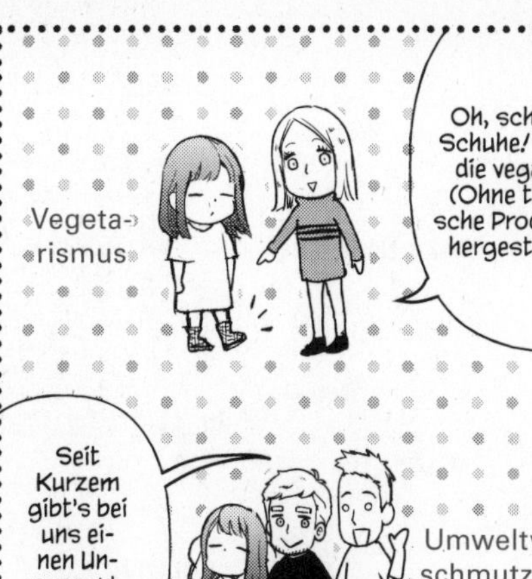

Die Lehrbücher und Fragenkataloge haben mich aber nicht nur die Sprache gelehrt, sondern sie halfen mir auch dabei zu verstehen, wie diese spezielle deutsche Betrachtungsweise bestimmter Themen zustande kommt.

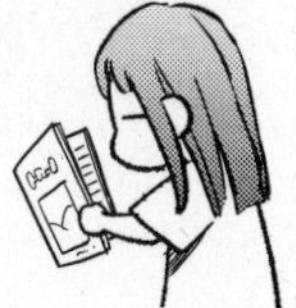

Jedenfalls war mir schleierhaft, wie man all diese Thematiken im Kopf haben kann.

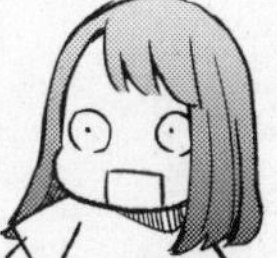

Aber nachdem diese Themen wirklich in jedem meiner Lehrbücher angesprochen wurden …

… rückten sie ganz wie von selbst in mein Bewusstsein.

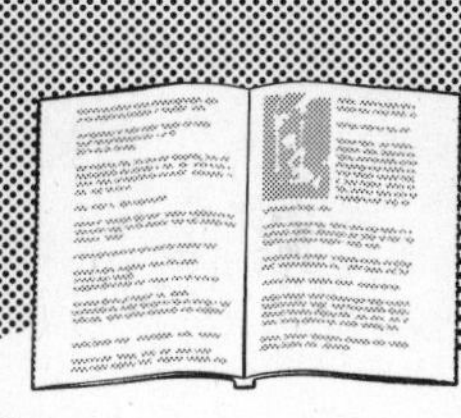

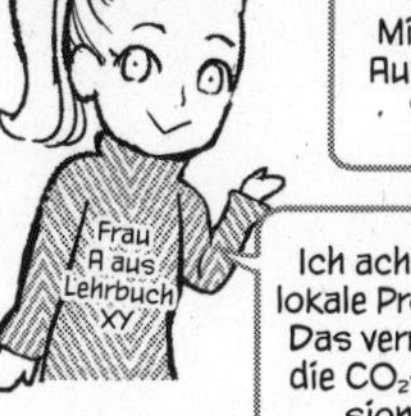

Beide Meinungen waren vertreten.

Wenn man täglich in der Schule und überall sonst mit diesen Themen in Berührung kommt, ist es nicht verwunderlich, dass sich die Leute so viel mit diesen Problemen beschäftigen.

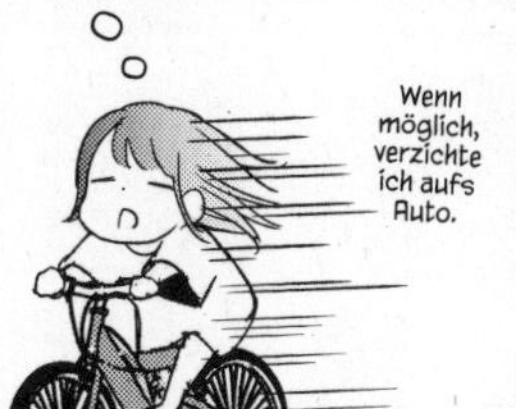

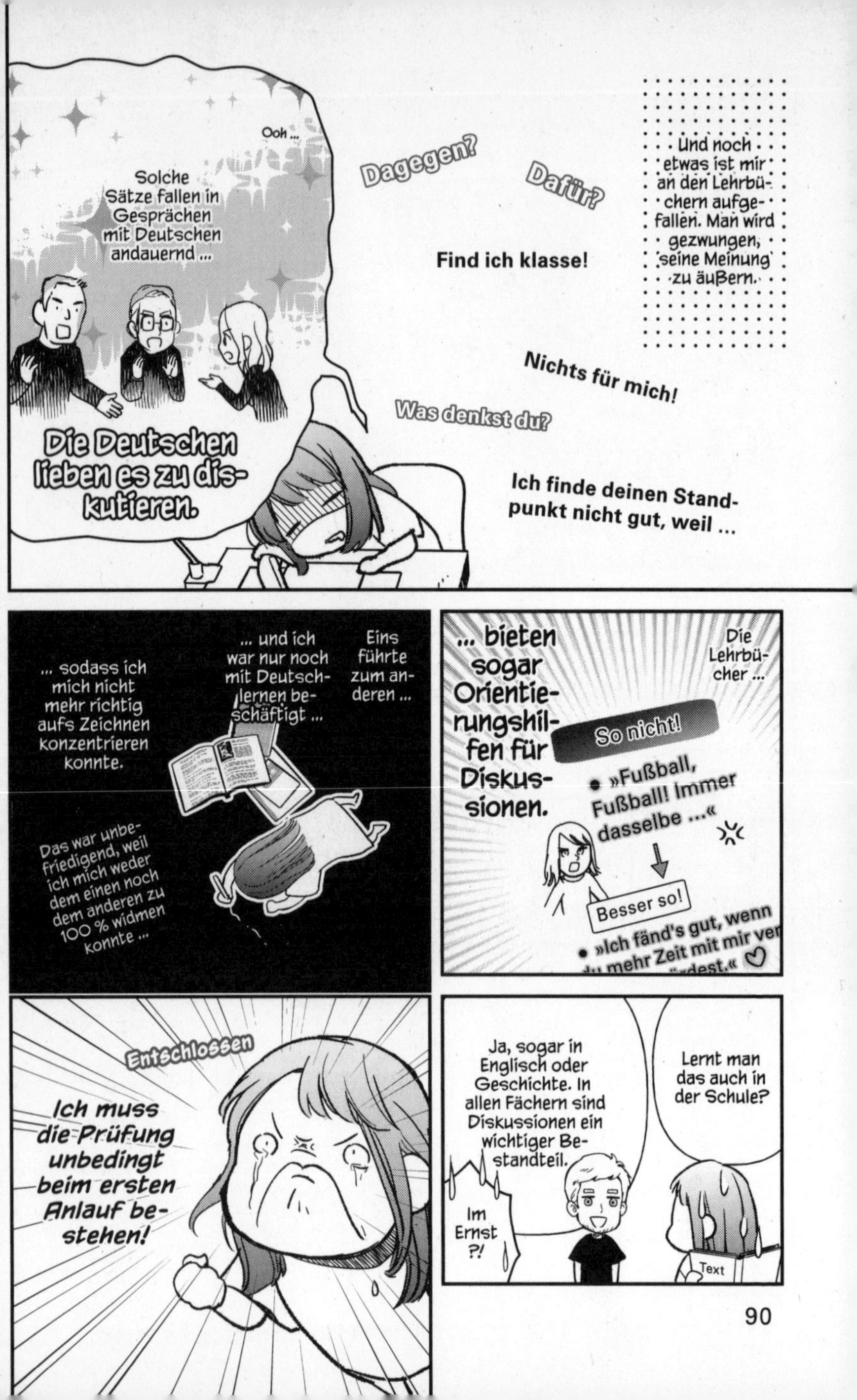

Und noch etwas ist mir an den Lehrbüchern aufgefallen. Man wird gezwungen, seine Meinung zu äußern.

Dafür?

Dagegen?

Find ich klasse!

Nichts für mich!

Was denkst du?

Ich finde deinen Standpunkt nicht gut, weil …

Ooh …

Solche Sätze fallen in Gesprächen mit Deutschen andauernd …

Die Deutschen lieben es zu diskutieren.

Die Lehrbücher …

… bieten sogar Orientierungshilfen für Diskussionen.

So nicht!

• »Fußball, Fußball! Immer dasselbe …«

Besser so!

• »Ich fänd's gut, wenn du mehr Zeit mit mir verbringen würdest.«

Eins führte zum anderen …

… und ich war nur noch mit Deutschlernen beschäftigt …

… sodass ich mich nicht mehr richtig aufs Zeichnen konzentrieren konnte.

Das war unbefriedigend, weil ich mich weder dem einen noch dem anderen zu 100 % widmen konnte …

Lernt man das auch in der Schule?

Ja, sogar in Englisch oder Geschichte. In allen Fächern sind Diskussionen ein wichtiger Bestandteil.

Im Ernst ?!

Text

Entschlossen

Ich muss die Prüfung unbedingt beim ersten Anlauf bestehen!

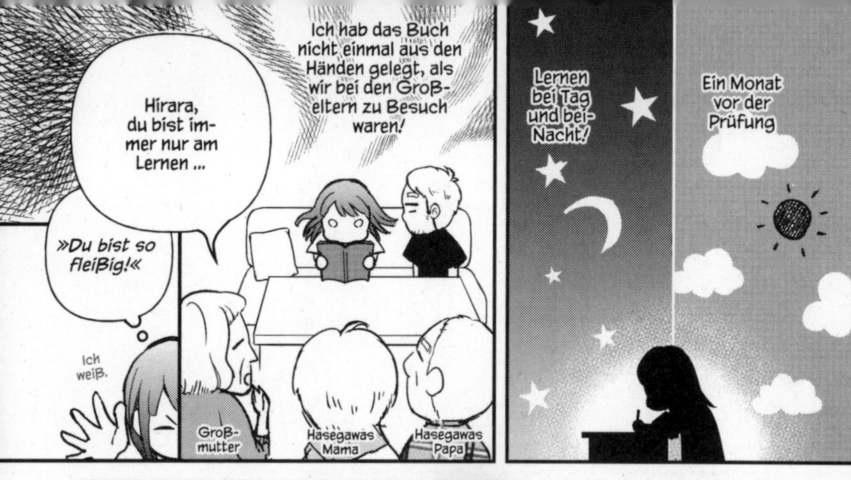
Ich hab das Buch nicht einmal aus den Händen gelegt, als wir bei den Groß-eltern zu Besuch waren!
Hirara, du bist immer nur am Lernen ...
»Du bist so fleißig!«
Ich weiß.
Groß-mutter
Hasegawas Mama
Hasegawas Papa
Ein Monat vor der Prüfung
Lernen bei Tag und bei-Nacht!

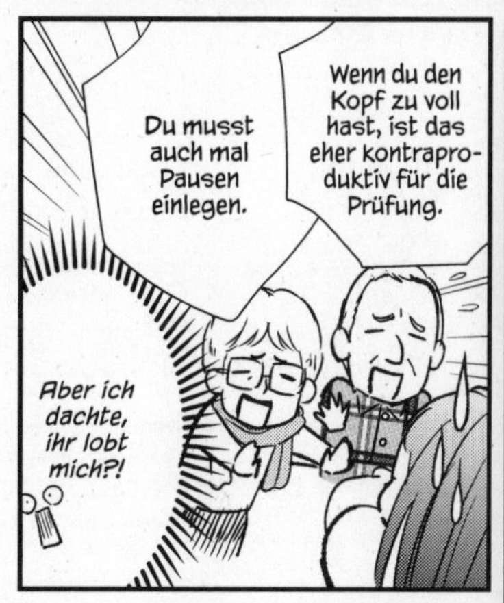
Wenn du den Kopf zu voll hast, ist das eher kontrapro-duktiv für die Prüfung.
Du musst auch mal Pausen einlegen.
Aber ich dachte, ihr lobt mich?!

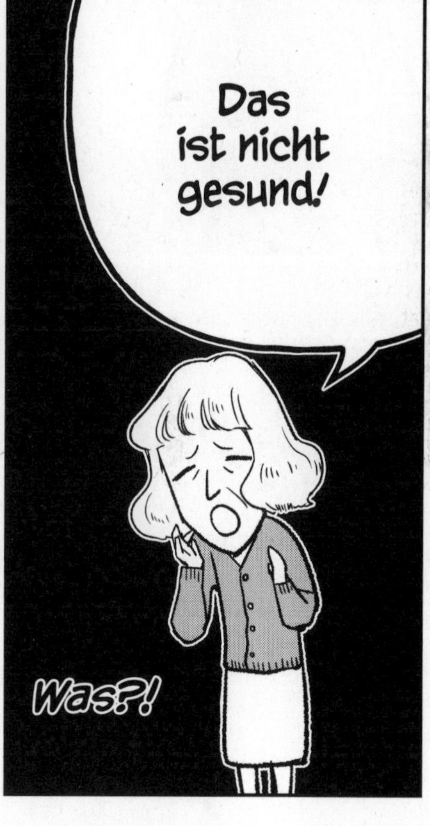
Das ist nicht gesund!
Was?!

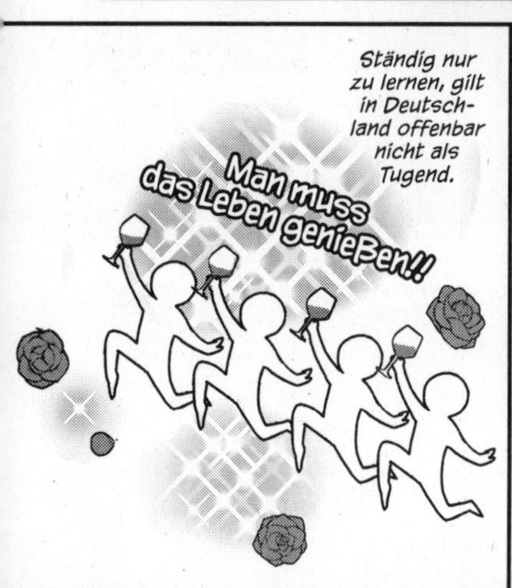
Ständig nur zu lernen, gilt in Deutsch-land offenbar nicht als Tugend.
Man muss das Leben genießen!!

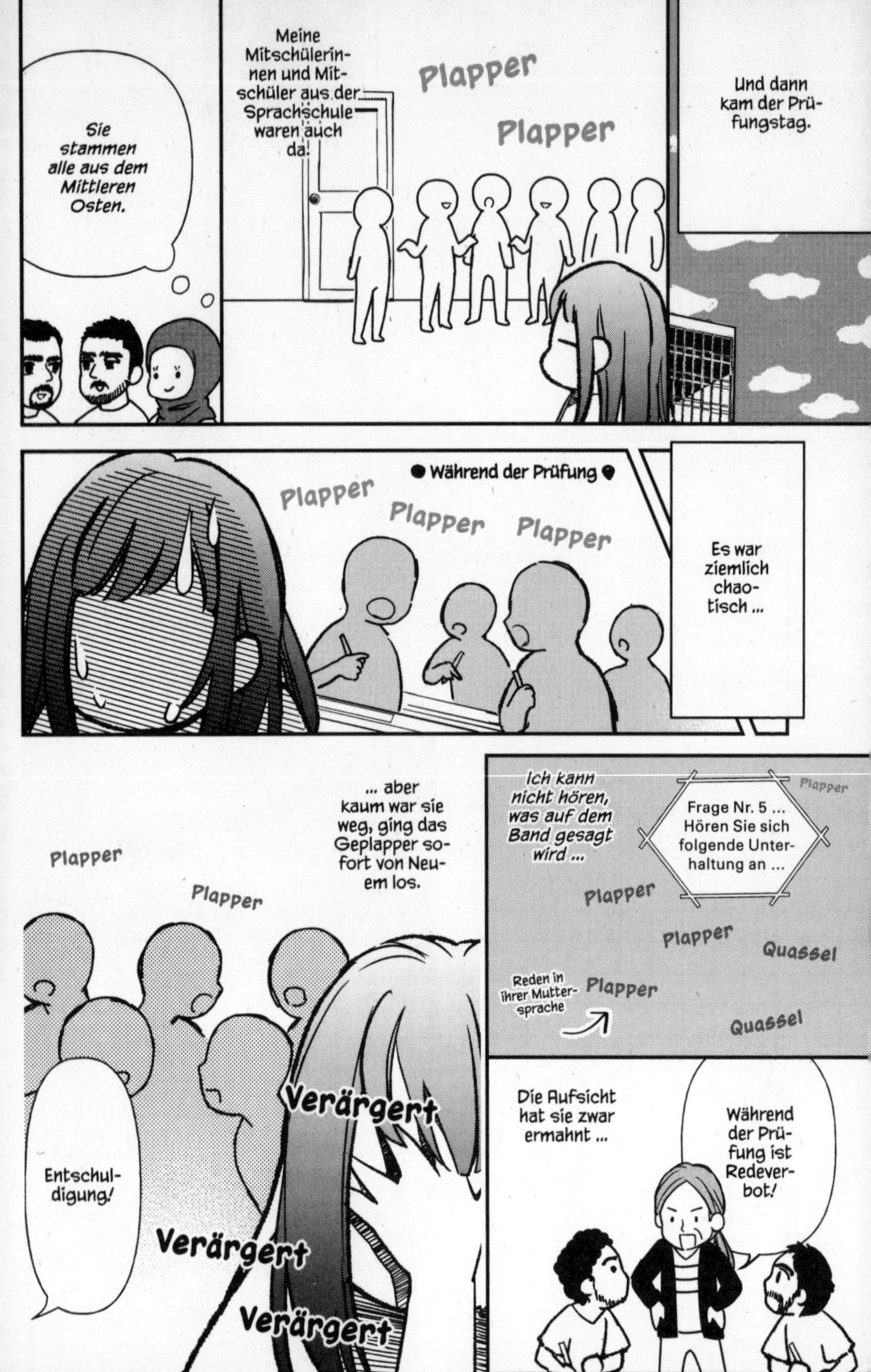
Und dann kam der Prüfungstag.
Meine Mitschülerinnen und Mitschüler aus der Sprachschule waren auch da!
Plapper
Plapper
Sie stammen alle aus dem Mittleren Osten.
Während der Prüfung
Plapper
Plapper
Plapper
Es war ziemlich chaotisch ...
Ich kann nicht hören, was auf dem Band gesagt wird ...
Frage Nr. 5 ... Hören Sie sich folgende Unterhaltung an ...
Plapper
Plapper
Plapper
Quassel
Reden in ihrer Muttersprache
Plapper
Quassel
Die Aufsicht hat sie zwar ermahnt ...
Während der Prüfung ist Redeverbot!
... aber kaum war sie weg, ging das Geplapper sofort von Neuem los.
Plapper
Plapper
Entschuldigung!
Verärgert
Verärgert
Verärgert

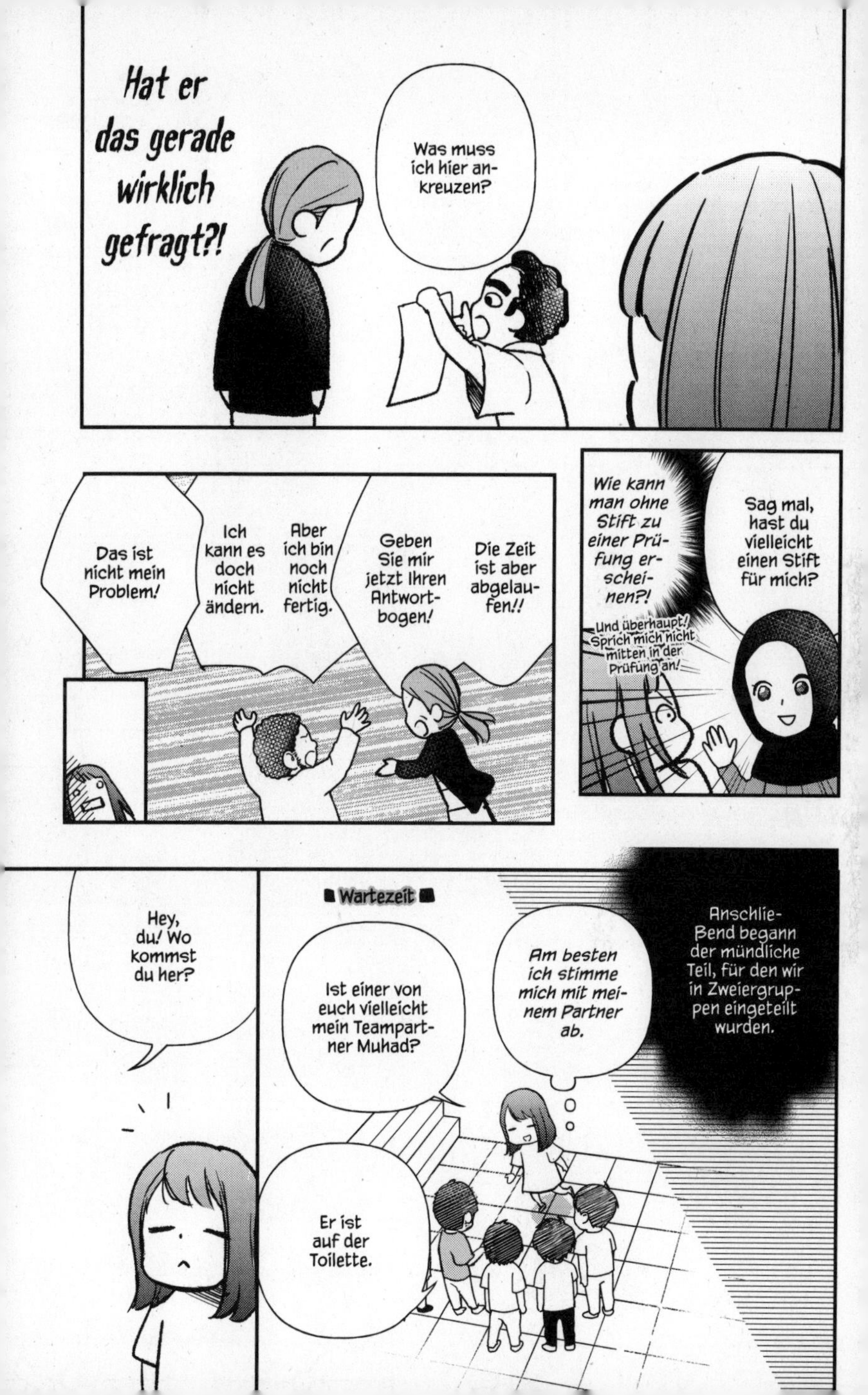

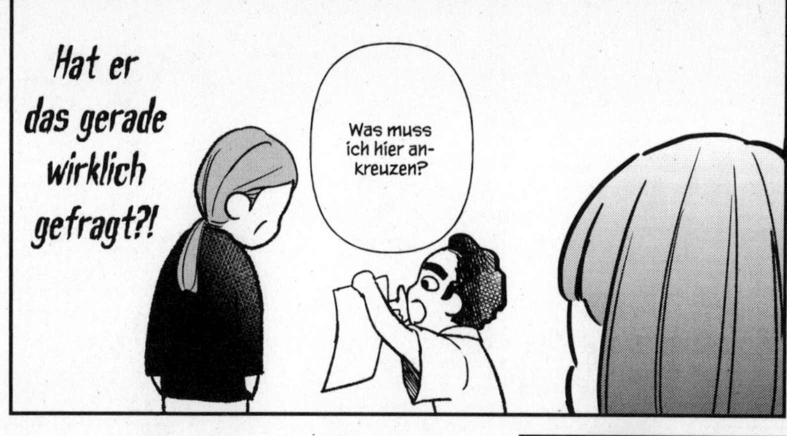

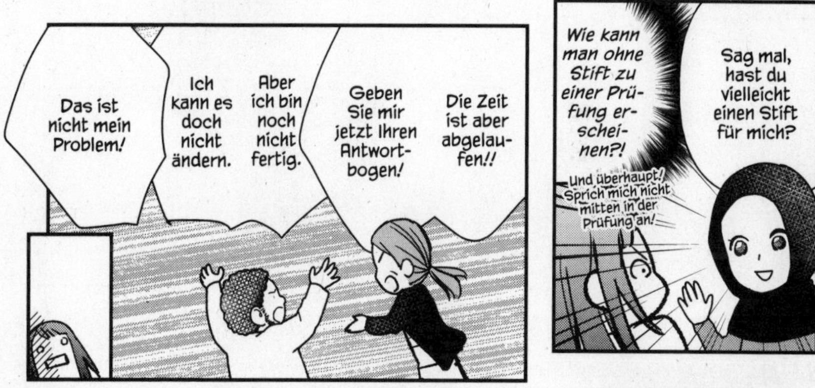

■ Wartezeit ■

Anschließend begann der mündliche Teil, für den wir in Zweiergruppen eingeteilt wurden.

Am besten ich stimme mich mit meinem Partner ab.

Ist einer von euch vielleicht mein Teampartner Muhad?

Er ist auf der Toilette.

Hey, du! Wo kommst du her?

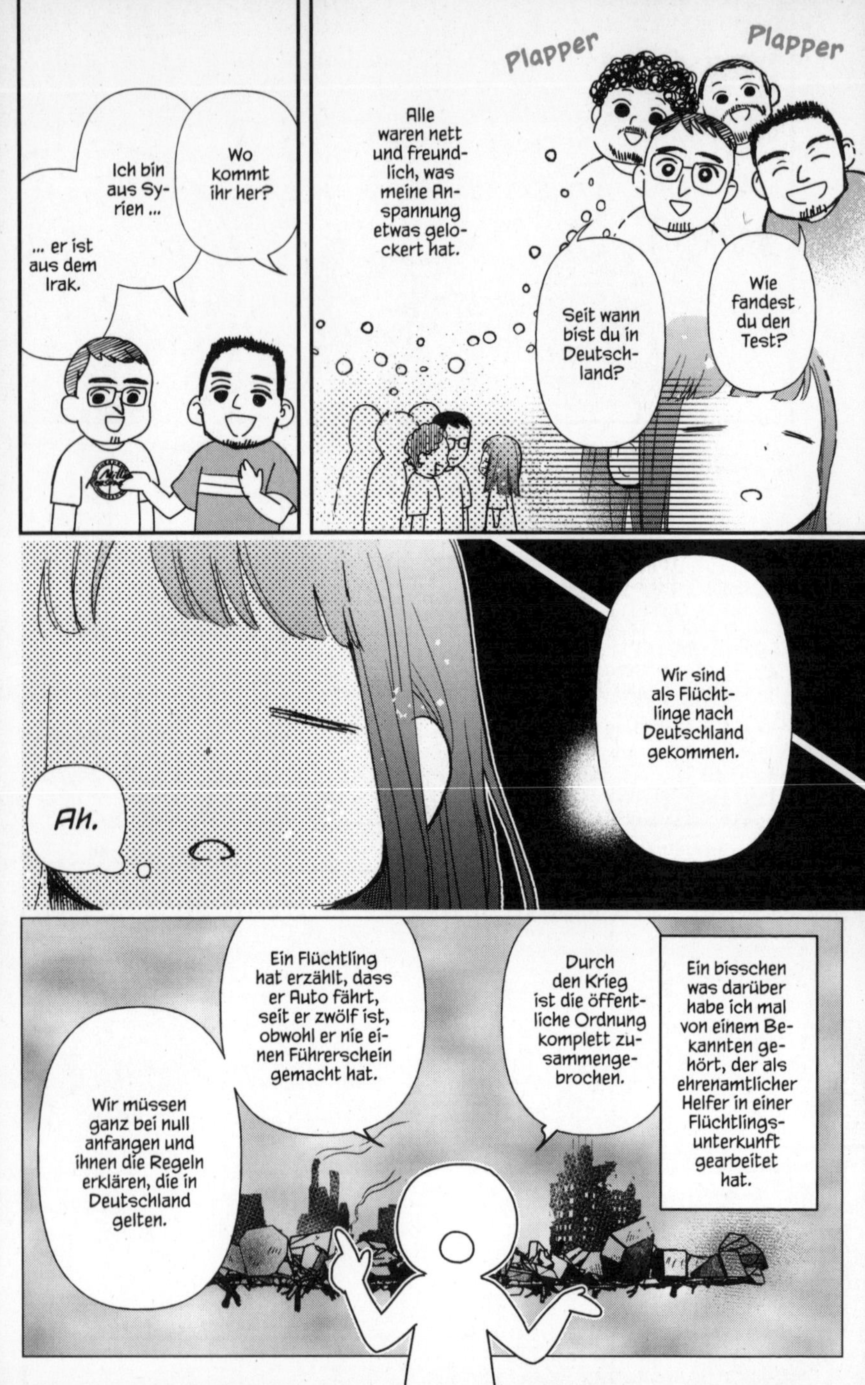

Wo kommt ihr her?
Ich bin aus Syrien ...
... er ist aus dem Irak.
Plapper
Plapper
Alle waren nett und freundlich, was meine Anspannung etwas gelockert hat.
Wie fandest du den Test?
Seit wann bist du in Deutschland?
Wir sind als Flüchtlinge nach Deutschland gekommen.
Ah.
Ein bisschen was darüber habe ich mal von einem Bekannten gehört, der als ehrenamtlicher Helfer in einer Flüchtlingsunterkunft gearbeitet hat.
Durch den Krieg ist die öffentliche Ordnung komplett zusammengebrochen.
Ein Flüchtling hat erzählt, dass er Auto fährt, seit er zwölf ist, obwohl er nie einen Führerschein gemacht hat.
Wir müssen ganz bei null anfangen und ihnen die Regeln erklären, die in Deutschland gelten.

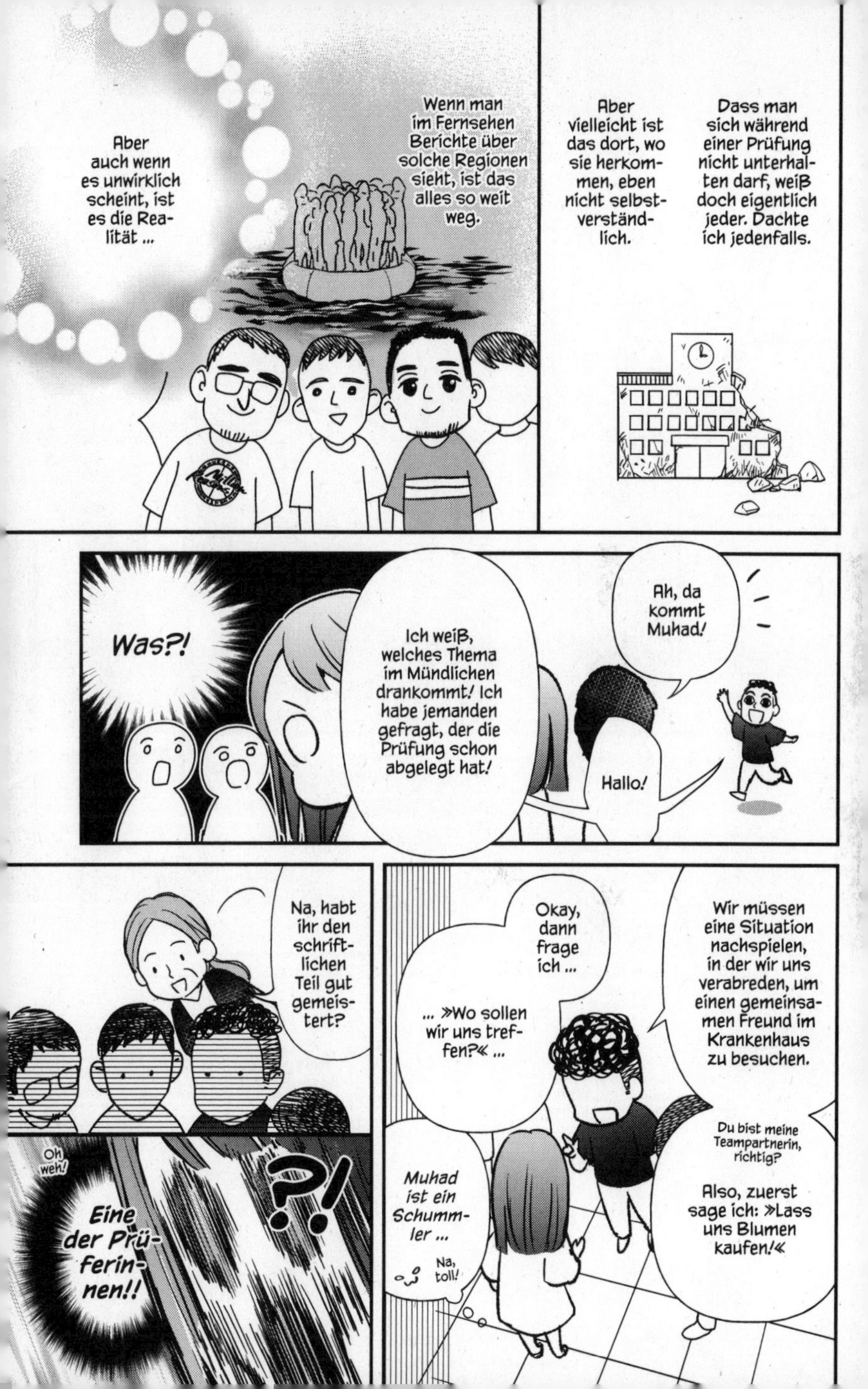

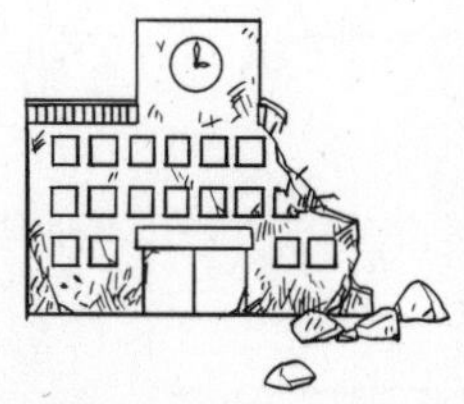

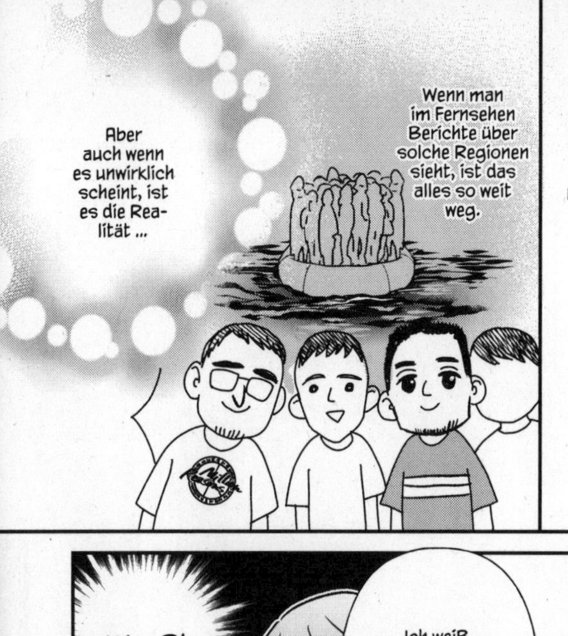

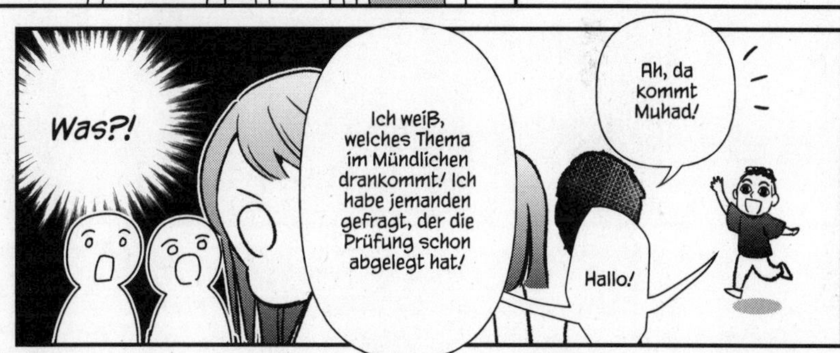

Wir müssen eine Situation nachspielen, in der wir uns verabreden, um einen gemeinsamen Freund im Krankenhaus zu besuchen.

Okay, dann frage ich ...

... »Wo sollen wir uns treffen?« ...

Du bist meine Teampartnerin, richtig?

Also, zuerst sage ich: »Lass uns Blumen kaufen!«

Muhad ist ein Schummler ...

Na, toll!

Na, habt ihr den schriftlichen Teil gut gemeistert?

?!

Eine der Prüferinnen!!

Oh weh!

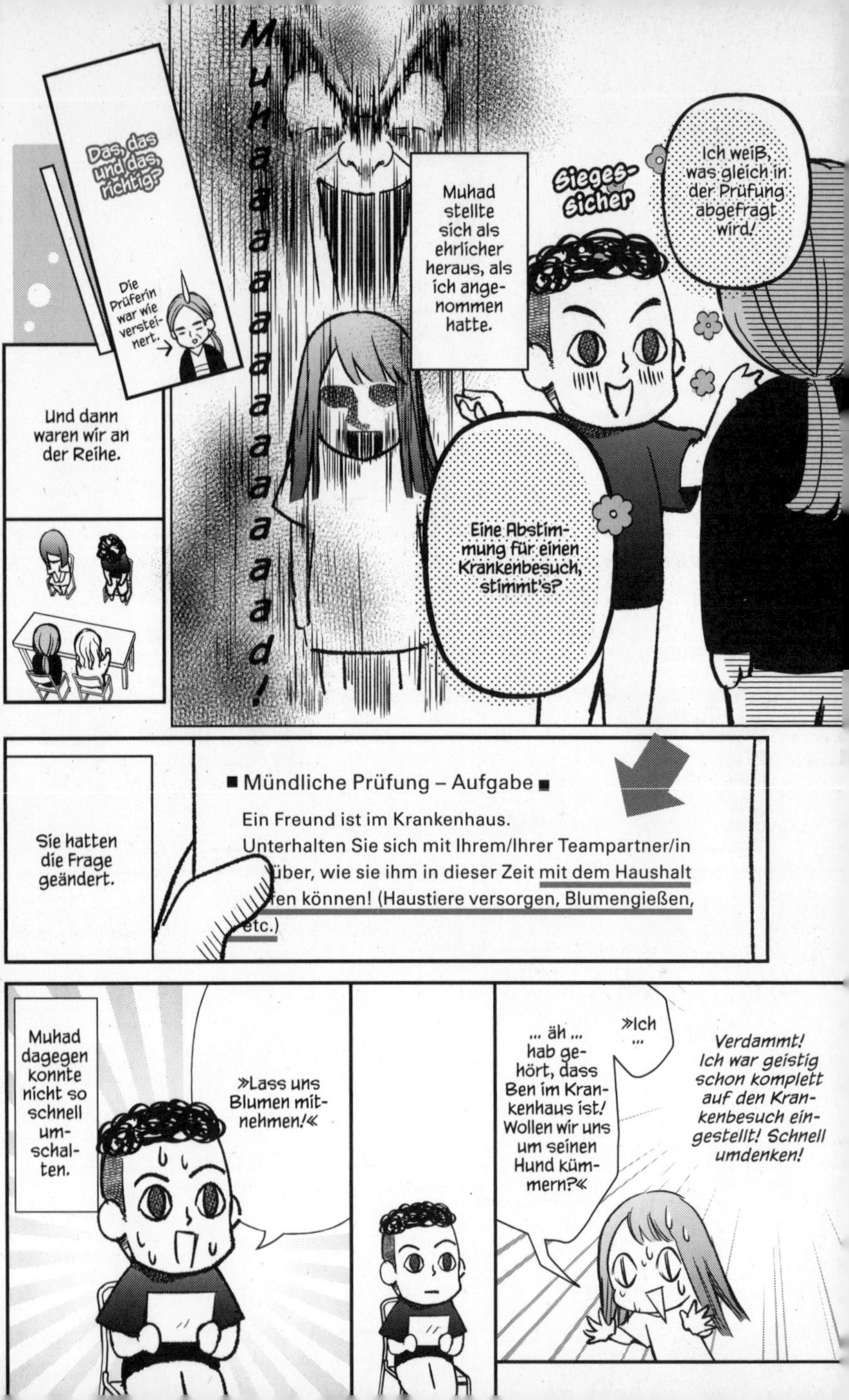

Das, das und das, richtig?

Die Prüferin war wie versteinert.

Und dann waren wir an der Reihe.

Muhaaaaaaaaaaaaaad!

Muhad stellte sich als ehrlicher heraus, als ich angenommen hatte.

Siegessicher

Ich weiß, was gleich in der Prüfung abgefragt wird!

Eine Abstimmung für einen Krankenbesuch, stimmt's?

Sie hatten die Frage geändert.

■ Mündliche Prüfung – Aufgabe ■

Ein Freund ist im Krankenhaus.
Unterhalten Sie sich mit Ihrem/Ihrer Teampartner/in über, wie sie ihm in dieser Zeit mit dem Haushalt fen können! (Haustiere versorgen, Blumengießen, etc.)

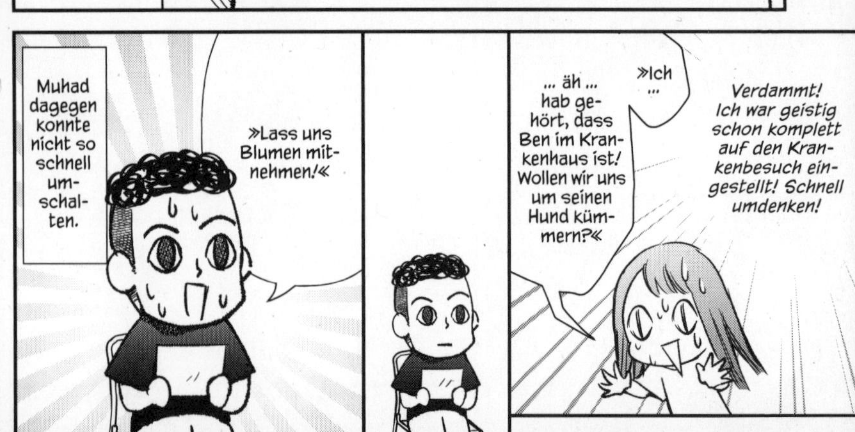

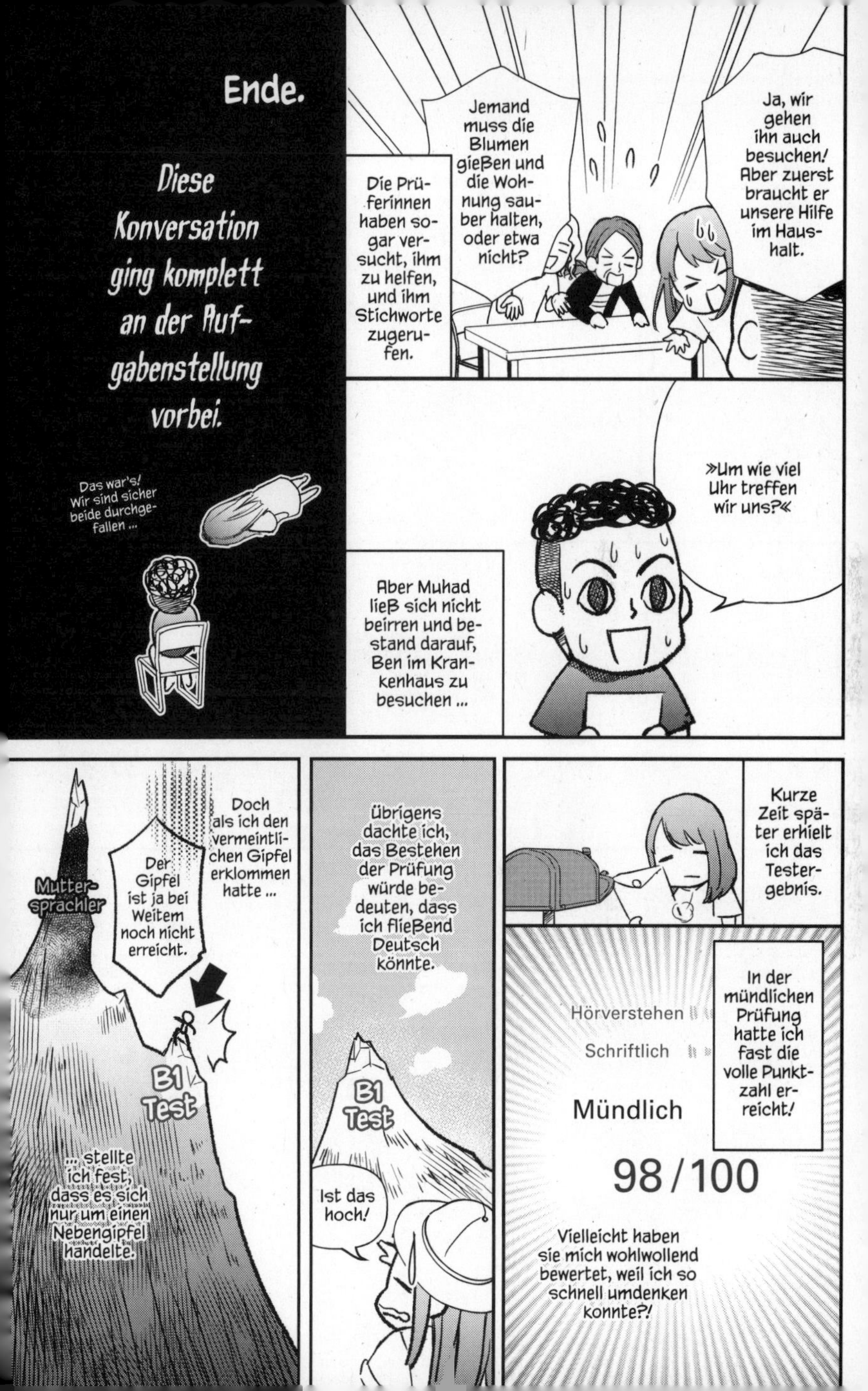

Ja, wir gehen ihn auch besuchen! Aber zuerst braucht er unsere Hilfe im Haushalt.

Jemand muss die Blumen gießen und die Wohnung sauber halten, oder etwa nicht?

Die Prüferinnen haben sogar versucht, ihm zu helfen, und ihm Stichworte zugerufen.

»Um wie viel Uhr treffen wir uns?«

Aber Muhad ließ sich nicht beirren und bestand darauf, Ben im Krankenhaus zu besuchen …

Ende.

Diese Konversation ging komplett an der Aufgabenstellung vorbei.

Das war's! Wir sind sicher beide durchgefallen …

Kurze Zeit später erhielt ich das Testergebnis.

In der mündlichen Prüfung hatte ich fast die volle Punktzahl erreicht!

Hörverstehen

Schriftlich

Mündlich

98 / 100

Vielleicht haben sie mich wohlwollend bewertet, weil ich so schnell umdenken konnte?!

Übrigens dachte ich, das Bestehen der Prüfung würde bedeuten, dass ich fließend Deutsch könnte.

B1 Test

Ist das hoch!

Doch als ich den vermeintlichen Gipfel erklommen hatte …

Der Gipfel ist ja bei Weitem noch nicht erreicht.

Muttersprachler

B1 Test

… stellte ich fest, dass es sich nur um einen Nebengipfel handelte.

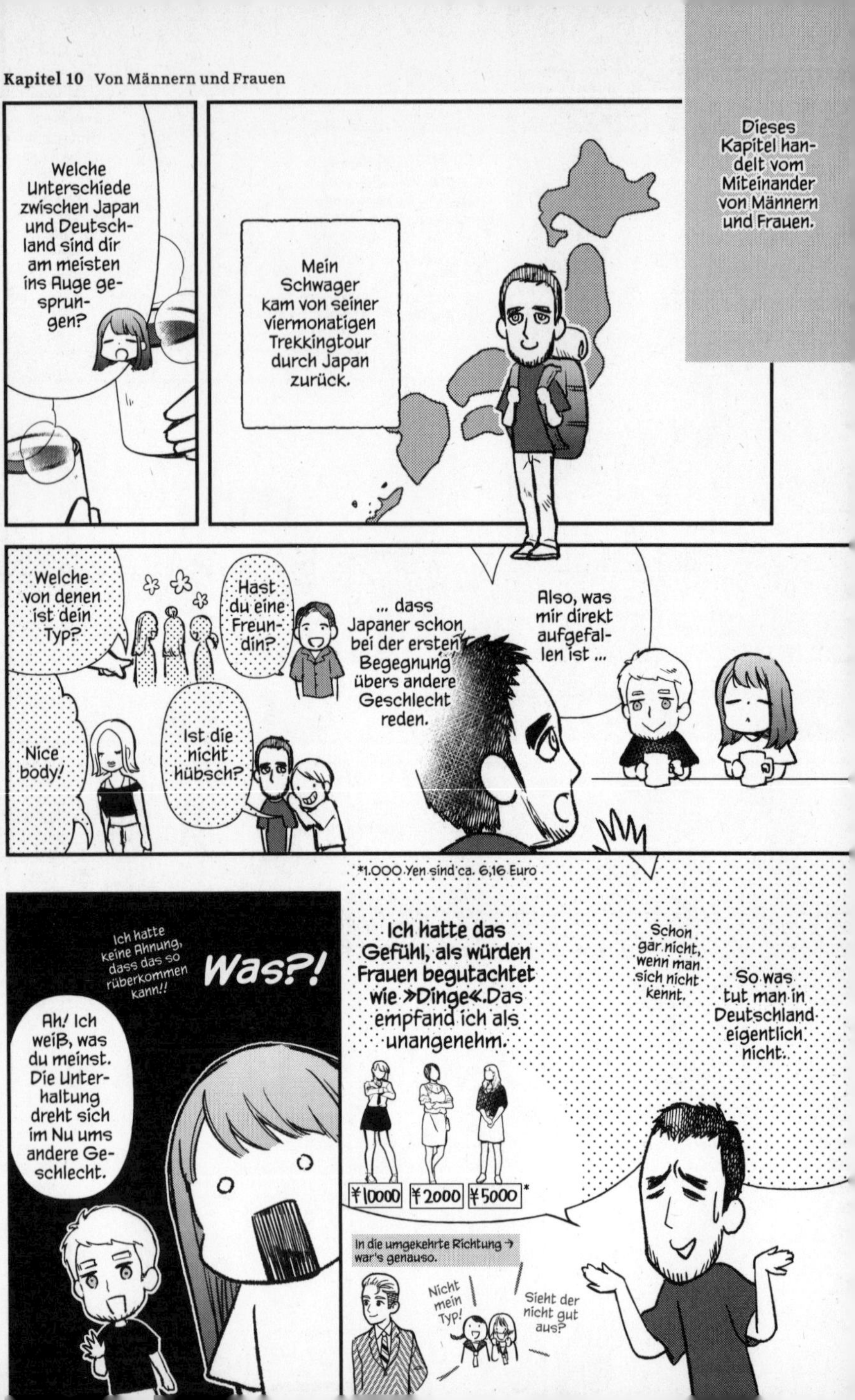

Dieses Kapitel handelt vom Miteinander von Männern und Frauen.

Welche Unterschiede zwischen Japan und Deutschland sind dir am meisten ins Auge gesprungen?

Mein Schwager kam von seiner viermonatigen Trekkingtour durch Japan zurück.

Also, was mir direkt aufgefallen ist …

… dass Japaner schon bei der ersten Begegnung übers andere Geschlecht reden.

Hast du eine Freundin?

Welche von denen ist dein Typ?

Ist die nicht hübsch?

Nice body!

*1.000 Yen sind ca. 6,16 Euro

So was tut man in Deutschland eigentlich nicht.

Schon gar nicht, wenn man sich nicht kennt.

Ich hatte das Gefühl, als würden Frauen begutachtet wie »Dinge«. Das empfand ich als unangenehm.

¥10000 ¥2000 ¥5000*

In die umgekehrte Richtung war's genauso.

Sieht der nicht gut aus?

Nicht mein Typ!

Was?!

Ich hatte keine Ahnung, dass das so rüberkommen kann!!

Ah! Ich weiß, was du meinst. Die Unterhaltung dreht sich im Nu ums andere Geschlecht.

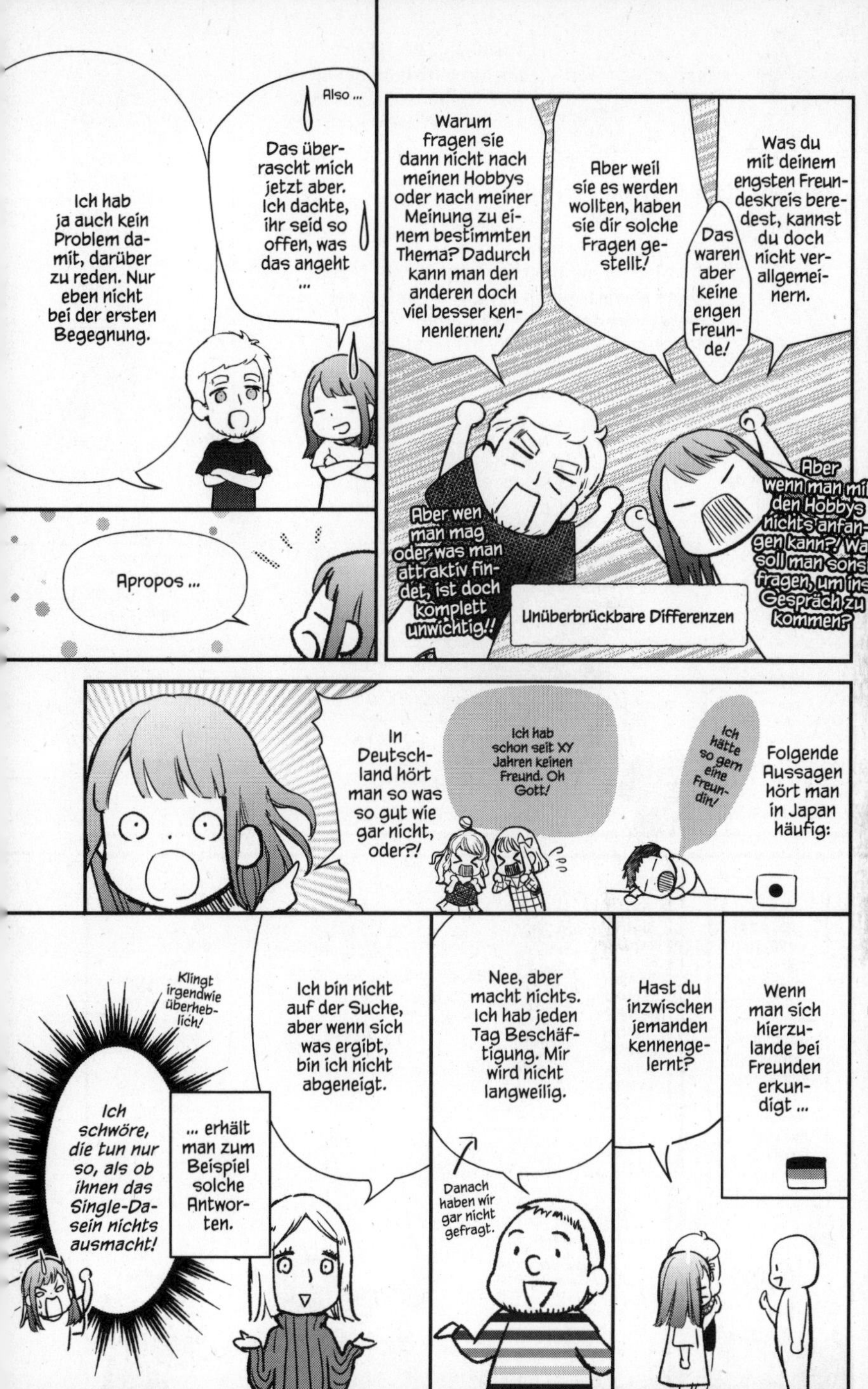

Also ...
Das überrascht mich jetzt aber. Ich dachte, ihr seid so offen, was das angeht ...
Ich hab ja auch kein Problem damit, darüber zu reden. Nur eben nicht bei der ersten Begegnung.
Was du mit deinem engsten Freundeskreis beredest, kannst du doch nicht verallgemeinern.
Das waren aber keine engen Freunde!
Aber weil sie es werden wollten, haben sie dir solche Fragen gestellt!
Warum fragen sie dann nicht nach meinen Hobbys oder nach meiner Meinung zu einem bestimmten Thema? Dadurch kann man den anderen doch viel besser kennenlernen!
Aber wenn man mit den Hobbys nichts anfangen kann?! Was soll man sonst fragen, um ins Gespräch zu kommen?
Aber wen man mag oder was man attraktiv findet, ist doch komplett unwichtig!!
Unüberbrückbare Differenzen
Apropos ...
Folgende Aussagen hört man in Japan häufig:
Ich hätte so gern eine Freundin!
Ich hab schon seit XY Jahren keinen Freund. Oh Gott!
In Deutschland hört man so was so gut wie gar nicht, oder?!
Wenn man sich hierzulande bei Freunden erkundigt ...
Hast du inzwischen jemanden kennengelernt?
Nee, aber macht nichts. Ich hab jeden Tag Beschäftigung. Mir wird nicht langweilig.
Danach haben wir gar nicht gefragt.
Ich bin nicht auf der Suche, aber wenn sich was ergibt, bin ich nicht abgeneigt.
... erhält man zum Beispiel solche Antworten.
Klingt irgendwie überheblich!
Ich schwöre, die tun nur so, als ob ihnen das Single-Dasein nichts ausmacht!

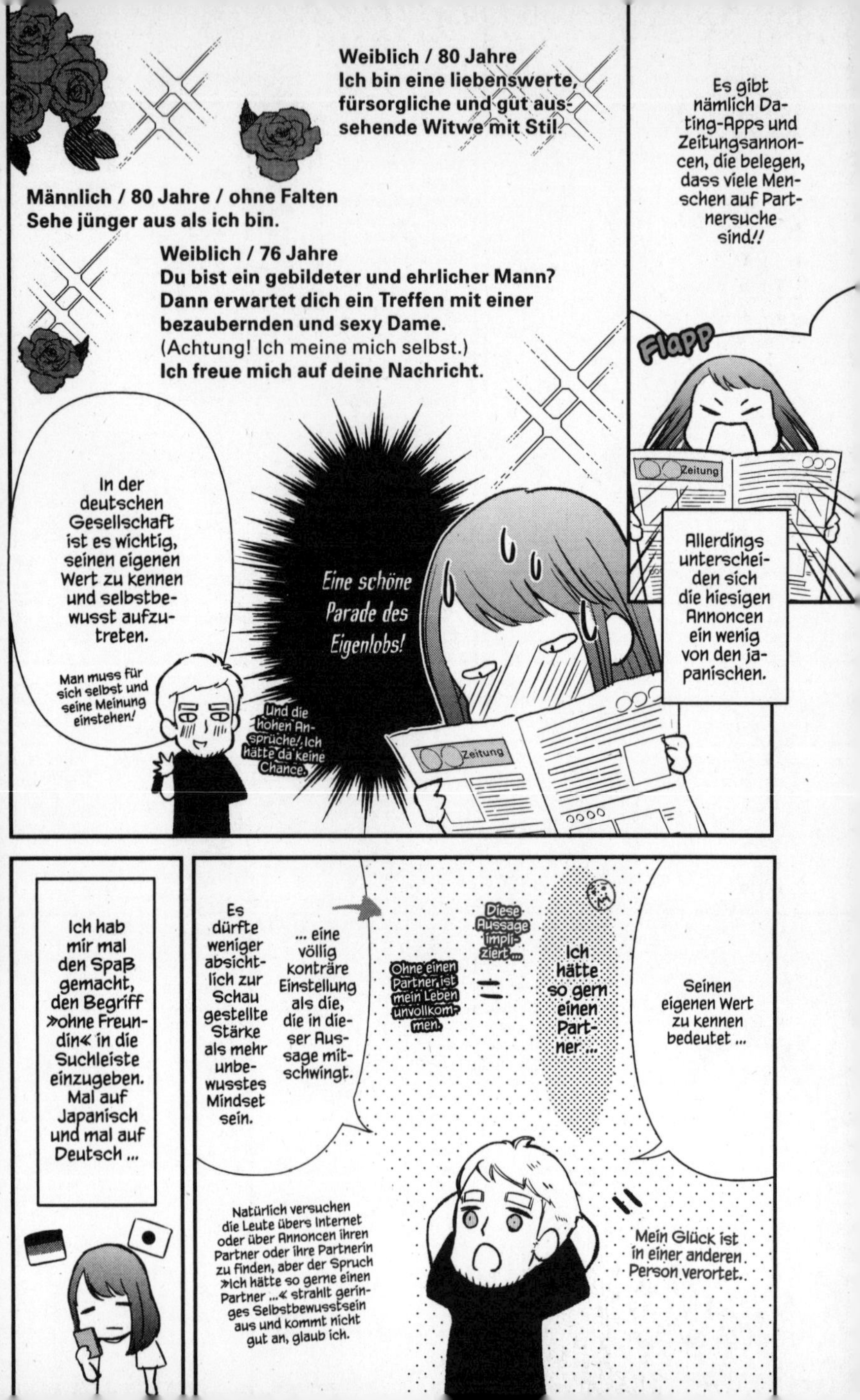

Es gibt nämlich Dating-Apps und Zeitungsannoncen, die belegen, dass viele Menschen auf Partnersuche sind!!

Flapp

Allerdings unterscheiden sich die hiesigen Annoncen ein wenig von den japanischen.

Zeitung

Weiblich / 80 Jahre
Ich bin eine liebenswerte, fürsorgliche und gut aussehende Witwe mit Stil.

Männlich / 80 Jahre / ohne Falten
Sehe jünger aus als ich bin.

Weiblich / 76 Jahre
Du bist ein gebildeter und ehrlicher Mann?
Dann erwartet dich ein Treffen mit einer bezaubernden und sexy Dame.
(Achtung! Ich meine mich selbst.)
Ich freue mich auf deine Nachricht.

Eine schöne Parade des Eigenlobs!

Und die hohen Ansprüche! Ich hätte da keine Chance.

Zeitung

In der deutschen Gesellschaft ist es wichtig, seinen eigenen Wert zu kennen und selbstbewusst aufzutreten.

Man muss für sich selbst und seine Meinung einstehen!

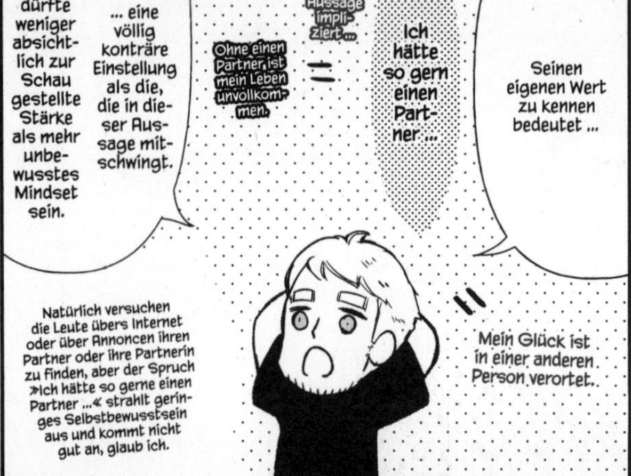

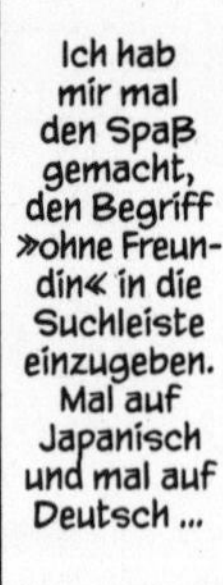

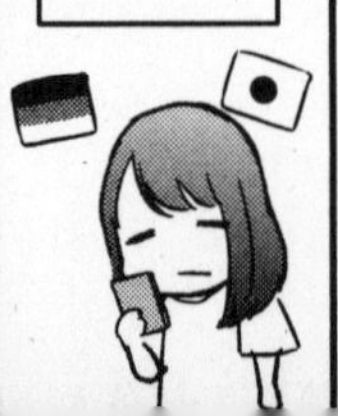

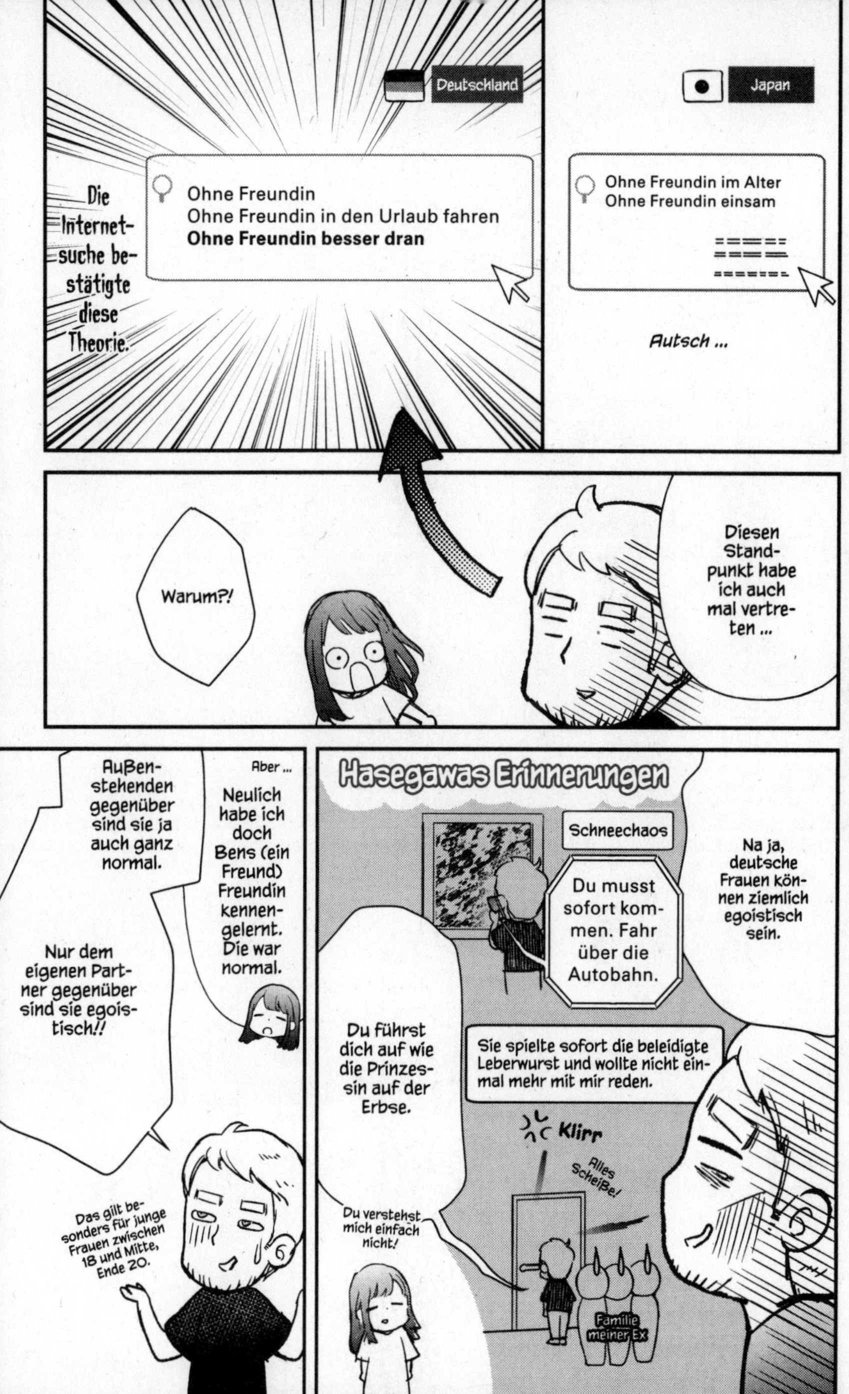

Deutschland
Ohne Freundin
Ohne Freundin in den Urlaub fahren
Ohne Freundin besser dran
Japan
Ohne Freundin im Alter
Ohne Freundin einsam
Die Internetsuche bestätigte diese Theorie.
Autsch ...
Diesen Standpunkt habe ich auch mal vertreten ...
Warum?!
Hasegawas Erinnerungen
Schneechaos
Du musst sofort kommen. Fahr über die Autobahn.
Na ja, deutsche Frauen können ziemlich egoistisch sein.
Du führst dich auf wie die Prinzessin auf der Erbse.
Sie spielte sofort die beleidigte Leberwurst und wollte nicht einmal mehr mit mir reden.
Klirr
Alles Scheiße!
Du verstehst mich einfach nicht!
Familie meiner Ex
Aber ...
Neulich habe ich doch Bens (ein Freund) Freundin kennengelernt. Die war normal.
Außenstehenden gegenüber sind sie ja auch ganz normal.
Nur dem eigenen Partner gegenüber sind sie egoistisch!!
Das gilt besonders für junge Frauen zwischen 18 und Mitte, Ende 20.

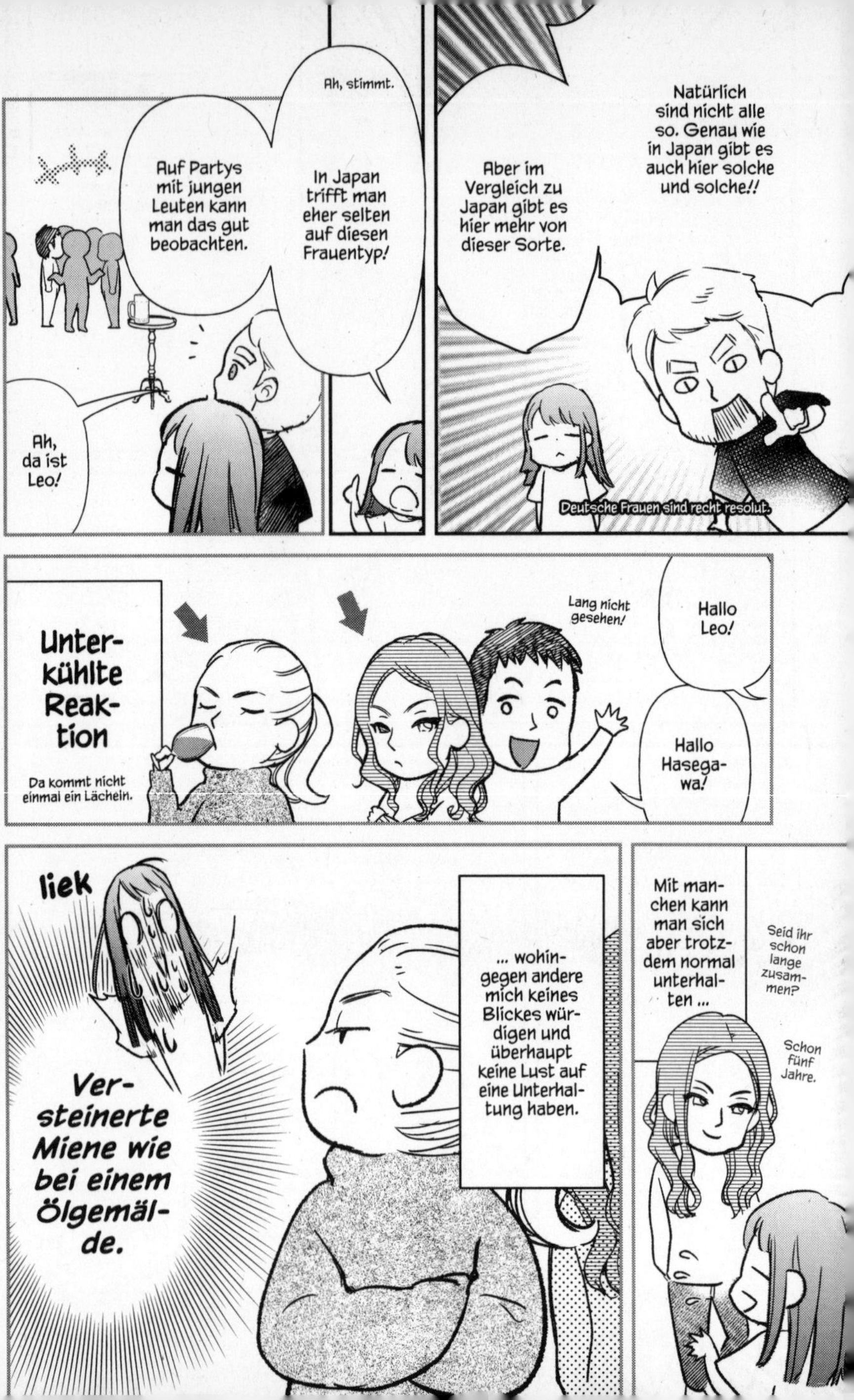

Deutsche Frauen sind recht resolut.

Aber im Vergleich zu Japan gibt es hier mehr von dieser Sorte.

Natürlich sind nicht alle so. Genau wie in Japan gibt es auch hier solche und solche!!

In Japan trifft man eher selten auf diesen Frauentyp!

Ah, stimmt.

Auf Partys mit jungen Leuten kann man das gut beobachten.

Ah, da ist Leo!

Hallo Leo!

Hallo Hasegawa!

Lang nicht gesehen!

Unterkühlte Reaktion

Da kommt nicht einmal ein Lächeln.

Mit manchen kann man sich aber trotzdem normal unterhalten ...

Seid ihr schon lange zusammen?

Schon fünf Jahre.

... wohingegen andere mich keines Blickes würdigen und überhaupt keine Lust auf eine Unterhaltung haben.

Iiek

Versteinerte Miene wie bei einem Ölgemälde.

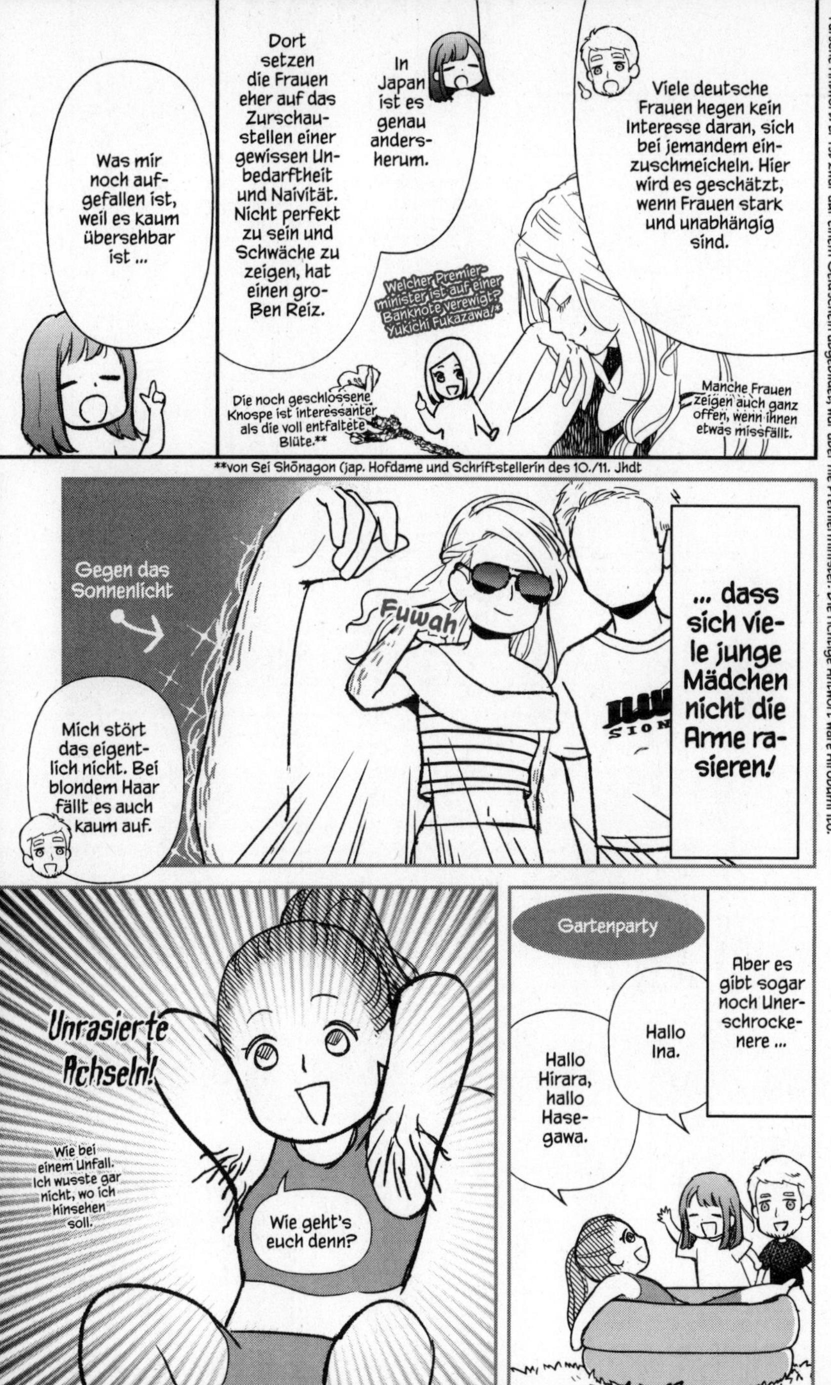

*Falsche Antwort. Er ist zwar auf einem Geldschein abgebildet, war aber nie Premierminister. Die richtige Antwort wäre Hirobumi Ito.

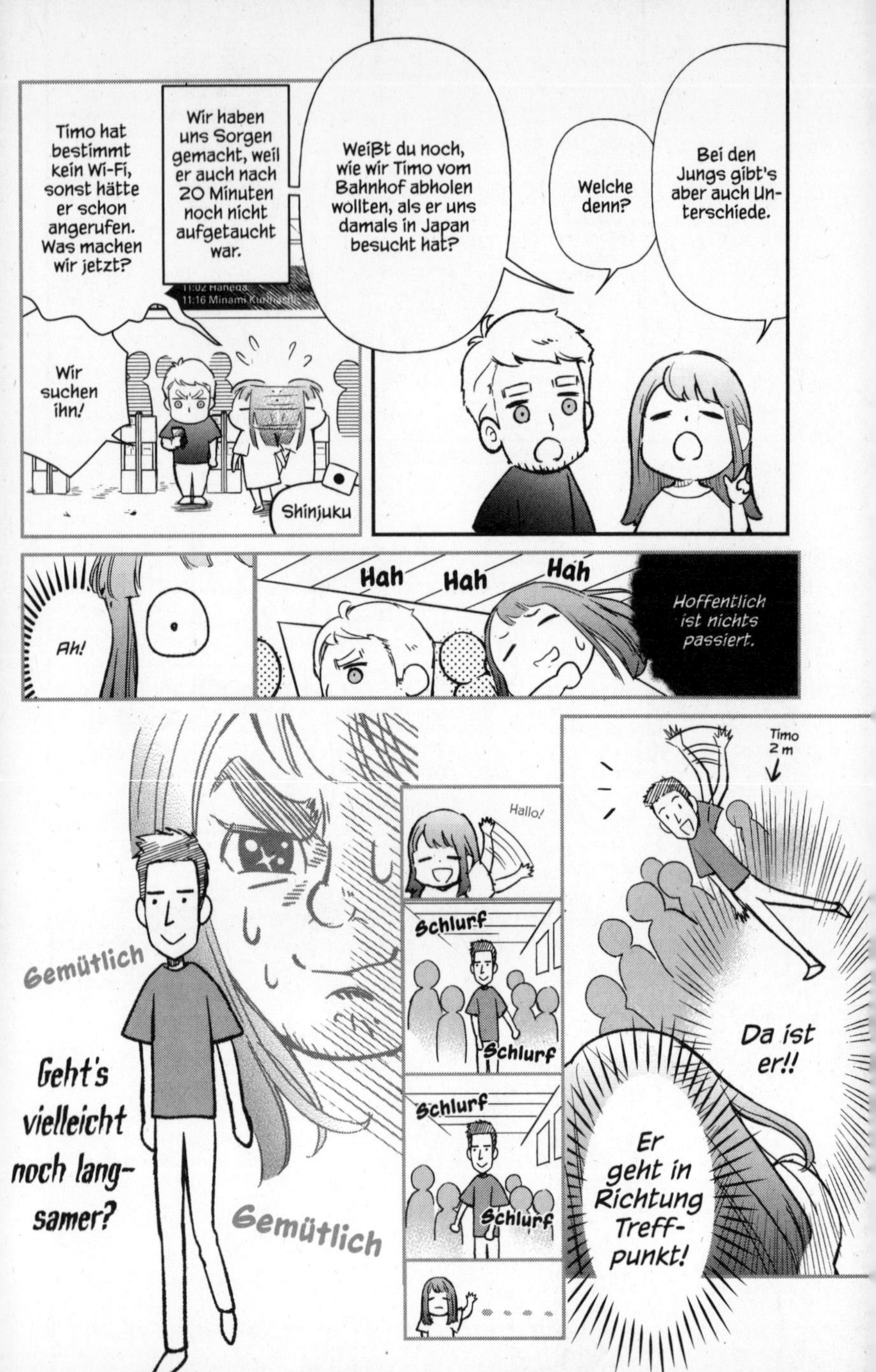

Bei den Jungs gibt's aber auch Unterschiede.
Welche denn?
Weißt du noch, wie wir Timo vom Bahnhof abholen wollten, als er uns damals in Japan besucht hat?
Wir haben uns Sorgen gemacht, weil er auch nach 20 Minuten noch nicht aufgetaucht war.
11:02 Haneda
11:16 Minami Kurihashi
Timo hat bestimmt kein Wi-Fi, sonst hätte er schon angerufen. Was machen wir jetzt?
Wir suchen ihn!
Shinjuku
Hoffentlich ist nichts passiert.
Hah
Hah
Hah
Ah!
Timo 2 m
Da ist er!!
Er geht in Richtung Treffpunkt!
Hallo!
Schlurf
Schlurf
Schlurf
Schlurf
Gemütlich
Gemütlich
Geht's vielleicht noch langsamer?

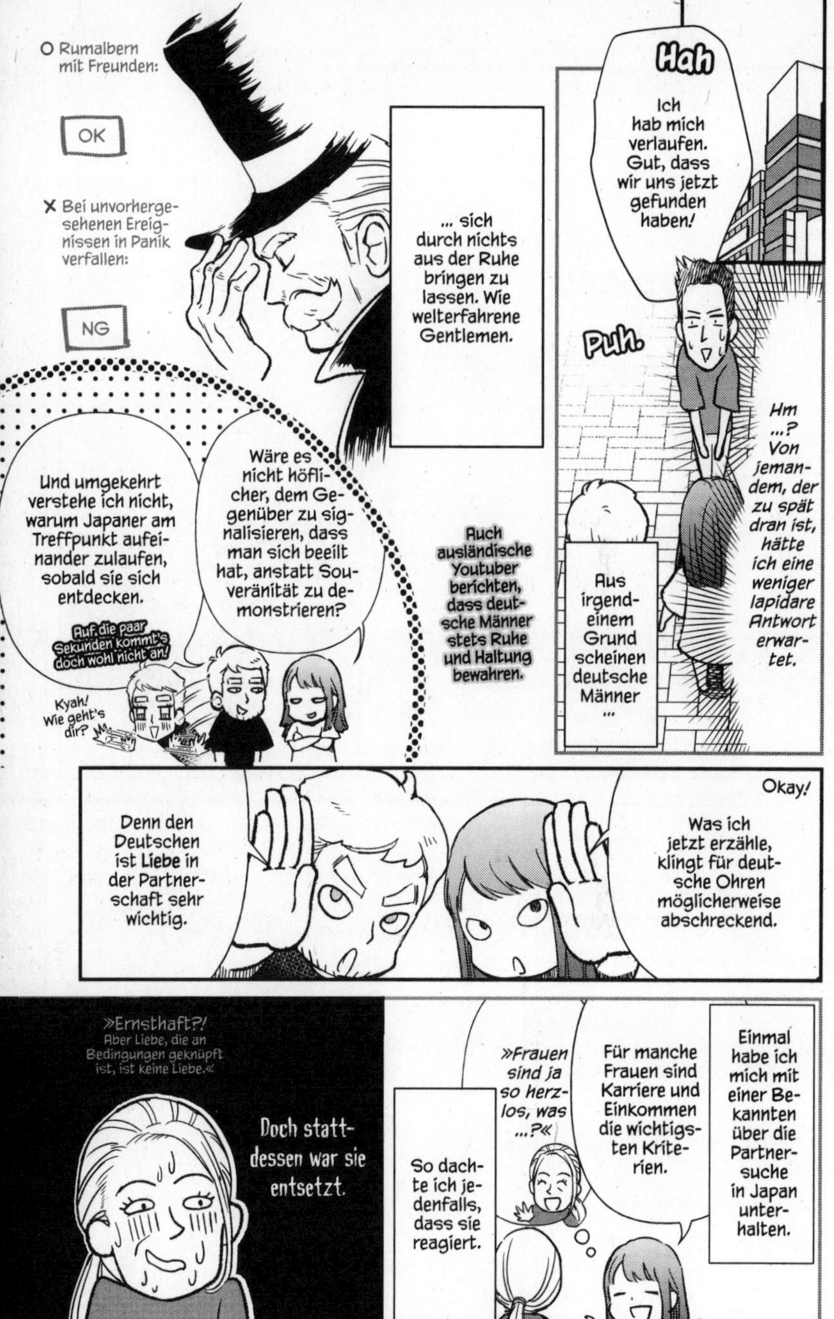
Hah
Ich hab mich verlaufen. Gut, dass wir uns jetzt gefunden haben!
Puh.
Hm ...? Von jemandem, der zu spät dran ist, hätte ich eine weniger lapidare Antwort erwartet.
Aus irgendeinem Grund scheinen deutsche Männer ...
... sich durch nichts aus der Ruhe bringen zu lassen. Wie welterfahrene Gentlemen.
O Rumalbern mit Freunden:
OK
X Bei unvorhergesehenen Ereignissen in Panik verfallen:
NG
Auch ausländische Youtuber berichten, dass deutsche Männer stets Ruhe und Haltung bewahren.
Wäre es nicht höflicher, dem Gegenüber zu signalisieren, dass man sich beeilt hat, anstatt Souveränität zu demonstrieren?
Und umgekehrt verstehe ich nicht, warum Japaner am Treffpunkt aufeinander zulaufen, sobald sie sich entdecken.
Auf die paar Sekunden kommt's doch wohl nicht an!
Kyah! Wie geht's dir?
Okay!
Was ich jetzt erzähle, klingt für deutsche Ohren möglicherweise abschreckend.
Denn den Deutschen ist Liebe in der Partnerschaft sehr wichtig.
Einmal habe ich mich mit einer Bekannten über die Partnersuche in Japan unterhalten.
Für manche Frauen sind Karriere und Einkommen die wichtigsten Kriterien.
»Frauen sind ja so herzlos, was ...?«
So dachte ich jedenfalls, dass sie reagiert.
Doch stattdessen war sie entsetzt.
»Ernsthaft?! Aber Liebe, die an Bedingungen geknüpft ist, ist keine Liebe.«

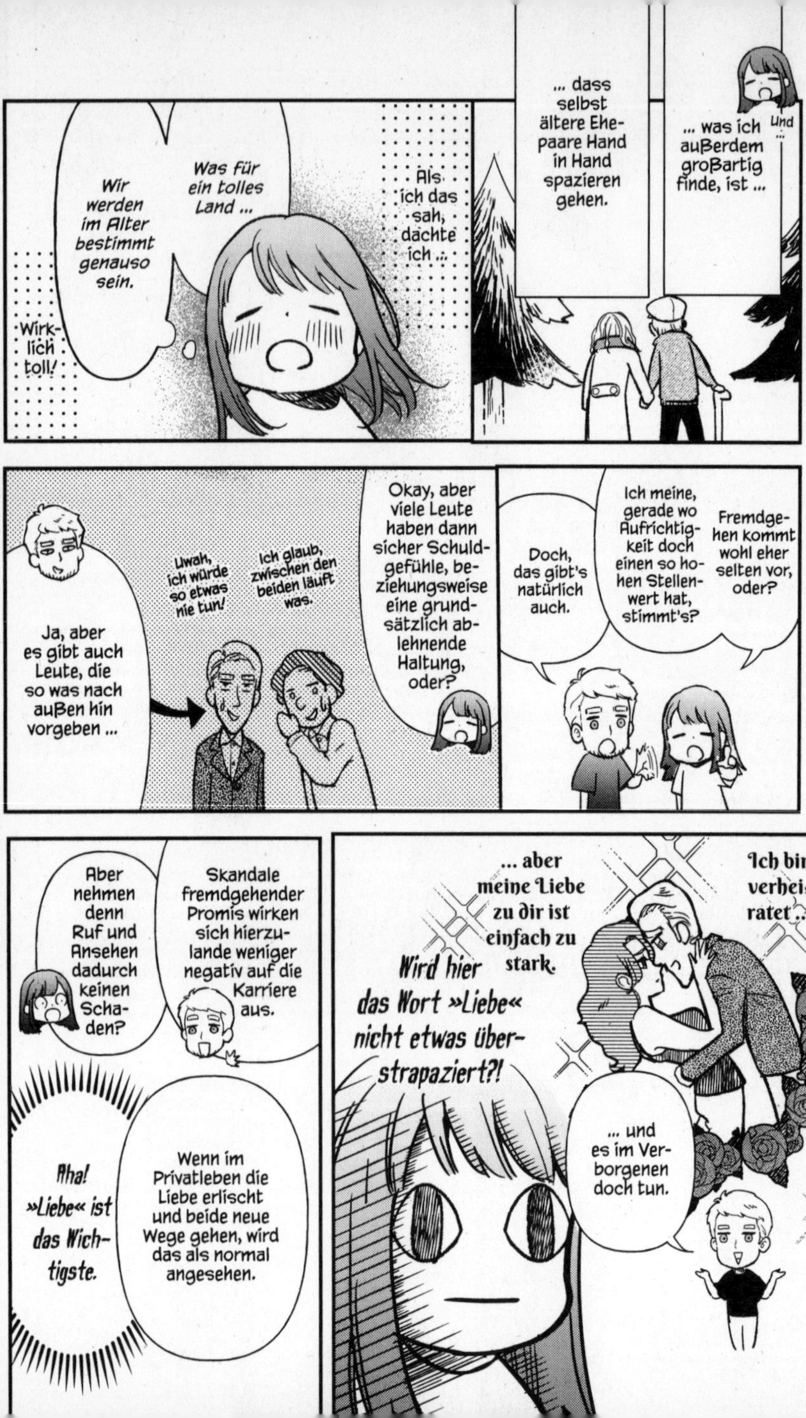

Und ...

... was ich außerdem großartig finde, ist ...

... dass selbst ältere Ehepaare Hand in Hand spazieren gehen.

Als ich das sah, dachte ich ...

Was für ein tolles Land ...

Wir werden im Alter bestimmt genauso sein.

Wirklich toll!

Fremdgehen kommt wohl eher selten vor, oder?

Ich meine, gerade wo Aufrichtigkeit doch einen so hohen Stellenwert hat, stimmt's?

Doch, das gibt's natürlich auch.

Okay, aber viele Leute haben dann sicher Schuldgefühle, beziehungsweise eine grundsätzlich ablehnende Haltung, oder?

Ich glaub, zwischen den beiden läuft was.

Uwah, ich würde so etwas nie tun!

Ja, aber es gibt auch Leute, die so was nach außen hin vorgeben ...

Ich bin verheiratet ...

... aber meine Liebe zu dir ist einfach zu stark.

... und es im Verborgenen doch tun.

Wird hier das Wort »Liebe« nicht etwas überstrapaziert?!

Skandale fremdgehender Promis wirken sich hierzulande weniger negativ auf die Karriere aus.

Aber nehmen denn Ruf und Ansehen dadurch keinen Schaden?

Wenn im Privatleben die Liebe erlischt und beide neue Wege gehen, wird das als normal angesehen.

Aha! »Liebe« ist das Wichtigste.

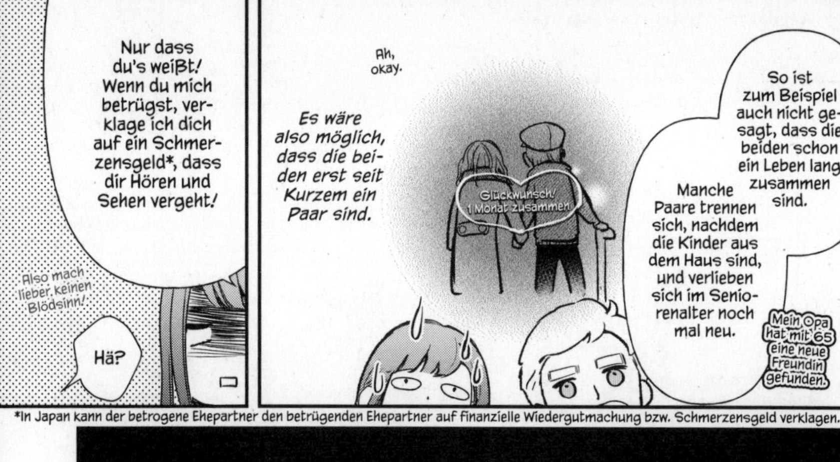

*In Japan kann der betrogene Ehepartner den betrügenden Ehepartner auf finanzielle Wiedergutmachung bzw. Schmerzensgeld verklagen.

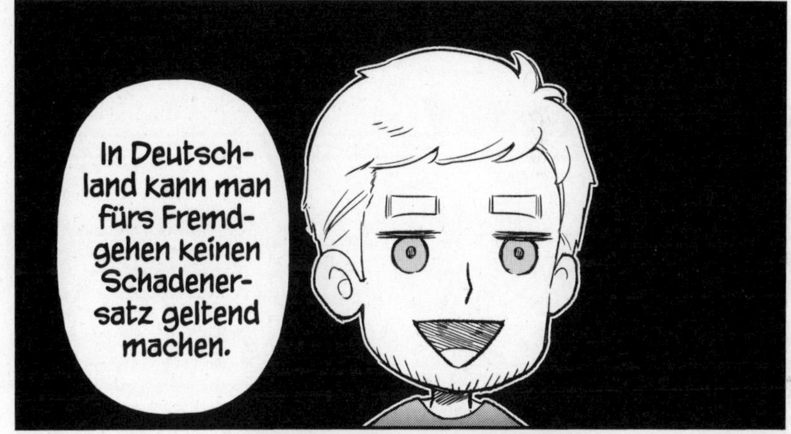

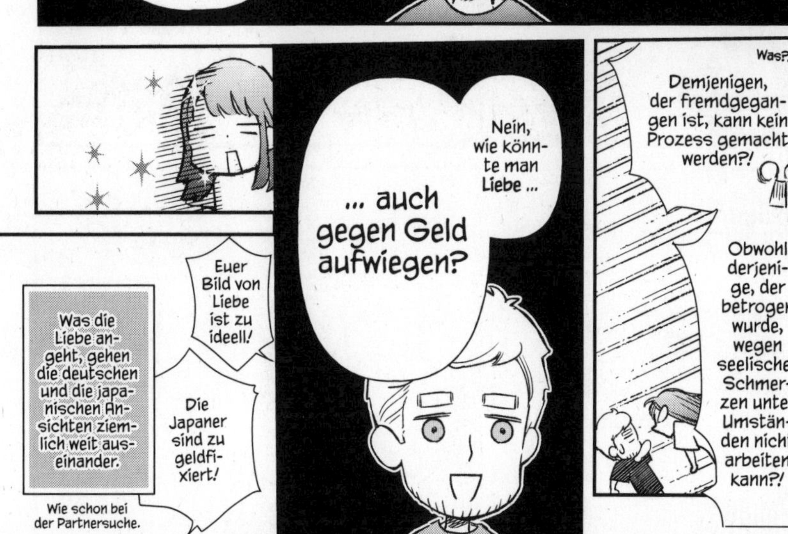

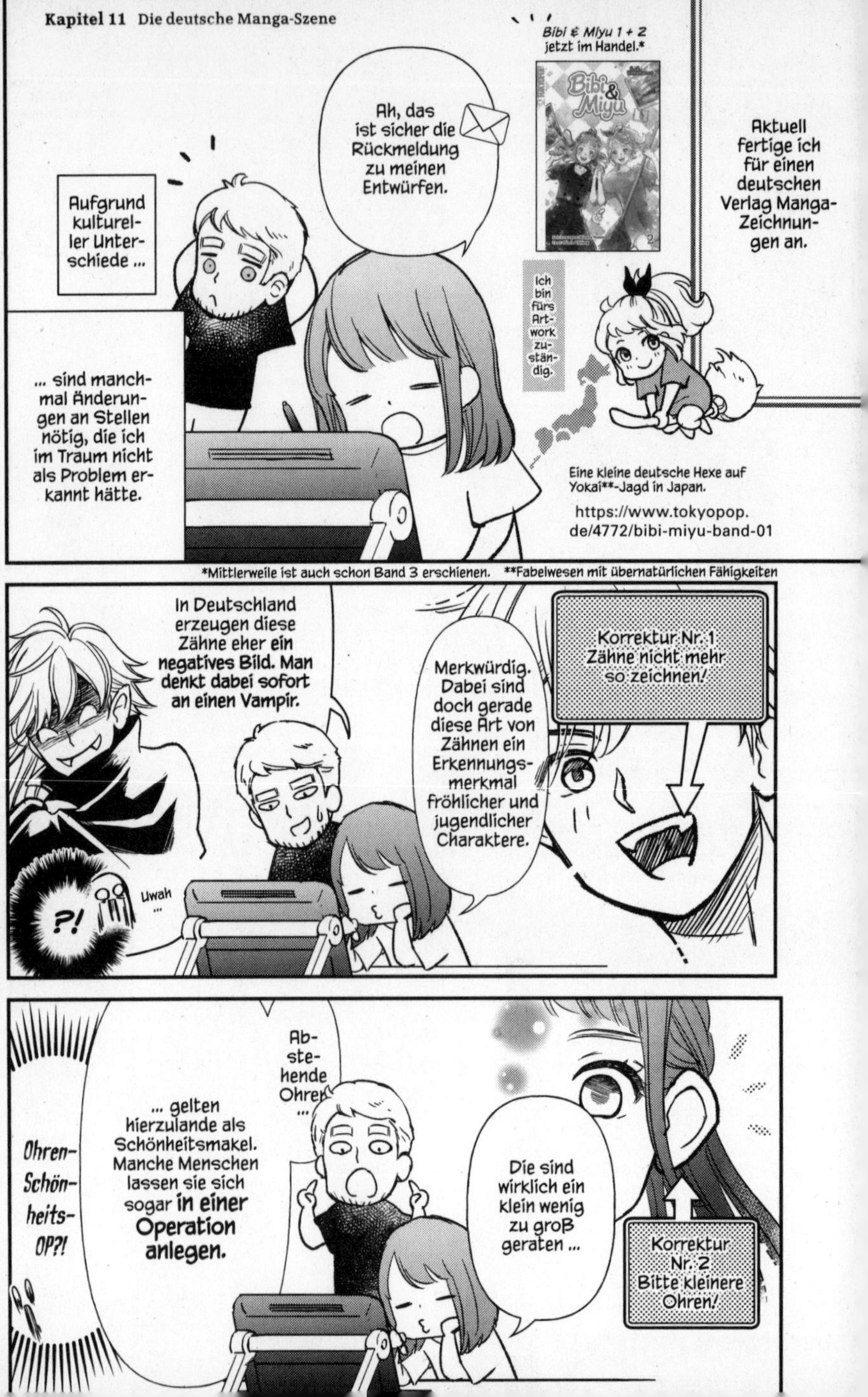

Aktuell fertige ich für einen deutschen Verlag Manga-Zeichnungen an.

Bibi & Miyu 1 + 2 jetzt im Handel.*

Ich bin fürs Artwork zuständig.

Eine kleine deutsche Hexe auf Yokai**-Jagd in Japan.

https://www.tokyopop.de/4772/bibi-miyu-band-01

Ah, das ist sicher die Rückmeldung zu meinen Entwürfen.

Aufgrund kultureller Unterschiede ...

... sind manchmal Änderungen an Stellen nötig, die ich im Traum nicht als Problem erkannt hätte.

*Mittlerweile ist auch schon Band 3 erschienen. **Fabelwesen mit übernatürlichen Fähigkeiten

Korrektur Nr. 1 Zähne nicht mehr so zeichnen!

Merkwürdig. Dabei sind doch gerade diese Art von Zähnen ein Erkennungsmerkmal fröhlicher und jugendlicher Charaktere.

In Deutschland erzeugen diese Zähne eher ein **negatives Bild**. Man denkt dabei sofort **an einen Vampir**.

Uwah ...

?!

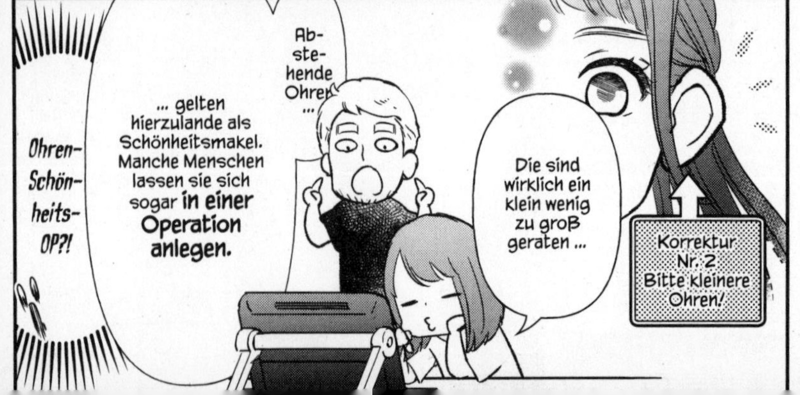

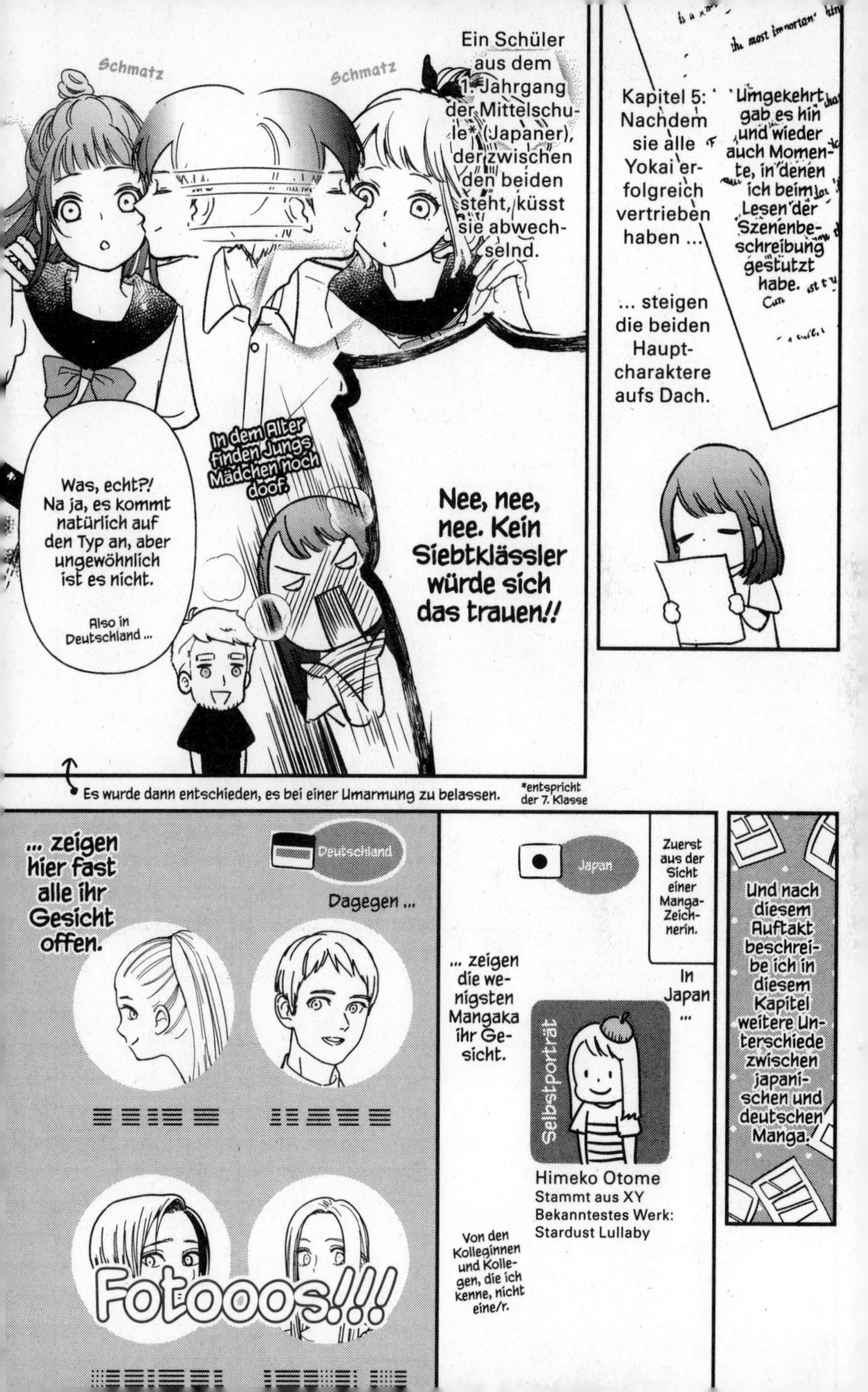

Umgekehrt gab es hin und wieder auch Momente, in denen ich beim Lesen der Szenenbeschreibung gestutzt habe.

Kapitel 5: Nachdem sie alle Yokai erfolgreich vertrieben haben ...

... steigen die beiden Hauptcharaktere aufs Dach.

Ein Schüler aus dem 1. Jahrgang der Mittelschule* (Japaner), der zwischen den beiden steht, küsst sie abwechselnd.

Schmatz

Schmatz

Nee, nee, nee. Kein Siebtklässler würde sich das trauen!!

In dem Alter finden Jungs Mädchen noch doof.

Was, echt?! Na ja, es kommt natürlich auf den Typ an, aber ungewöhnlich ist es nicht.

Also in Deutschland ...

Es wurde dann entschieden, es bei einer Umarmung zu belassen.

*entspricht der 7. Klasse

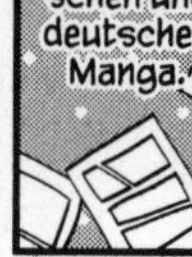

Und nach diesem Auftakt beschreibe ich in diesem Kapitel weitere Unterschiede zwischen japanischen und deutschen Manga.

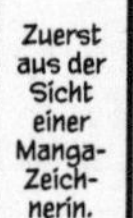

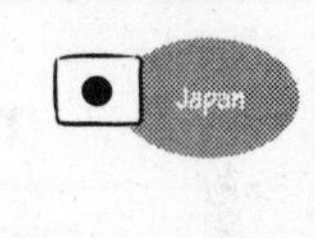

In Japan ...

... zeigen die wenigsten Mangaka ihr Gesicht.

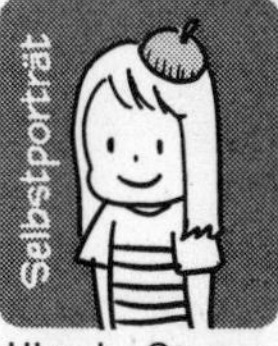

Himeko Otome
Stammt aus XY
Bekanntestes Werk: Stardust Lullaby

Von den Kolleginnen und Kollegen, die ich kenne, nicht eine/r.

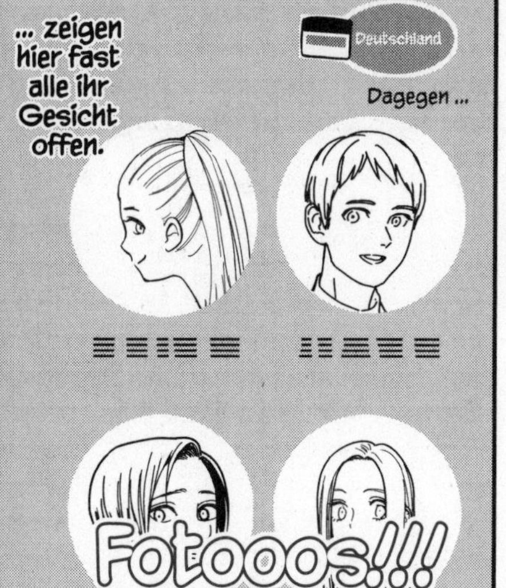

In Japan wäre so was undenkbar ...

Doch nicht nur das.

Manche Zeichnerinnen stellen bei SNS* sogar Selfies mit ihrem Freund ein.

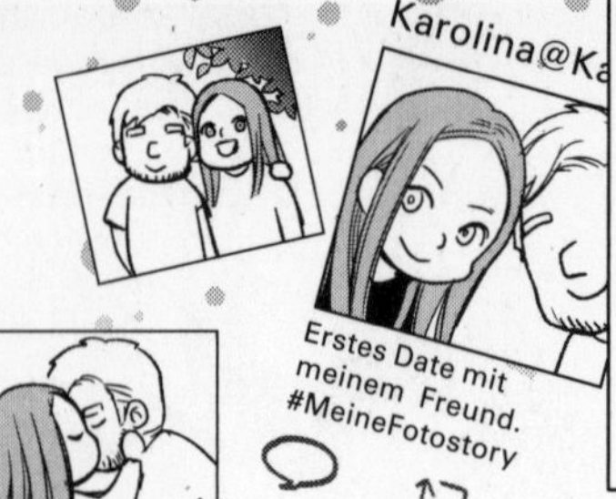

Karolina@Karolina32
Am Tag, an dem wir ein Paar wurden. #MeineFotostory

Es könnte zum Beispiel das Gesamtbild des Werks zerstören. Was, wenn die Beziehung in die Brüche geht? Wäre das dann nicht peinlich? Außerdem könnte das Foto Neid und Eifersucht hervorrufen ...

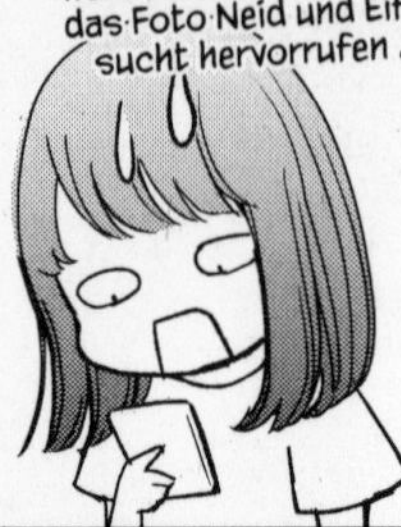

*Messenger-Dienst

In meinem Vertrag mit dem Verlag ...

Vertrag

Hiermit trete ich die Rechte an Gesichtsfotos, die im Rahmen von Medieninterviews entstanden sind, an den Verlag ab.

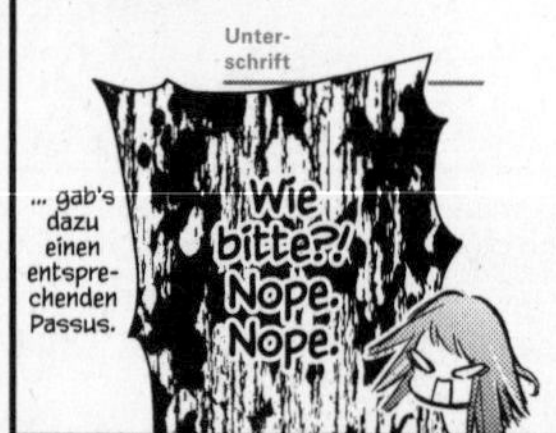

... gab's dazu einen entsprechenden Passus.

Hasegawa konnte überhaupt nicht nachvollziehen, warum die Japaner sich gegen die Abbildung eigener Fotos sträuben.

Aber wieso denn nicht? Solche Fotos sind unverzichtbar!!

Das macht es der Leserschaft einfacher, eine Beziehung zu dir aufzubauen.

Die kaufen mein Buch, weil sie die Story interessiert! Und nicht mein Foto!!

Wir hatten deswegen einen handfesten Streit.

Episode: Verlag

Da Mangaka eher Nachteulen sind, passen viele Redakteure und Lektoren in Japan ihre Arbeitszeit an und sind auch spät abends noch erreichbar.

Lange Abwesenheiten kommen eigentlich auch nicht vor.

Wartet mit gespanntem Blick aufs Handy auf Antwort.

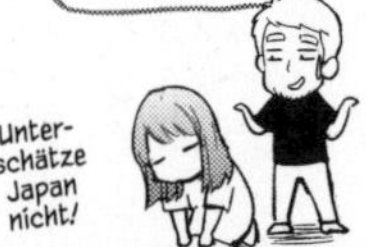

Es ist 23 Uhr. Um diese Zeit arbeitet doch keiner mehr ...

Unterschätze Japan nicht!

Während dessen in Deutschland ...

Feierabend auf die Minute genau

Lange Abwesenheitszeiten

Und warum ist das so?

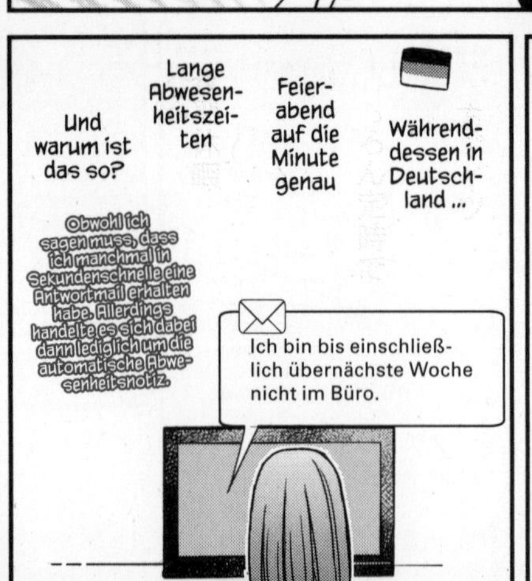

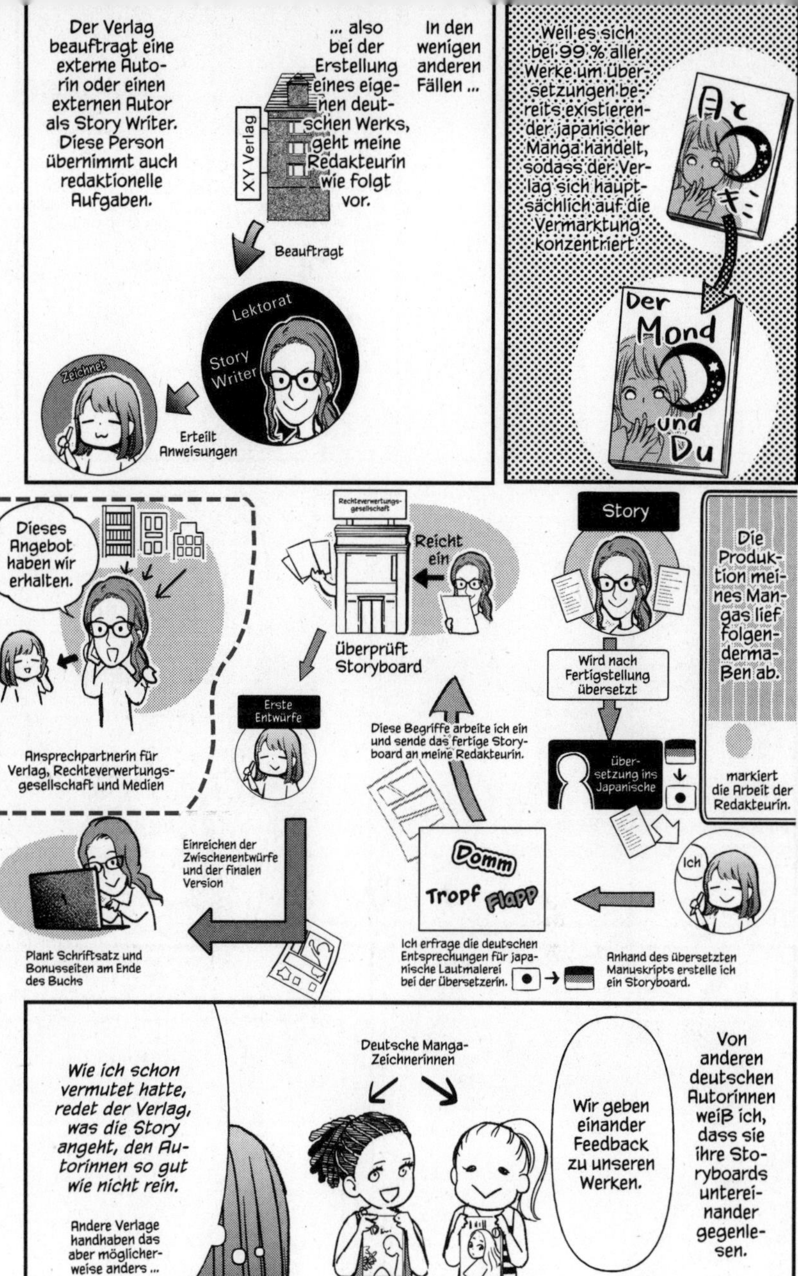

Weil es sich bei 99 % aller Werke um Übersetzungen bereits existierender japanischer Manga handelt, sodass der Verlag sich hauptsächlich auf die Vermarktung konzentriert.
Der Mond und Du
In den wenigen anderen Fällen ...
... also bei der Erstellung eines eigenen deutschen Werks, geht meine Redakteurin wie folgt vor.
Der Verlag beauftragt eine externe Autorin oder einen externen Autor als Story Writer. Diese Person übernimmt auch redaktionelle Aufgaben.
XY Verlag
Beauftragt
Lektorat
Story Writer
Zeichnet
Erteilt Anweisungen
Die Produktion meines Mangas lief folgendermaßen ab.
markiert die Arbeit der Redakteurin.
Story
Wird nach Fertigstellung übersetzt
Übersetzung ins Japanische
Ich
Anhand des übersetzten Manuskripts erstelle ich ein Storyboard.
Domm
Tropf
Flapp
Ich erfrage die deutschen Entsprechungen für japanische Lautmalerei bei der Übersetzerin.
Diese Begriffe arbeite ich ein und sende das fertige Storyboard an meine Redakteurin.
Reicht ein
Rechteverwertungsgesellschaft
Überprüft Storyboard
Erste Entwürfe
Dieses Angebot haben wir erhalten.
Ansprechpartnerin für Verlag, Rechteverwertungsgesellschaft und Medien
Einreichen der Zwischenentwürfe und der finalen Version
Plant Schriftsatz und Bonusseiten am Ende des Buchs
Von anderen deutschen Autorinnen weiß ich, dass sie ihre Storyboards untereinander gegenlesen.
Wir geben einander Feedback zu unseren Werken.
Deutsche Manga-Zeichnerinnen
Wie ich schon vermutet hatte, redet der Verlag, was die Story angeht, den Autorinnen so gut wie nicht rein.
Andere Verlage handhaben das aber möglicherweise anders ...

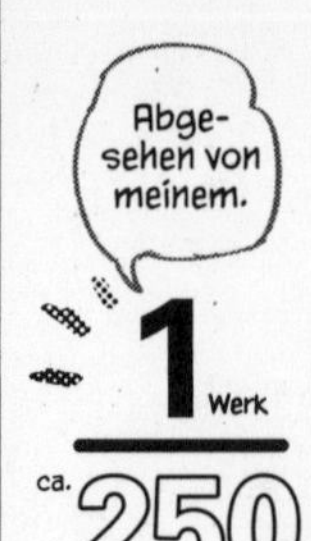
Der Anteil originär deutscher Manga im Gesamtangebot ist aber verhältnismäßig klein.
Im Jahr 2020 lag die Anzahl deutscher Manga, die der Verlag, für den ich tätig war, veröffentlicht hat, bei ...
1 Werk
ca. 250 Gesamt
Abgesehen von meinem.

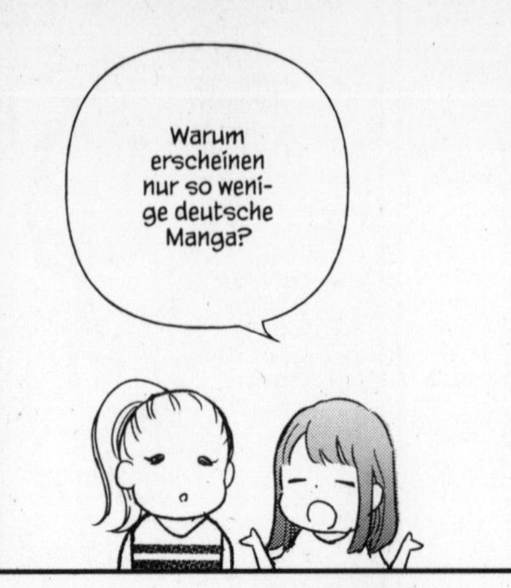
Warum erscheinen nur so wenige deutsche Manga?

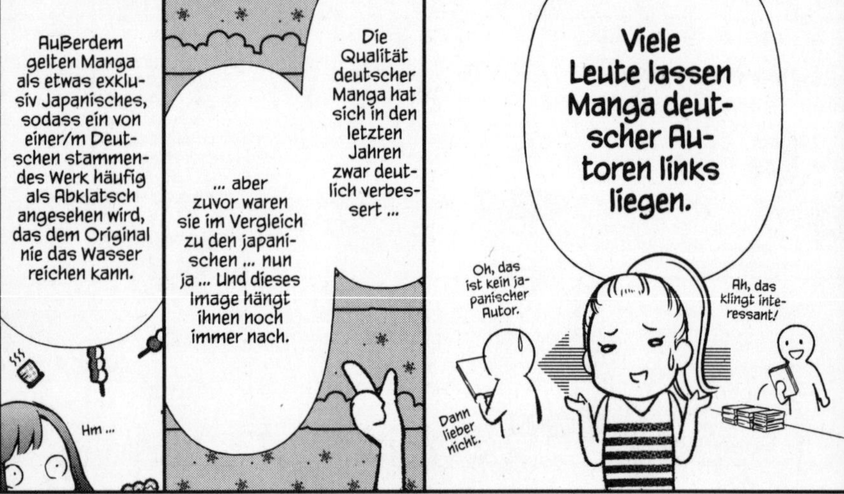
Viele Leute lassen Manga deutscher Autoren links liegen.
Ah, das klingt interessant!
Oh, das ist kein japanischer Autor.
Dann lieber nicht.
Die Qualität deutscher Manga hat sich in den letzten Jahren zwar deutlich verbessert ...
... aber zuvor waren sie im Vergleich zu den japanischen ... nun ja ... Und dieses Image hängt ihnen noch immer nach.
Außerdem gelten Manga als etwas exklusiv Japanisches, sodass ein von einer/m Deutschen stammendes Werk häufig als Abklatsch angesehen wird, das dem Original nie das Wasser reichen kann.
Hm ...

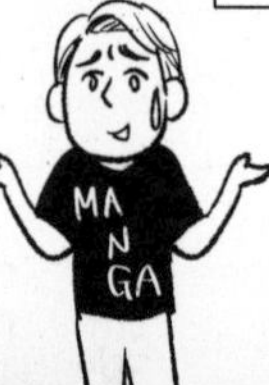
Auch aus dem Verlag ...
Werke deutscher Zeichner lassen sich nur schwer verkaufen.
... habe ich solche Stimmen gehört.
MANGA

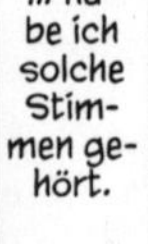

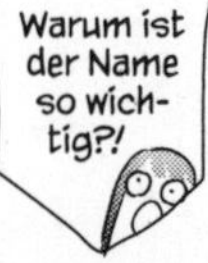
Warum ist der Name so wichtig?!

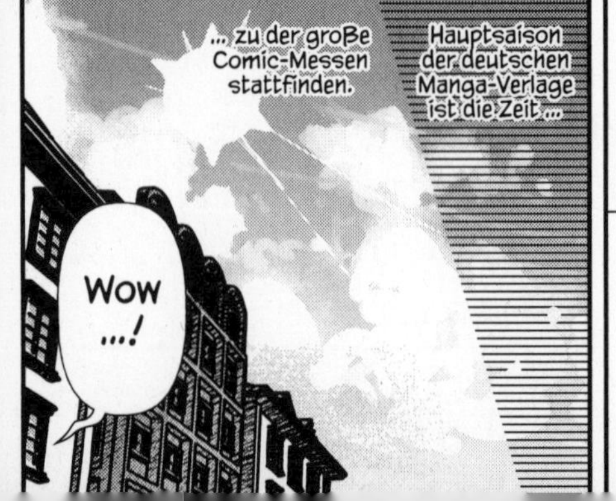
Hauptsaison der deutschen Manga-Verlage ist die Zeit ...
... zu der große Comic-Messen stattfinden.
Wow ...!

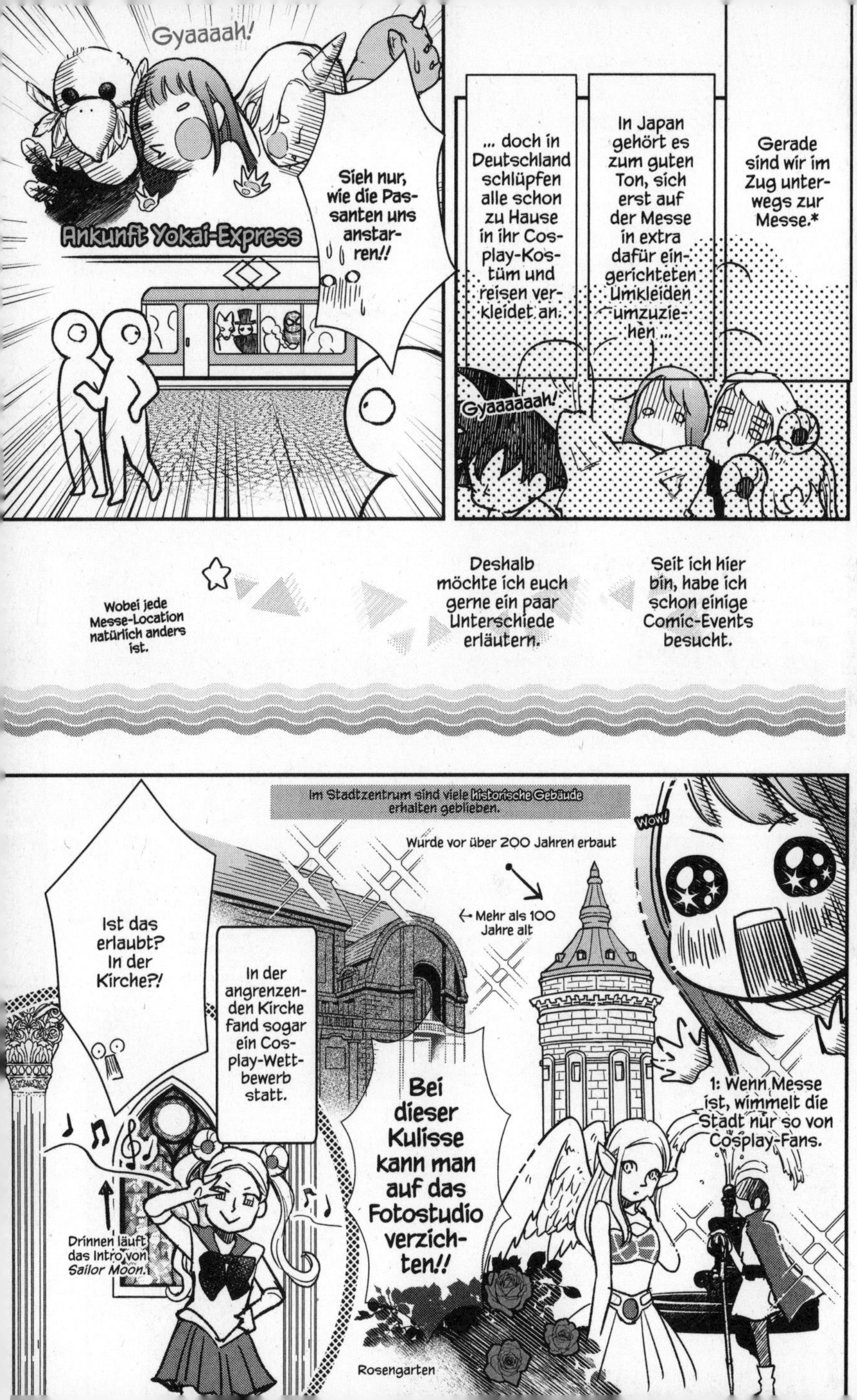

Gerade sind wir im Zug unterwegs zur Messe.*

In Japan gehört es zum guten Ton, sich erst auf der Messe in extra dafür eingerichteten Umkleiden umzuziehen ...

... doch in Deutschland schlüpfen alle schon zu Hause in ihr Cosplay-Kostüm und reisen verkleidet an.

Gyaaaaaah!

Sieh nur, wie die Passanten uns anstarren!!

Gyaaaah!

Ankunft Yokai-Express

Seit ich hier bin, habe ich schon einige Comic-Events besucht.

Deshalb möchte ich euch gerne ein paar Unterschiede erläutern.

Wobei jede Messe-Location natürlich anders ist.

Im Stadtzentrum sind viele historische Gebäude erhalten geblieben.

Wow!

1: Wenn Messe ist, wimmelt die Stadt nur so von Cosplay-Fans.

Wurde vor über 200 Jahren erbaut

← Mehr als 100 Jahre alt

Bei dieser Kulisse kann man auf das Fotostudio verzichten!!

Rosengarten

In der angrenzenden Kirche fand sogar ein Cosplay-Wettbewerb statt.

Ist das erlaubt? In der Kirche?!

Drinnen läuft das Intro von *Sailor Moon*.

*bezieht sich auf das Jahr 2019.

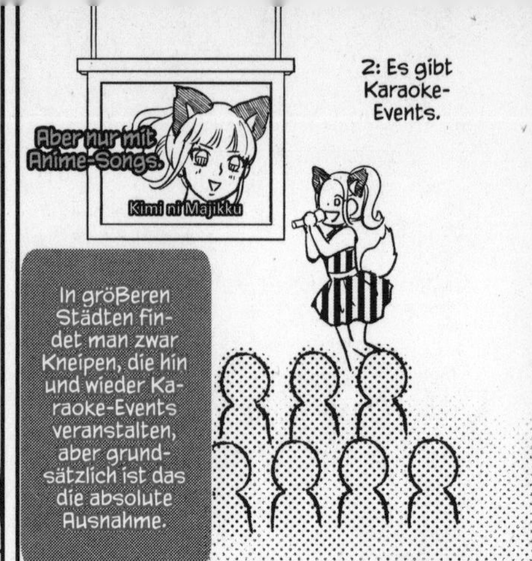
2: Es gibt Karaoke-Events.
Aber nur mit Anime-Songs.
Kimi ni Majikku
In größeren Städten findet man zwar Kneipen, die hin und wieder Karaoke-Events veranstalten, aber grundsätzlich ist das die absolute Ausnahme.

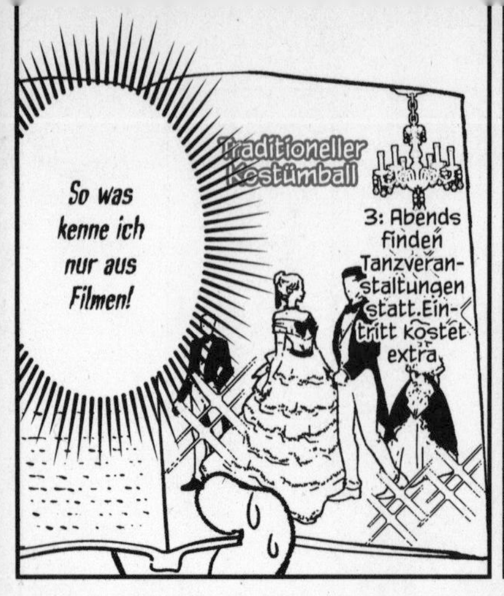
3: Abends finden Tanzveranstaltungen statt. Eintritt kostet extra.
Traditioneller Kostümball
So was kenne ich nur aus Filmen!

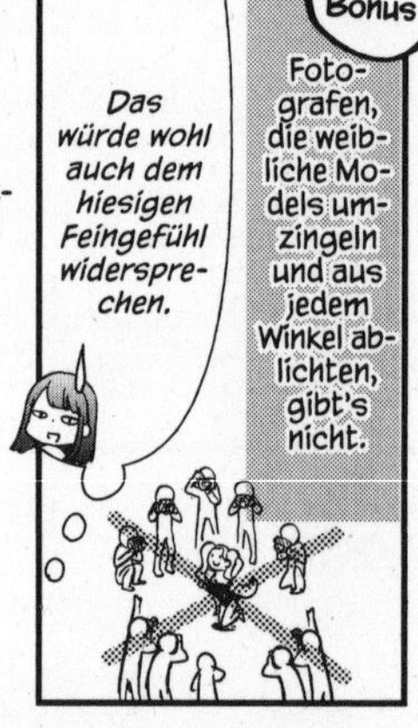
Bonus
Fotografen, die weibliche Models umzingeln und aus jedem Winkel ablichten, gibt's nicht.
Das würde wohl auch dem hiesigen Feingefühl widersprechen.

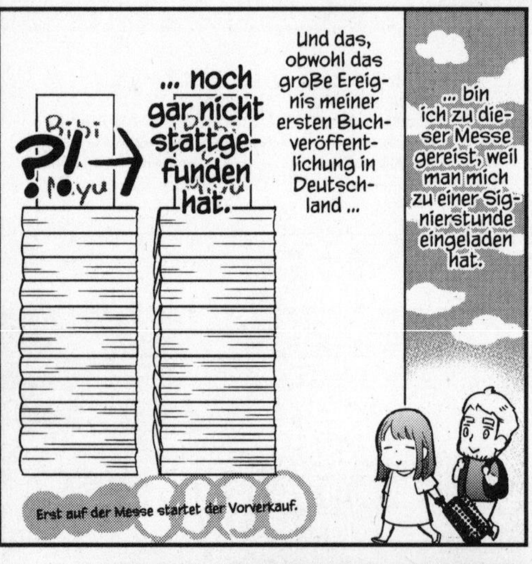
Eigentlich ...
... bin ich zu dieser Messe gereist, weil man mich zu einer Signierstunde eingeladen hat.
Und das, obwohl das große Ereignis meiner ersten Buchveröffentlichung in Deutschland ...
... noch gar nicht stattgefunden hat.
?!
Erst auf der Messe startet der Vorverkauf.

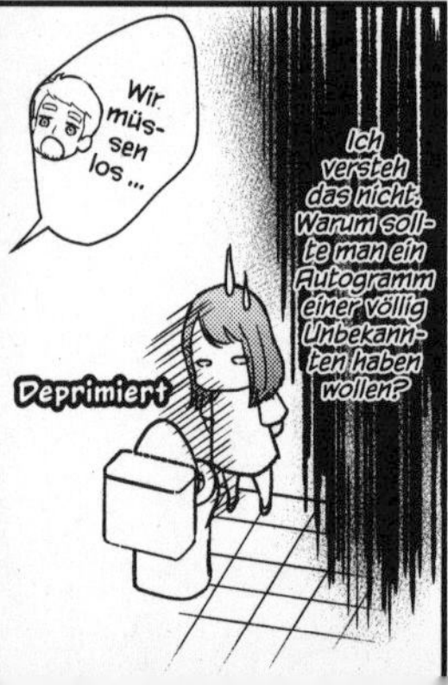
Wir müssen los ...
Ich versteh das nicht. Warum sollte man ein Autogramm einer völlig Unbekannten haben wollen?
Deprimiert

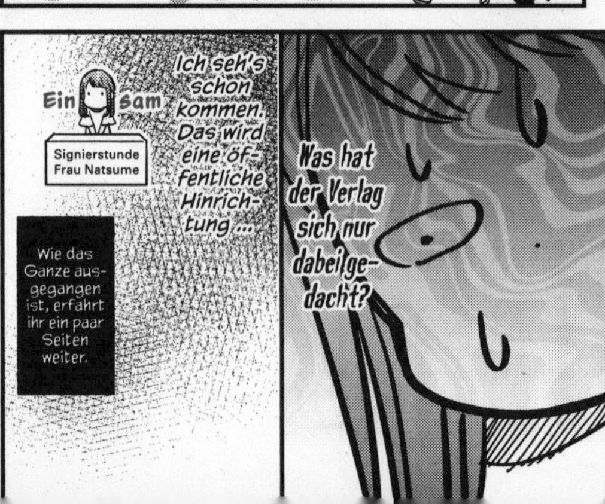
Was hat der Verlag sich nur dabeigedacht?
Ich seh's schon kommen. Das wird eine öffentliche Hinrichtung ...
Ein sam
Signierstunde Frau Natsume
Wie das Ganze ausgegangen ist, erfahrt ihr ein paar Seiten weiter.

Kapitel 12
Epilog

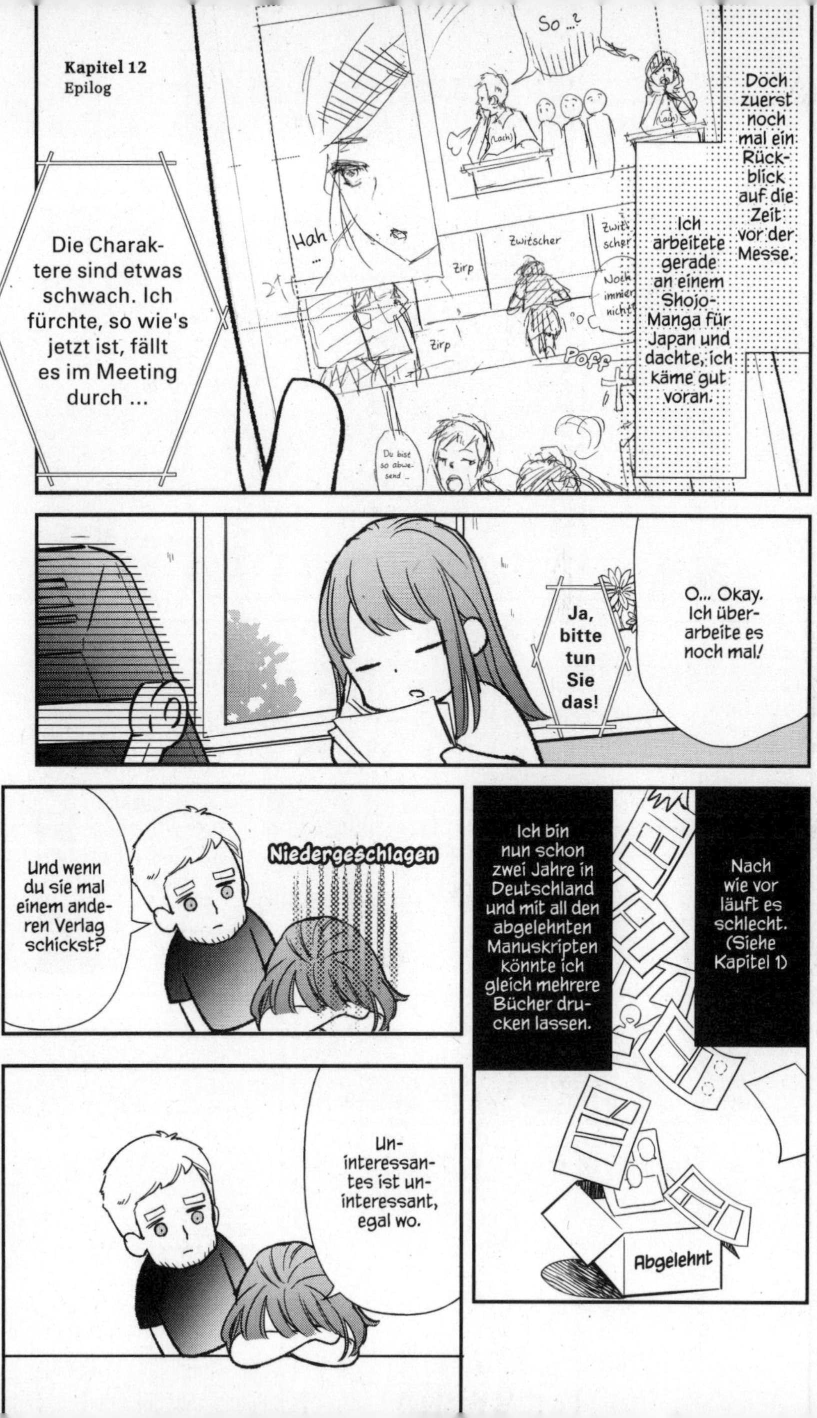

Doch zuerst noch mal ein Rückblick auf die Zeit vor der Messe.

Ich arbeitete gerade an einem Shojo-Manga für Japan und dachte, ich käme gut voran.

So ...?

(Lach)

(Lach)

Hah ...

Zwitscher

Zwitscher

Zirp

Zirp

Noch immer nicht

Poff

Du bist so abwesend ...

Die Charaktere sind etwas schwach. Ich fürchte, so wie's jetzt ist, fällt es im Meeting durch ...

O... Okay. Ich überarbeite es noch mal!

Ja, bitte tun Sie das!

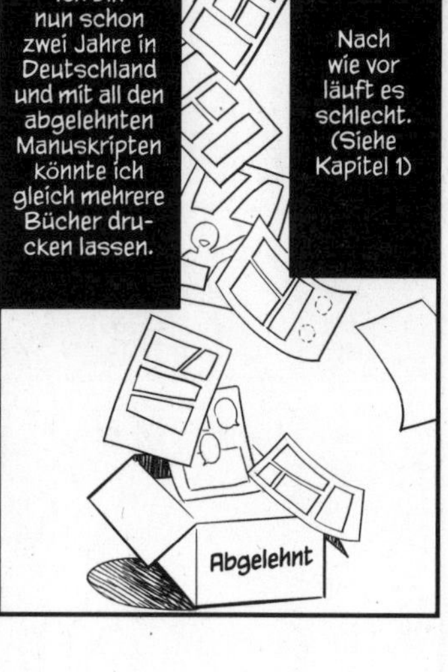

Und wenn du sie mal einem anderen Verlag schickst?

Niedergeschlagen

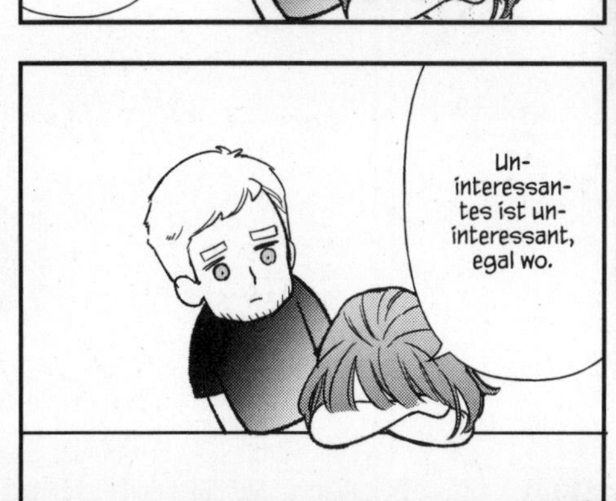

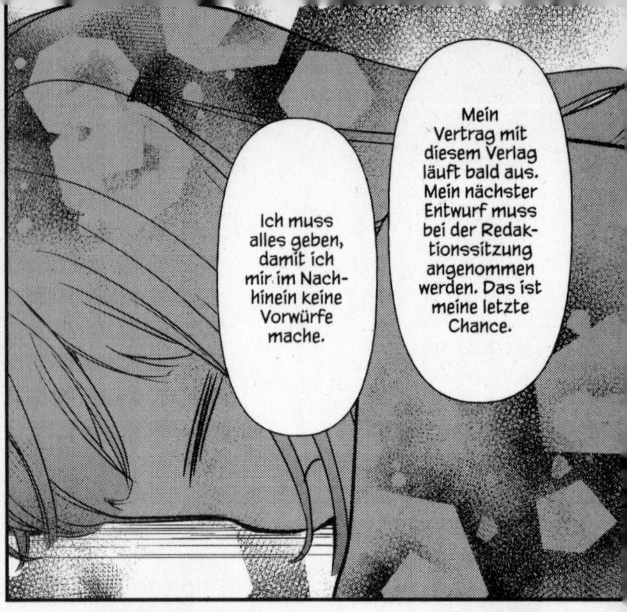
Mein Vertrag mit diesem Verlag läuft bald aus. Mein nächster Entwurf muss bei der Redaktionssitzung angenommen werden. Das ist meine letzte Chance.
Ich muss alles geben, damit ich mir im Nachhinein keine Vorwürfe mache.

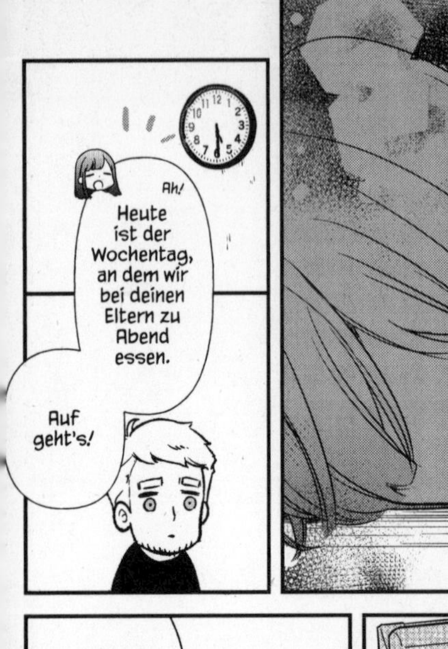
Ah!
Heute ist der Wochentag, an dem wir bei deinen Eltern zu Abend essen.
Auf geht's!

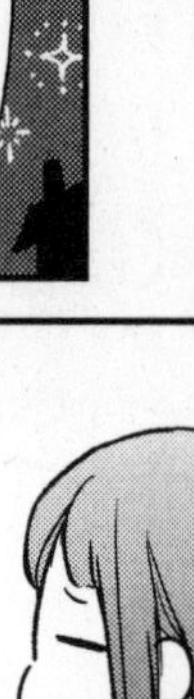
Ach, Hirara ...

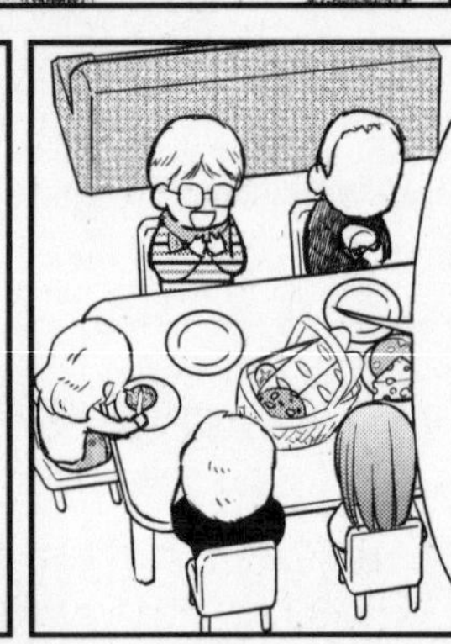
Eine Freundin hat mich angesprochen und gefragt, ob du nicht vielleicht Lust hast, regelmäßig im städtischen Kulturzentrum Manga-Workshops zu veranstalten.

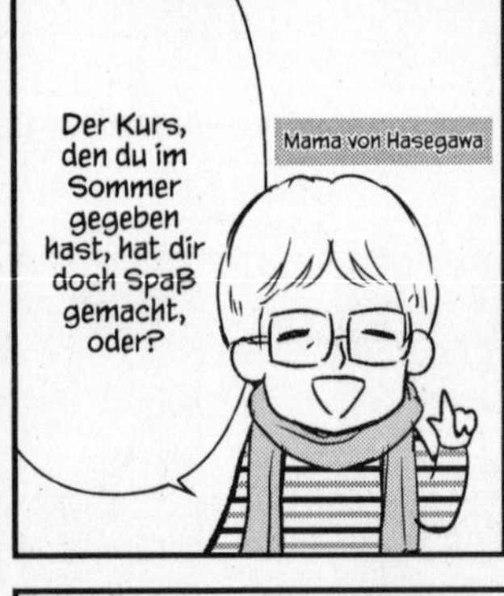
Mama von Hasegawa
Der Kurs, den du im Sommer gegeben hast, hat dir doch Spaß gemacht, oder?

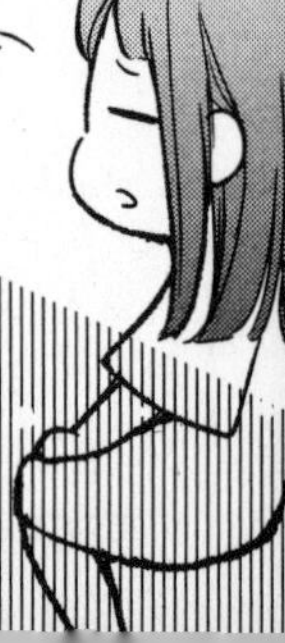
Ich bin wirklich sehr dankbar für dieses Angebot, aber aktuell möchte ich mich ganz aufs Zeichnen eigener Manga konzentrieren ...

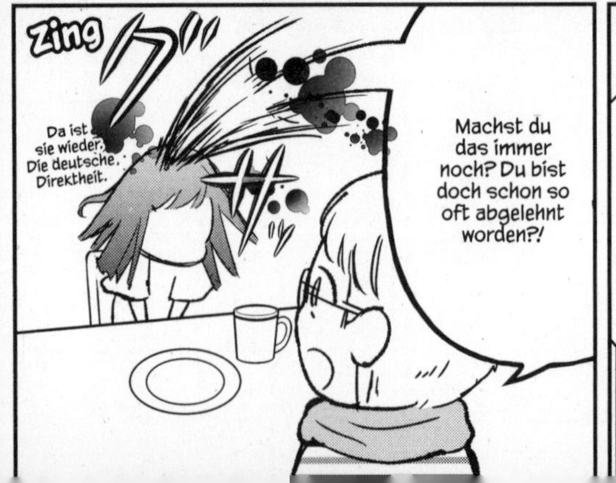
Machst du das immer noch? Du bist doch schon so oft abgelehnt worden?!
Zing
Da ist sie wieder. Die deutsche Direktheit.

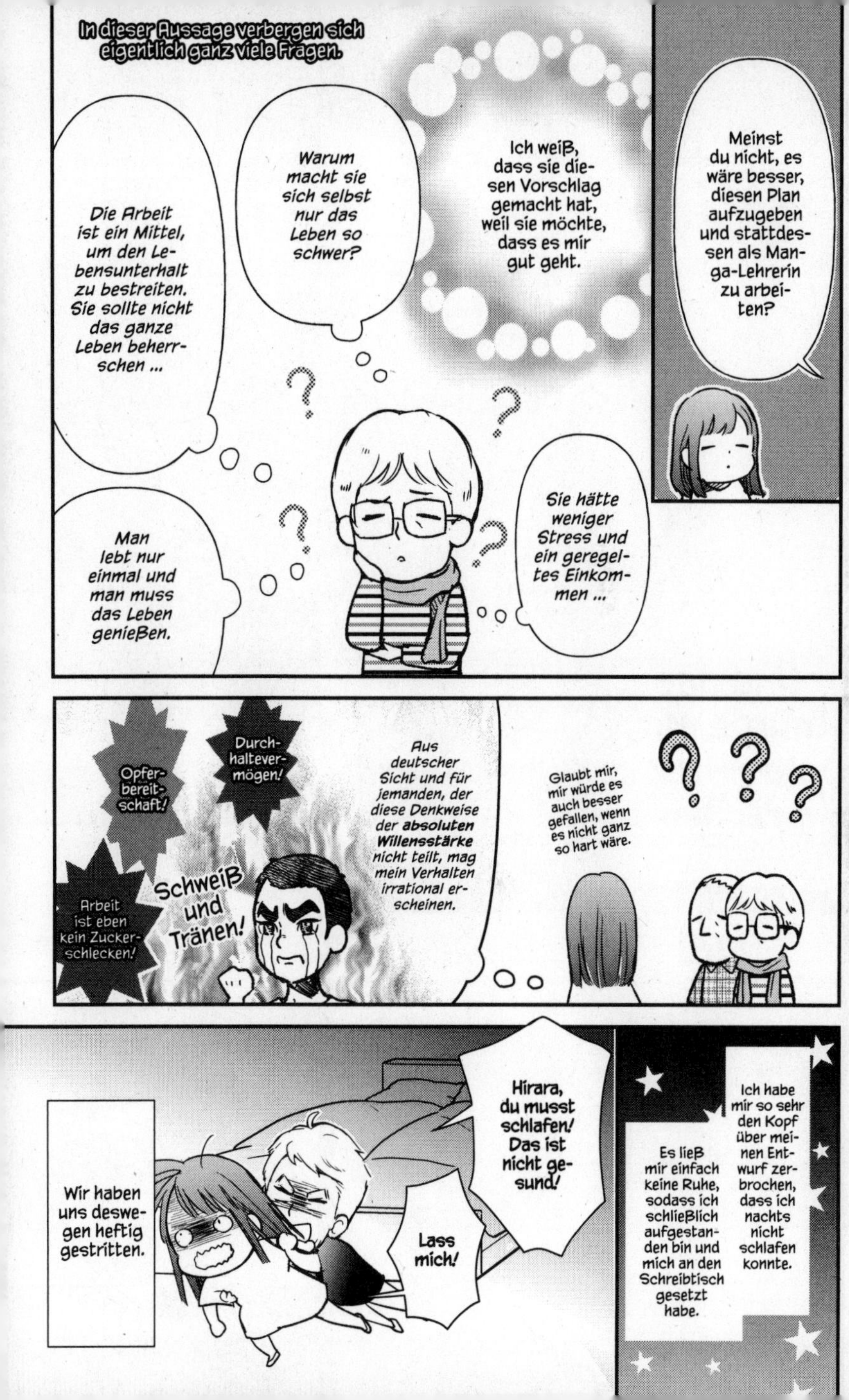

Meinst du nicht, es wäre besser, diesen Plan aufzugeben und stattdessen als Manga-Lehrerin zu arbeiten?

In dieser Aussage verbergen sich eigentlich ganz viele Fragen.

Ich weiß, dass sie diesen Vorschlag gemacht hat, weil sie möchte, dass es mir gut geht.

Warum macht sie sich selbst nur das Leben so schwer?

Die Arbeit ist ein Mittel, um den Lebensunterhalt zu bestreiten. Sie sollte nicht das ganze Leben beherrschen ...

Sie hätte weniger Stress und ein geregeltes Einkommen ...

Man lebt nur einmal und man muss das Leben genießen.

Glaubt mir, mir würde es auch besser gefallen, wenn es nicht ganz so hart wäre.

Aus deutscher Sicht und für jemanden, der diese Denkweise der **absoluten Willensstärke** nicht teilt, mag mein Verhalten irrational erscheinen.

Durchhaltevermögen!

Opferbereitschaft!

Schweiß und Tränen!

Arbeit ist eben kein Zuckerschlecken!

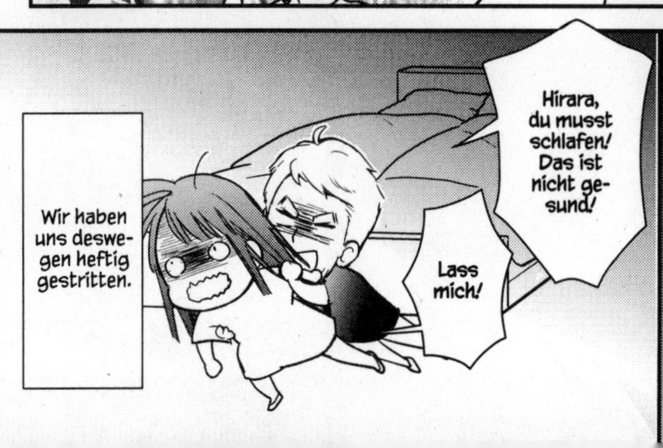

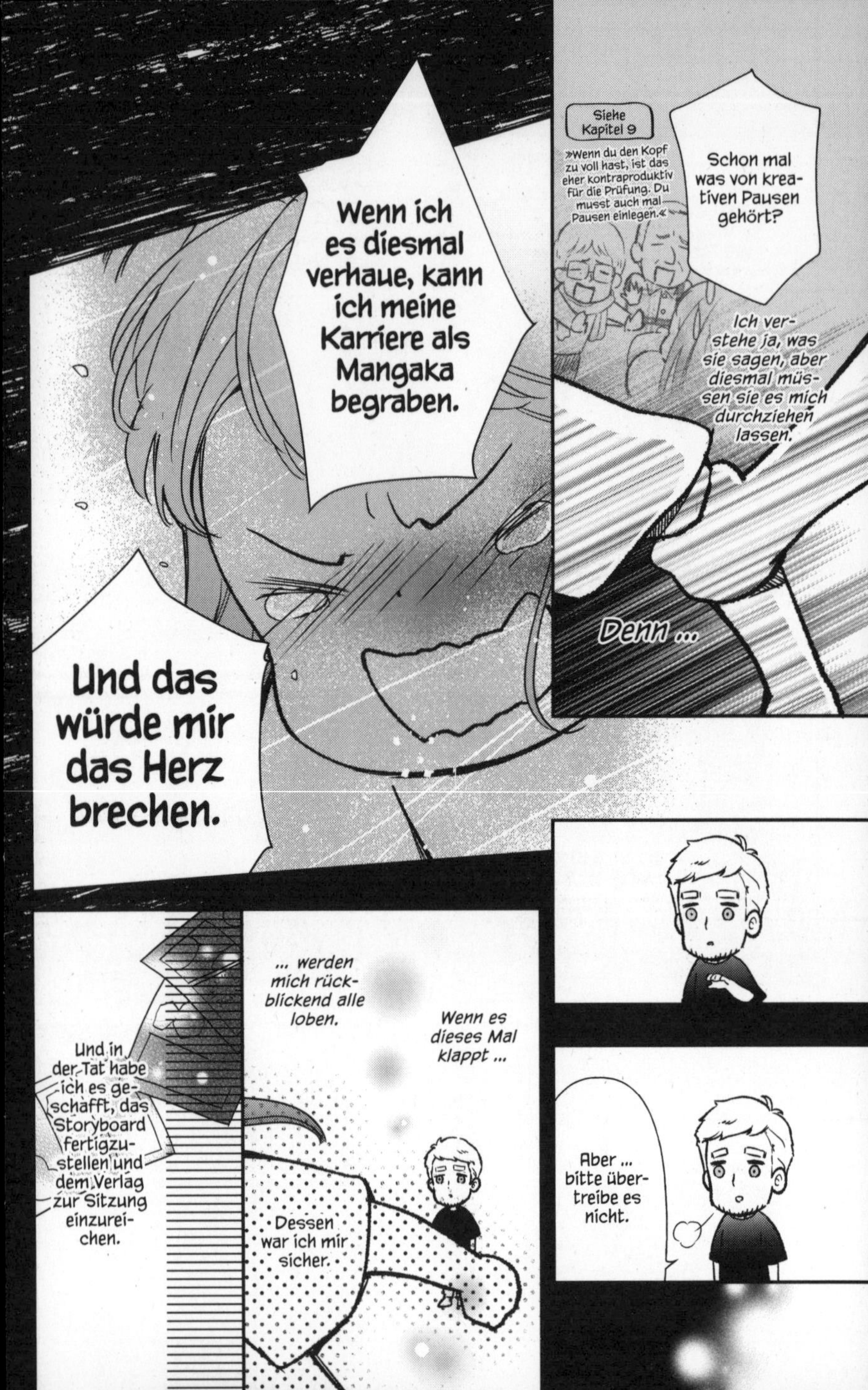

Siehe Kapitel 9
»Wenn du den Kopf zu voll hast, ist das eher kontraproduktiv für die Prüfung. Du musst auch mal Pausen einlegen.«
Schon mal was von kreativen Pausen gehört?
Ich verstehe ja, was sie sagen, aber diesmal müssen sie es mich durchziehen lassen.
Denn ...
Wenn ich es diesmal verhaue, kann ich meine Karriere als Mangaka begraben.
Und das würde mir das Herz brechen.
Aber ... bitte übertreibe es nicht.
Wenn es dieses Mal klappt ...
... werden mich rückblickend alle loben.
Dessen war ich mir sicher.
Und in der Tat habe ich es geschafft, das Storyboard fertigzustellen und dem Verlag zur Sitzung einzureichen.

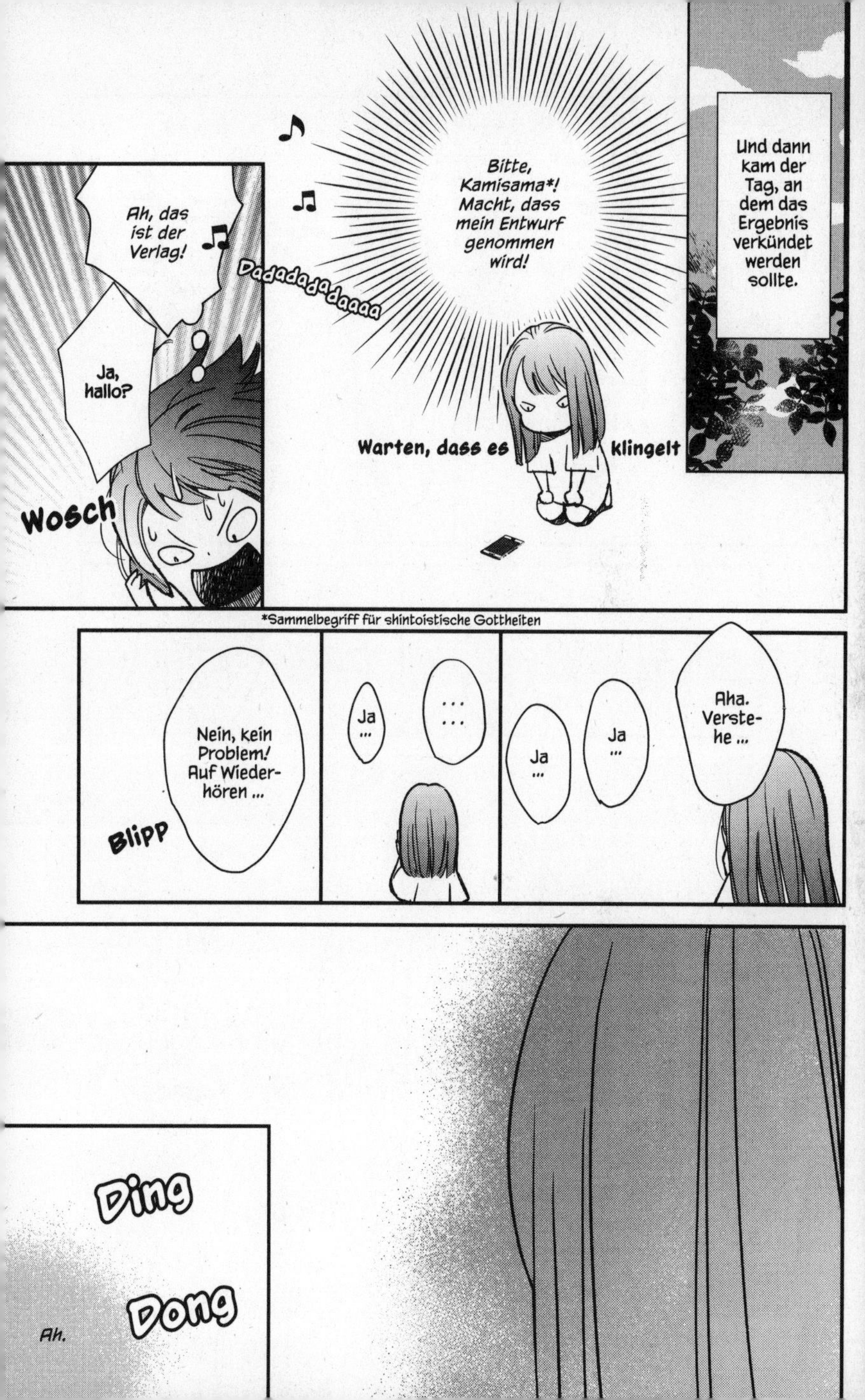

Und dann kam der Tag, an dem das Ergebnis verkündet werden sollte.
Bitte, Kamisama*! Macht, dass mein Entwurf genommen wird!
Warten, dass es klingelt
Dadadadadadaaaa
Ah, das ist der Verlag!
Ja, hallo?
Wosch
*Sammelbegriff für shintoistische Gottheiten
Aha. Verste-he ...
Ja ...
Ja ...
... ...
Ja ...
Nein, kein Problem! Auf Wieder-hören ...
Blipp
Ding
Dong
Ah.

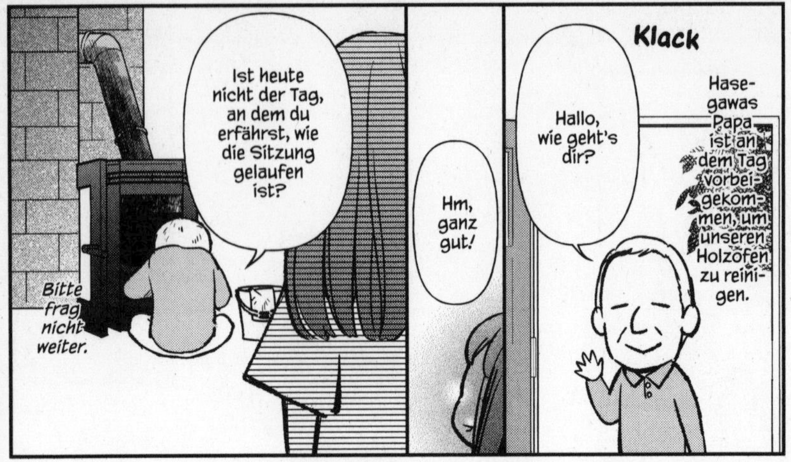

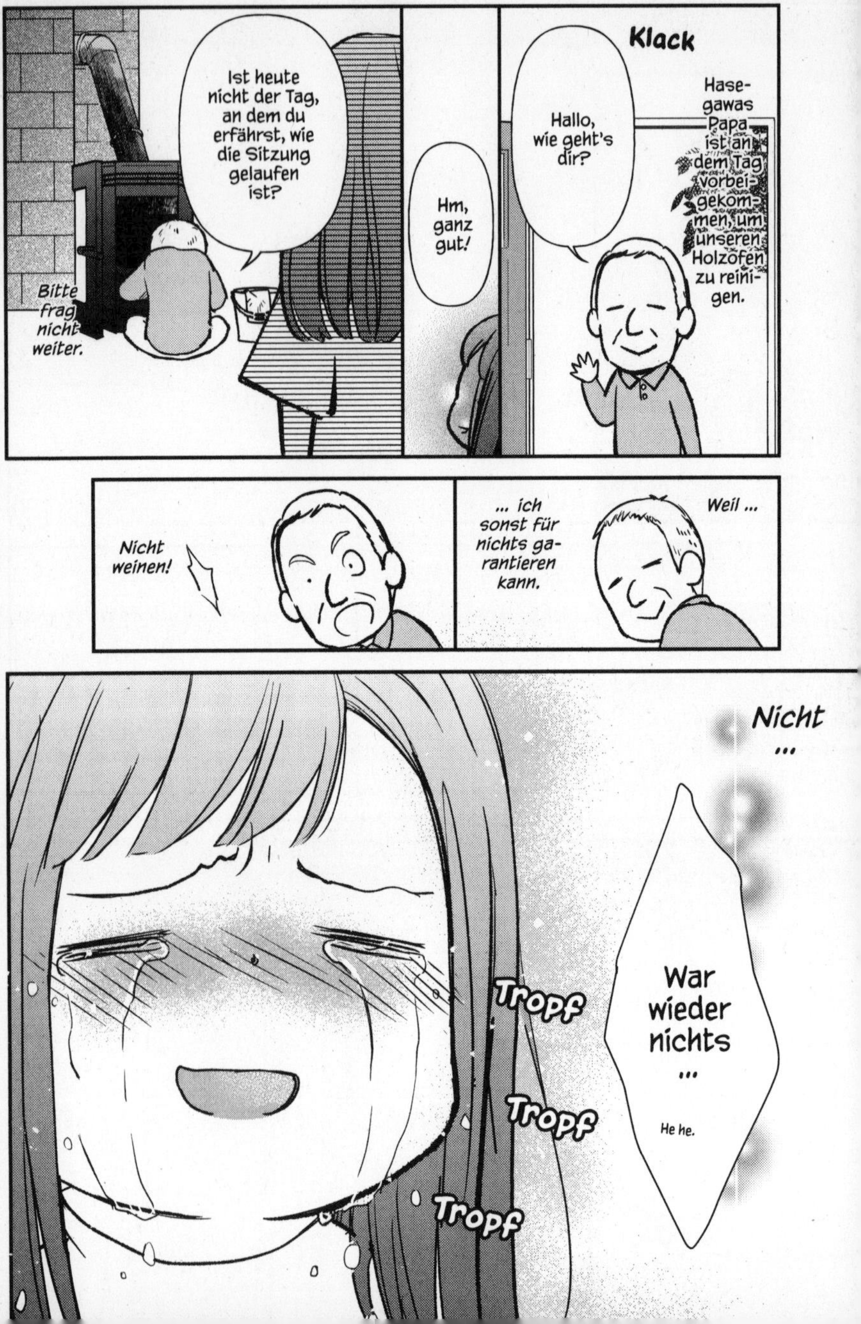

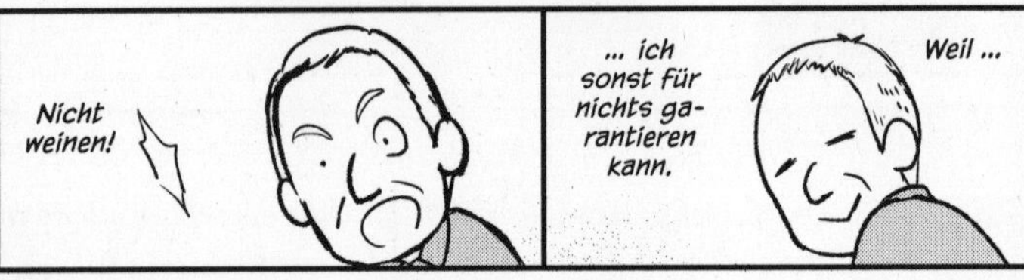

Nicht ...

War wieder nichts ...

He he.

Tropf

Tropf

Tropf

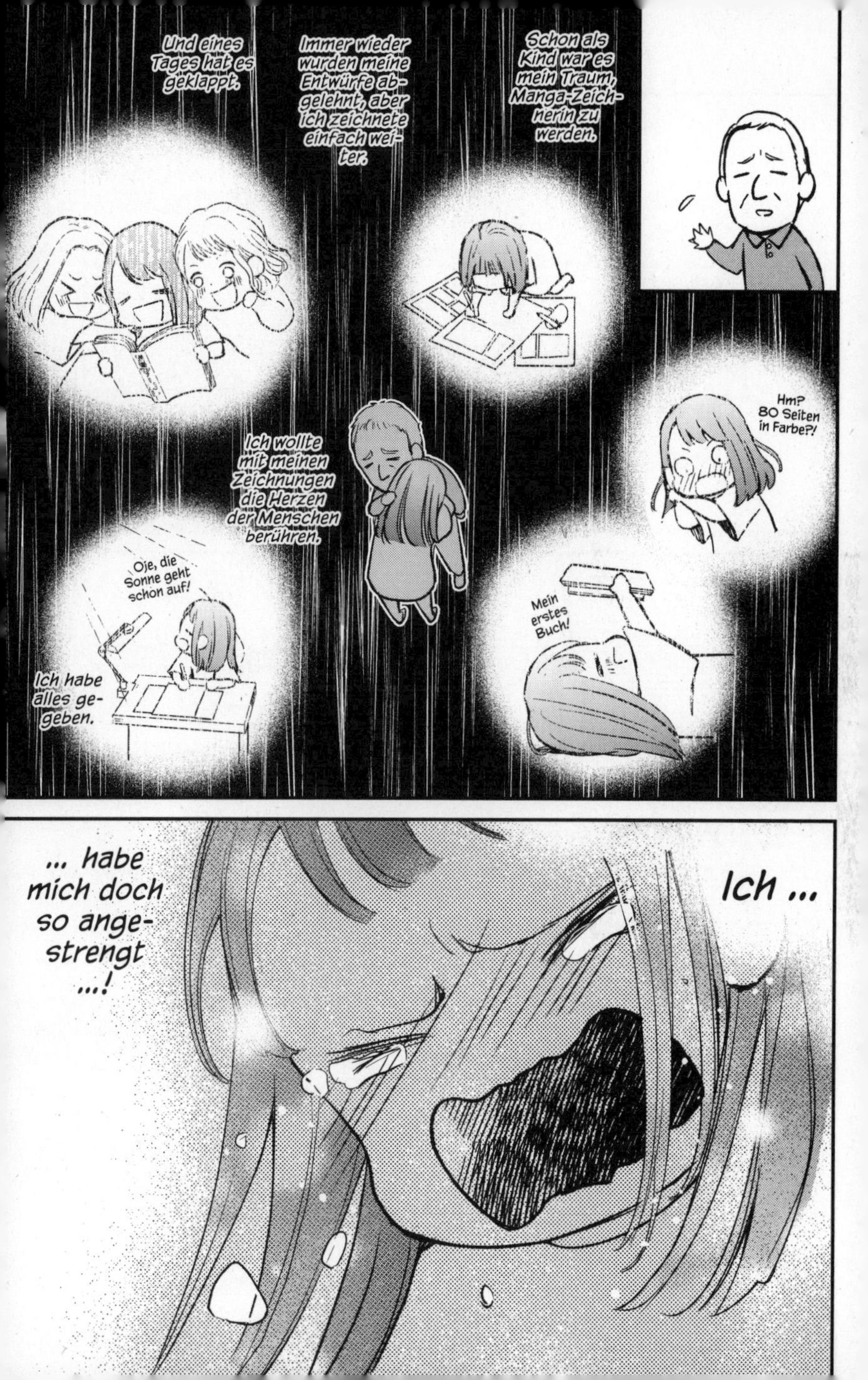

Schon als Kind war es mein Traum, Manga-Zeichnerin zu werden.

Immer wieder wurden meine Entwürfe abgelehnt, aber ich zeichnete einfach weiter.

Und eines Tages hat es geklappt.

Hm? 80 Seiten in Farbe?!

Mein erstes Buch!

Ich wollte mit meinen Zeichnungen die Herzen der Menschen berühren.

Oje, die Sonne geht schon auf!

Ich habe alles gegeben.

Ich ...

... habe mich doch so angestrengt ...!

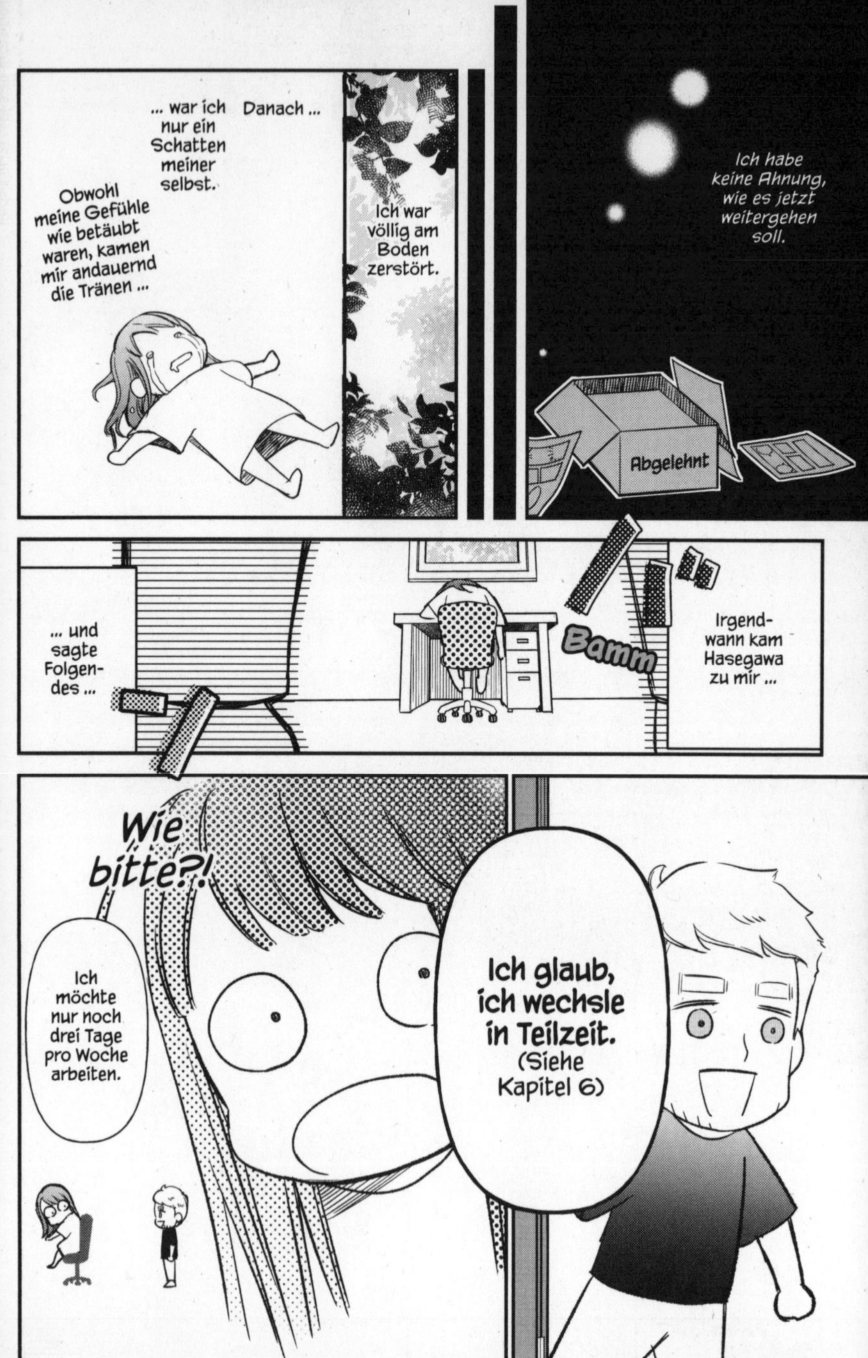
Ich habe keine Ahnung, wie es jetzt weitergehen soll.
Abgelehnt
Danach ...
... war ich nur ein Schatten meiner selbst.
Ich war völlig am Boden zerstört.
Obwohl meine Gefühle wie betäubt waren, kamen mir andauernd die Tränen ...
Irgendwann kam Hasegawa zu mir ...
Bamm
... und sagte Folgendes ...
Ich glaub, ich wechsle in Teilzeit.
(Siehe Kapitel 6)
Wie bitte?!
Ich möchte nur noch drei Tage pro Woche arbeiten.

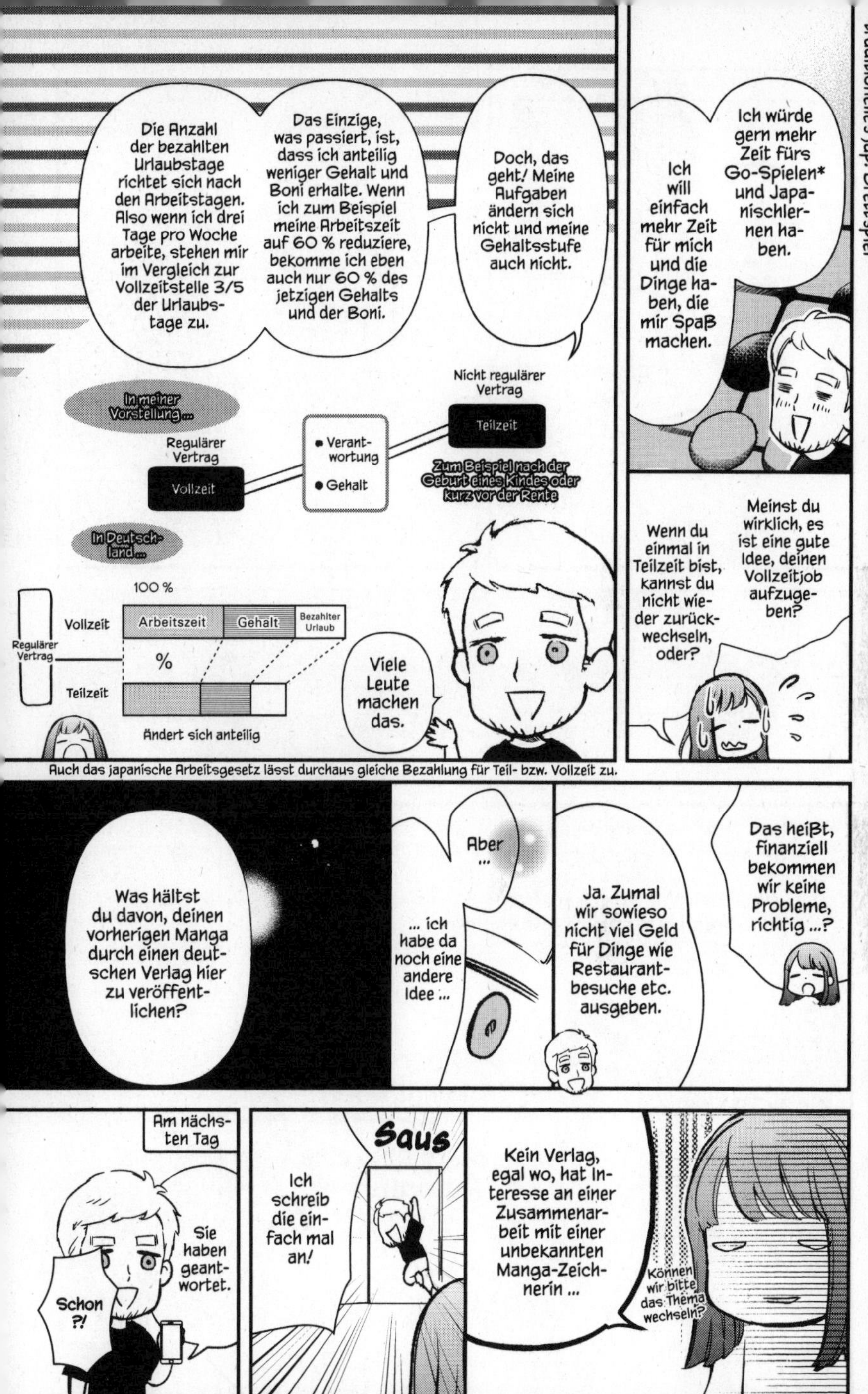

Ich würde gern mehr Zeit fürs Go-Spielen* und Japanischlernen haben.
Ich will einfach mehr Zeit für mich und die Dinge haben, die mir Spaß machen.
*traditionelles jap. Brettspiel
Meinst du wirklich, es ist eine gute Idee, deinen Vollzeitjob aufzugeben?
Wenn du einmal in Teilzeit bist, kannst du nicht wieder zurückwechseln, oder?
Doch, das geht! Meine Aufgaben ändern sich nicht und meine Gehaltsstufe auch nicht.
Das Einzige, was passiert, ist, dass ich anteilig weniger Gehalt und Boni erhalte. Wenn ich zum Beispiel meine Arbeitszeit auf 60 % reduziere, bekomme ich eben auch nur 60 % des jetzigen Gehalts und der Boni.
Die Anzahl der bezahlten Urlaubstage richtet sich nach den Arbeitstagen. Also wenn ich drei Tage pro Woche arbeite, stehen mir im Vergleich zur Vollzeitstelle 3/5 der Urlaubstage zu.
In meiner Vorstellung ...
Regulärer Vertrag
Vollzeit
Verantwortung
Gehalt
Nicht regulärer Vertrag
Teilzeit
Zum Beispiel nach der Geburt eines Kindes oder kurz vor der Rente
In Deutschland ...
100 %
Vollzeit
Arbeitszeit
Gehalt
Bezahlter Urlaub
Regulärer Vertrag
%
Teilzeit
Ändert sich anteilig
Viele Leute machen das.
Auch das japanische Arbeitsgesetz lässt durchaus gleiche Bezahlung für Teil- bzw. Vollzeit zu.
Das heißt, finanziell bekommen wir keine Probleme, richtig ...?
Ja. Zumal wir sowieso nicht viel Geld für Dinge wie Restaurantbesuche etc. ausgeben.
Aber ...
... ich habe da noch eine andere Idee ...
Was hältst du davon, deinen vorherigen Manga durch einen deutschen Verlag hier zu veröffentlichen?
Kein Verlag, egal wo, hat Interesse an einer Zusammenarbeit mit einer unbekannten Manga-Zeichnerin ...
Können wir bitte das Thema wechseln?
Saus
Ich schreib die einfach mal an!
Am nächsten Tag
Sie haben geantwortet.
Schon?!

Wir sind tatsächlich aktuell auf der Suche nach einer/m japanischen Mangaka.

Wir bräuchten jemanden, der uns Zeichnungen im Stil eines japanischen Shojo-Mangas anfertigt, der sich um eine in Deutschland beliebte Kinderhörspielfigur dreht. Hätten Sie vielleicht Lust auf das Projekt?

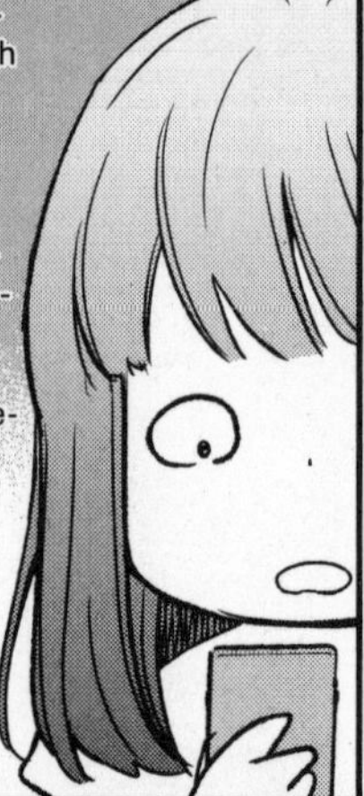

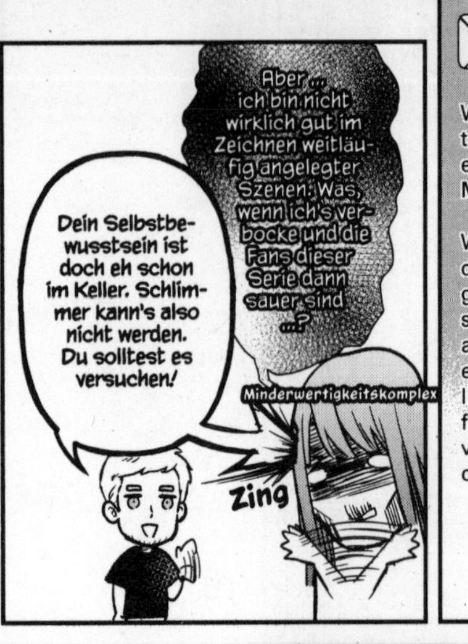

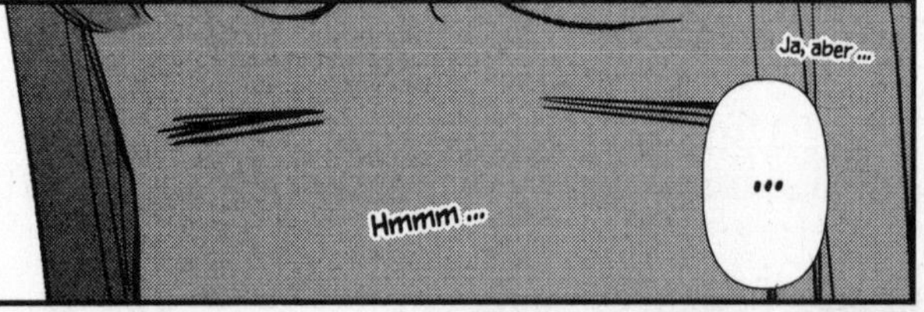

Ich habe den Auftrag schließlich angenommen.

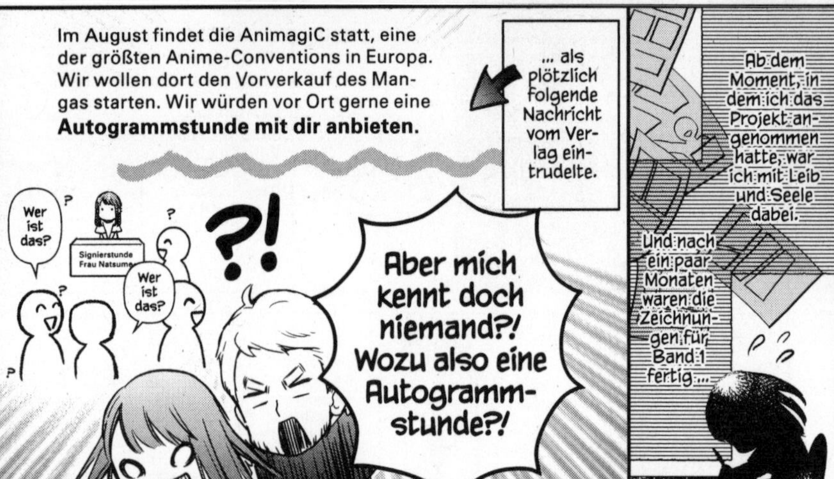

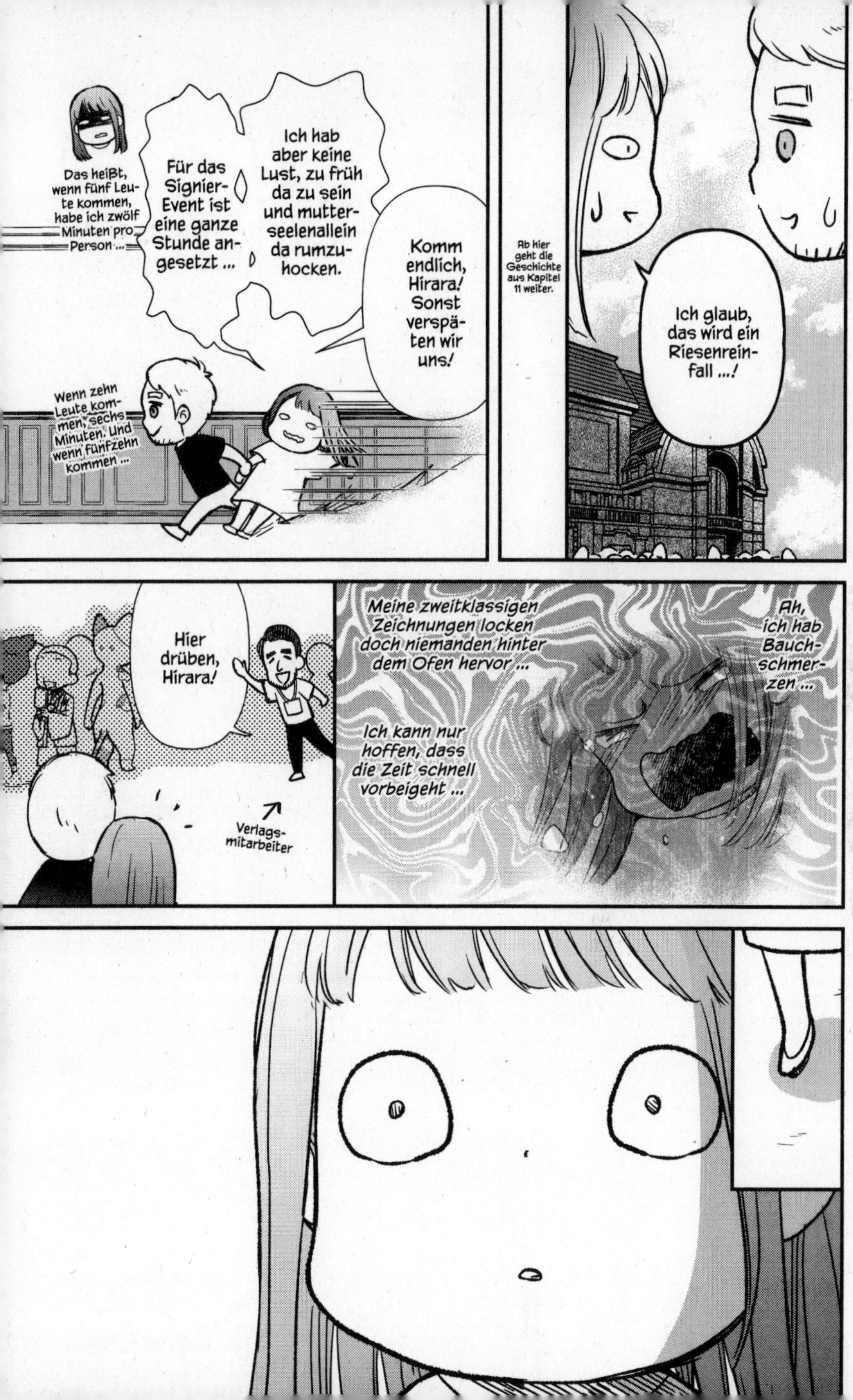

Ab hier geht die Geschichte aus Kapitel 11 weiter.

Ich glaub, das wird ein Riesenreinfall ...!

Komm endlich, Hirara! Sonst verspäten wir uns!

Ich hab aber keine Lust, zu früh da zu sein und mutterseelenallein da rumzuhocken.

Für das Signier-Event ist eine ganze Stunde angesetzt ...

Das heißt, wenn fünf Leute kommen, habe ich zwölf Minuten pro Person ...

Wenn zehn Leute kommen, sechs Minuten. Und wenn fünfzehn kommen ...

Ah, ich hab Bauchschmerzen ...

Meine zweitklassigen Zeichnungen locken doch niemanden hinter dem Ofen hervor ...

Ich kann nur hoffen, dass die Zeit schnell vorbeigeht ...

Hier drüben, Hirara!

Verlagsmitarbeiter

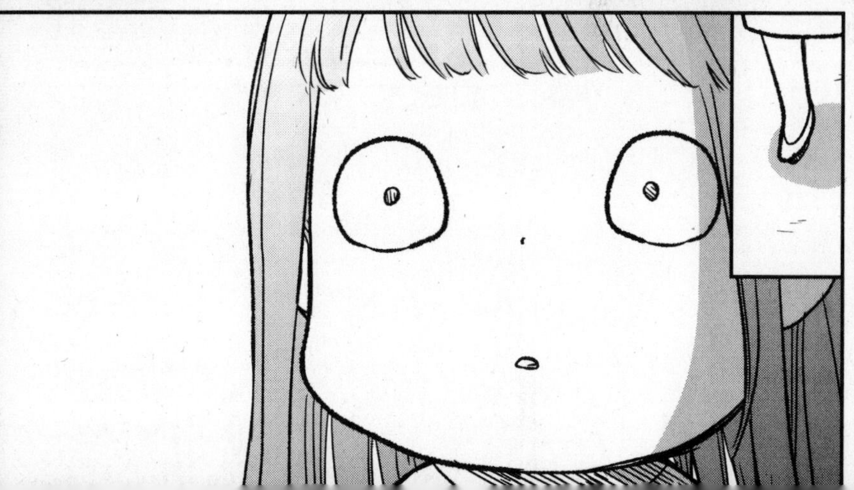

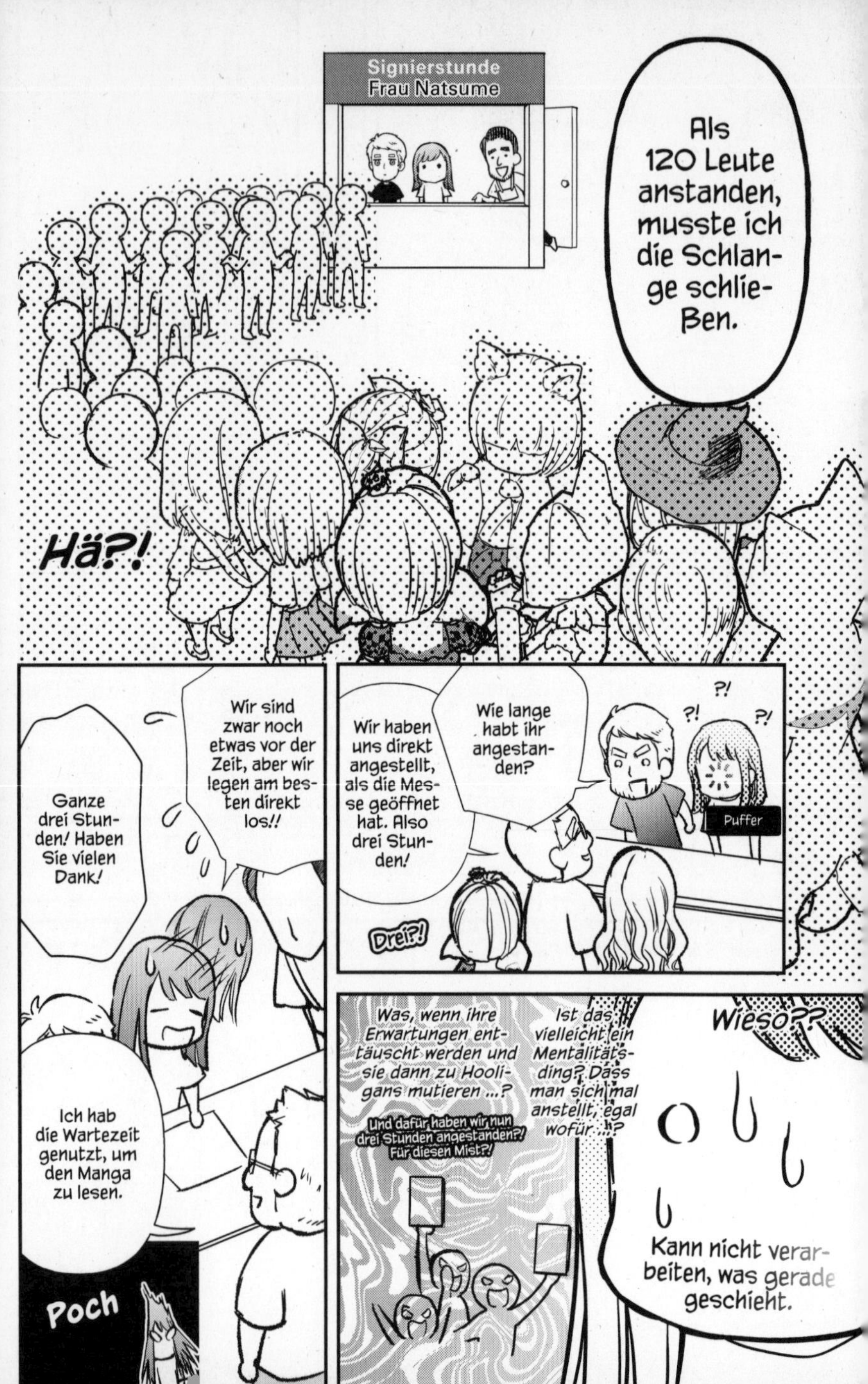
Signierstunde
Frau Natsume
Als 120 Leute anstanden, musste ich die Schlange schließen.
Hä?!
?!
?!
?!
Puffer
Wie lange habt ihr angestanden?
Wir haben uns direkt angestellt, als die Messe geöffnet hat. Also drei Stunden!
Drei?!
Wir sind zwar noch etwas vor der Zeit, aber wir legen am besten direkt los!!
Ganze drei Stunden! Haben Sie vielen Dank!
Ich hab die Wartezeit genutzt, um den Manga zu lesen.
Poch
Wieso??
Kann nicht verarbeiten, was gerade geschieht.
Ist das vielleicht ein Mentalitätsding? Dass man sich mal anstellt, egal wofür ...?
Was, wenn ihre Erwartungen enttäuscht werden und sie dann zu Hooligans mutieren ...?
Und dafür haben wir nun drei Stunden angestanden?! Für diesen Mist?!

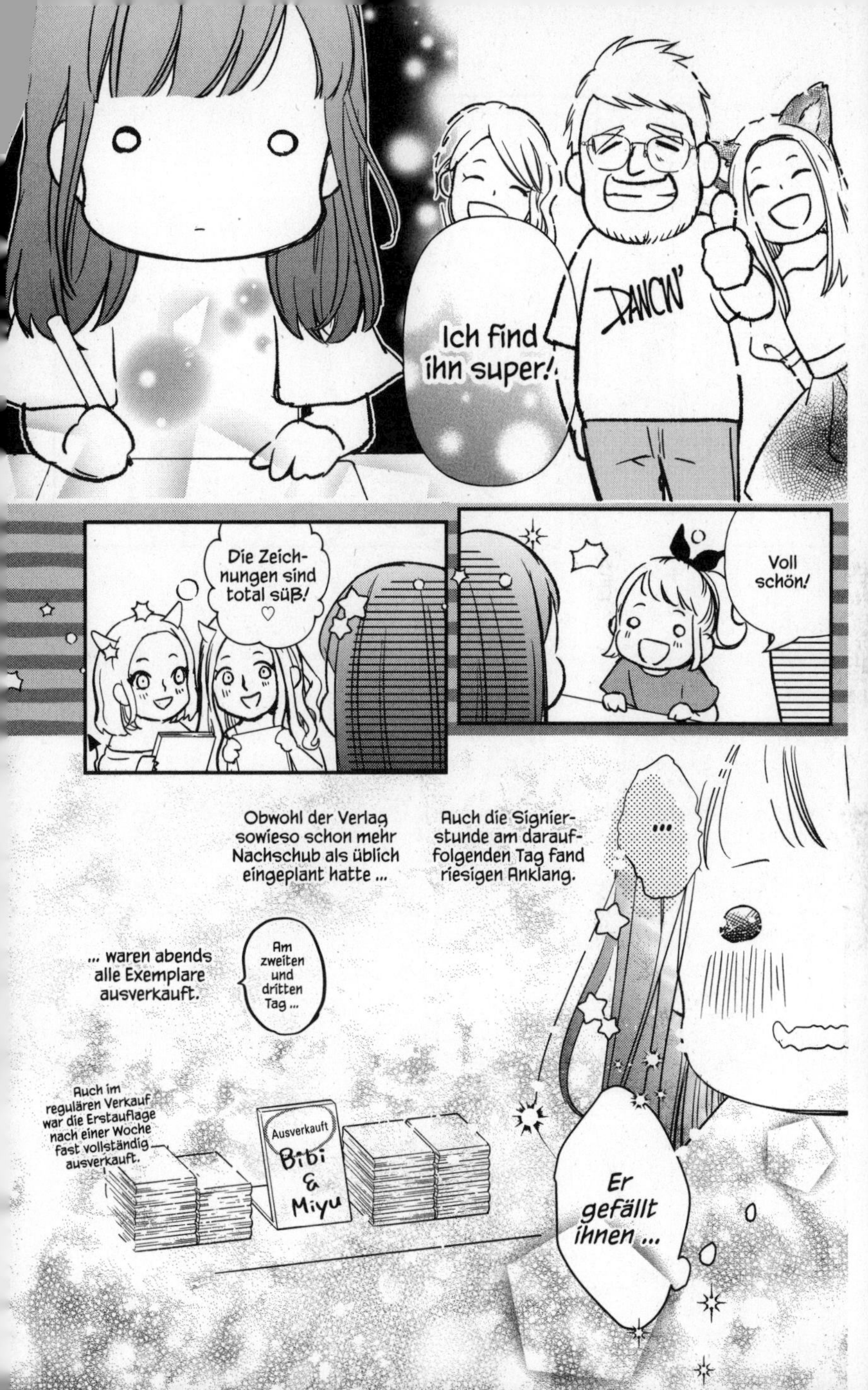
Ich find ihn super!
Voll schön!
Die Zeichnungen sind total süß! ♡
...
Auch die Signierstunde am darauffolgenden Tag fand riesigen Anklang.
Obwohl der Verlag sowieso schon mehr Nachschub als üblich eingeplant hatte ...
Am zweiten und dritten Tag ...
... waren abends alle Exemplare ausverkauft.
Er gefällt ihnen ...
Auch im regulären Verkauf war die Erstauflage nach einer Woche fast vollständig ausverkauft.
Ausverkauft
Bibi & Miyu

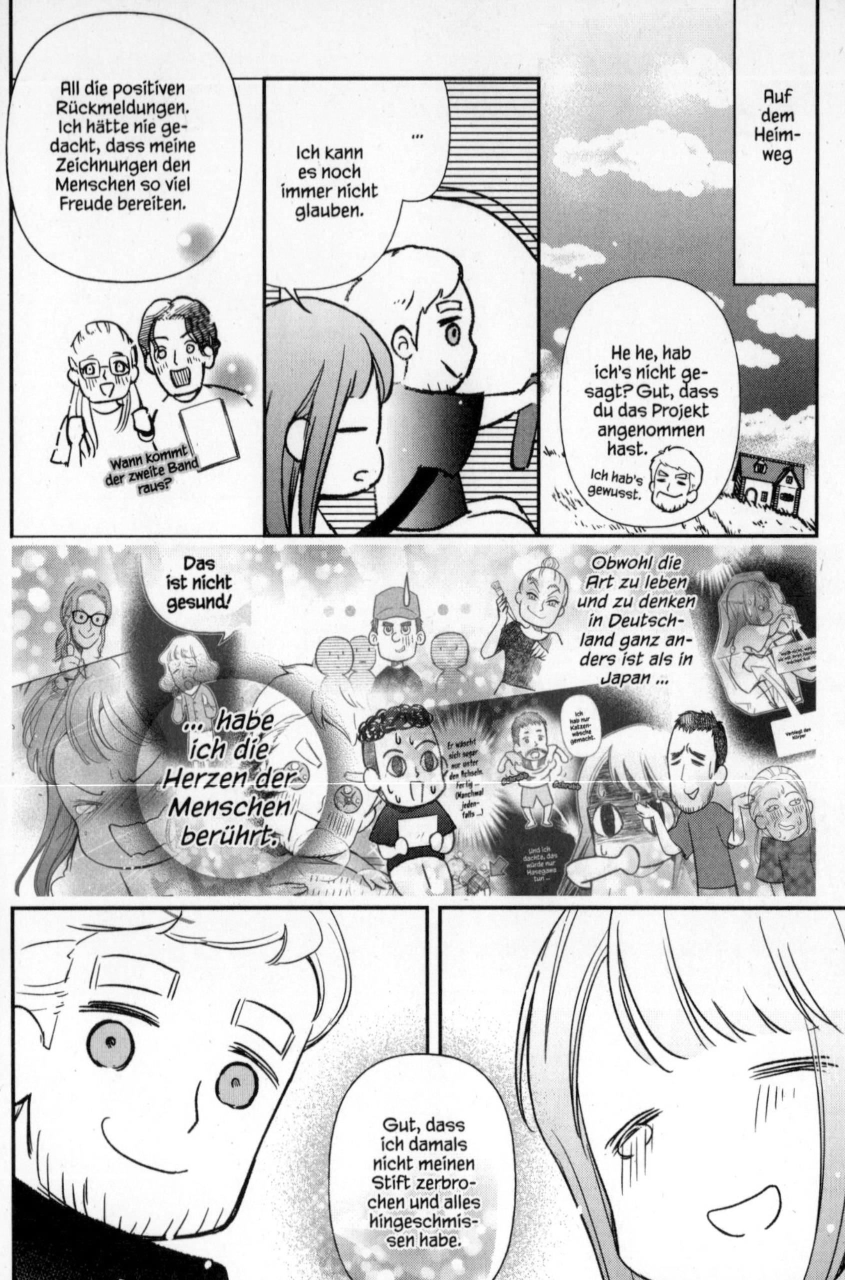

Auf dem Heimweg
He he, hab ich's nicht gesagt? Gut, dass du das Projekt angenommen hast.
Ich hab's gewusst.
...
Ich kann es noch immer nicht glauben.
All die positiven Rückmeldungen. Ich hätte nie gedacht, dass meine Zeichnungen den Menschen so viel Freude bereiten.
Wann kommt der zweite Band raus?
Obwohl die Art zu leben und zu denken in Deutschland ganz anders ist als in Japan ...
Verbiegt den Körper
Ich hab nur Katzenwäsche gemacht.
Schrubb
Schrubb
Er wäscht sich sogar nur unter den Achseln. Fertig ... (Manchmal jedenfalls ...)
Und ich dachte, das würde nur Hasegawa tun ...
Das ist nicht gesund!
... habe ich die Herzen der Menschen berührt.
Gut, dass ich damals nicht meinen Stift zerbrochen und alles hingeschmissen habe.

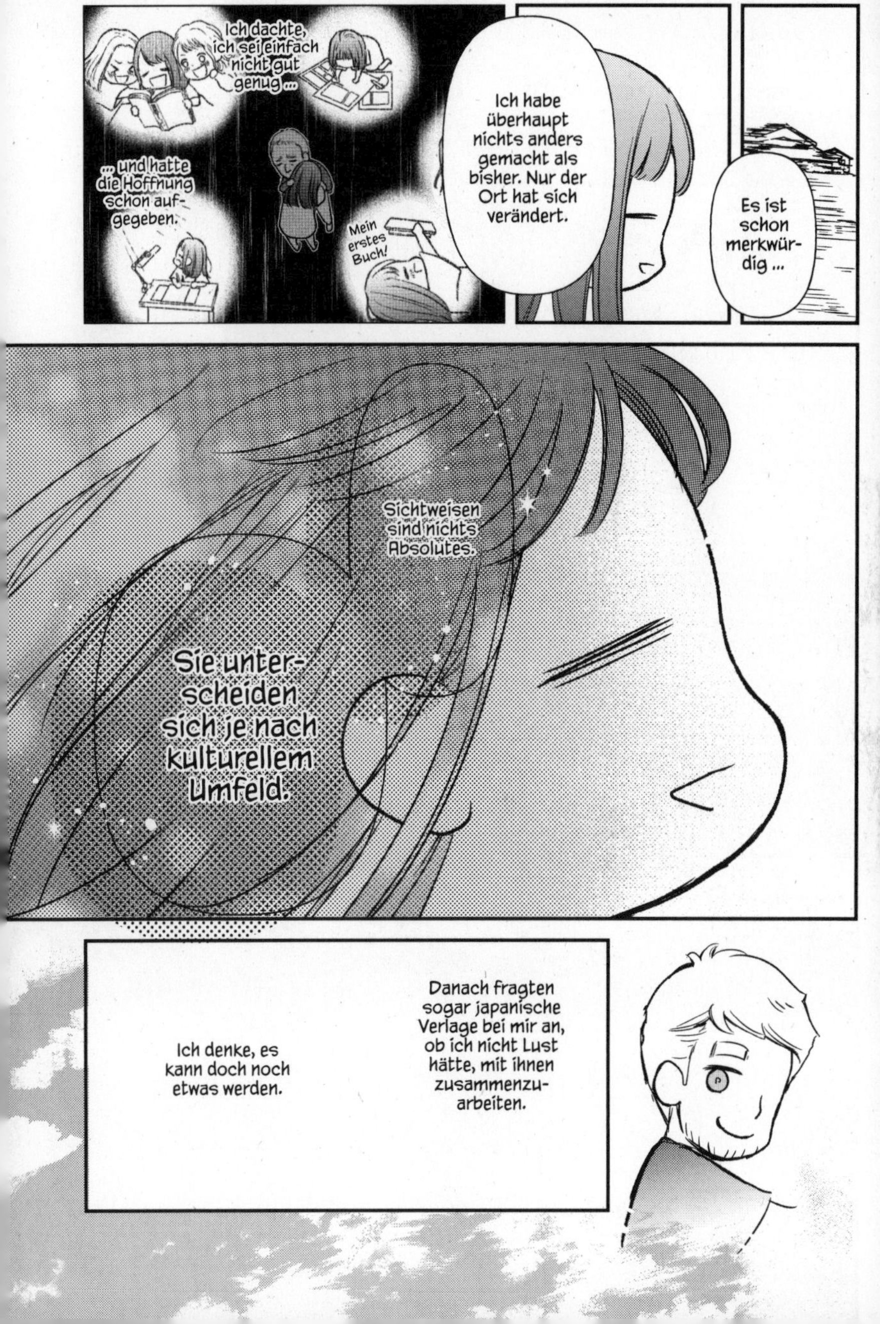

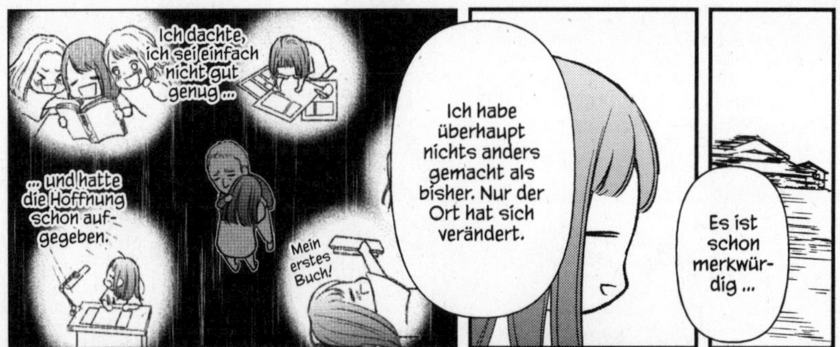

Sichtweisen sind nichts Absolutes.

Sie unterscheiden sich je nach kulturellem Umfeld.

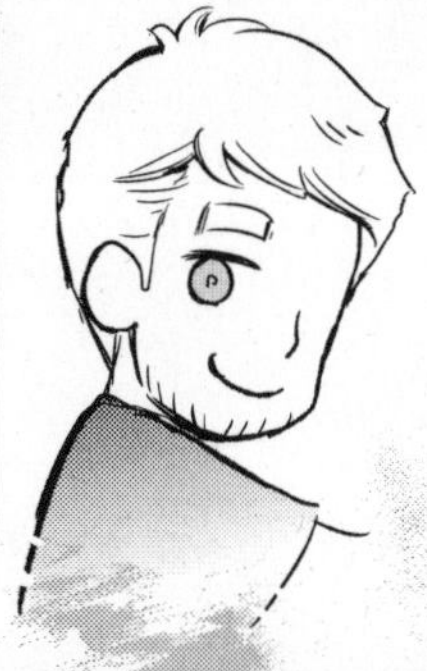

Danach fragten sogar japanische Verlage bei mir an, ob ich nicht Lust hätte, mit ihnen zusammenzuarbeiten.

Ich denke, es kann doch noch etwas werden.

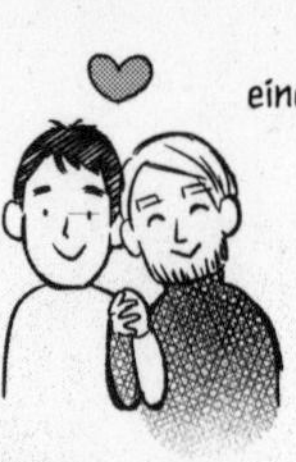
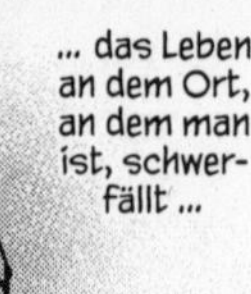
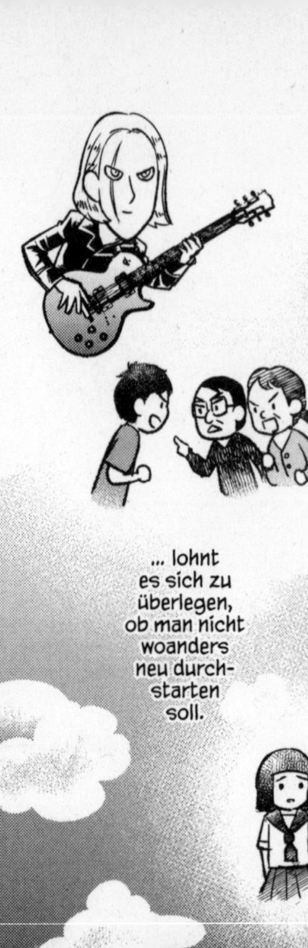
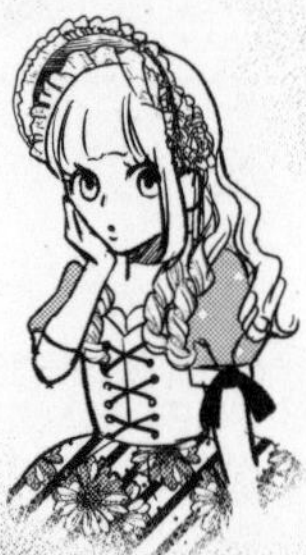
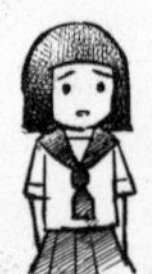
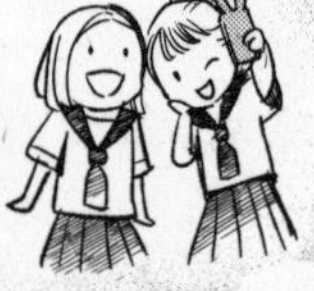
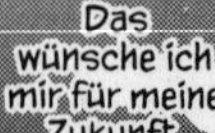
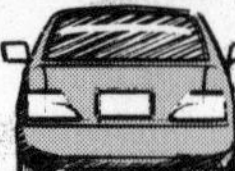
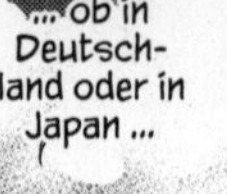
Wenn einem irgendwann ...
... das Leben an dem Ort, an dem man ist, schwerfällt ...
... lohnt es sich zu überlegen, ob man nicht woanders neu durchstarten soll.
Das wünsche ich mir für meine Zukunft.
Ob Regen oder Sonnenschein ...
... ob in der Stadt oder auf dem Land ...
... ob in Deutschland oder in Japan ...
Einfach einen Ort, an dem ich glücklich sein kann.

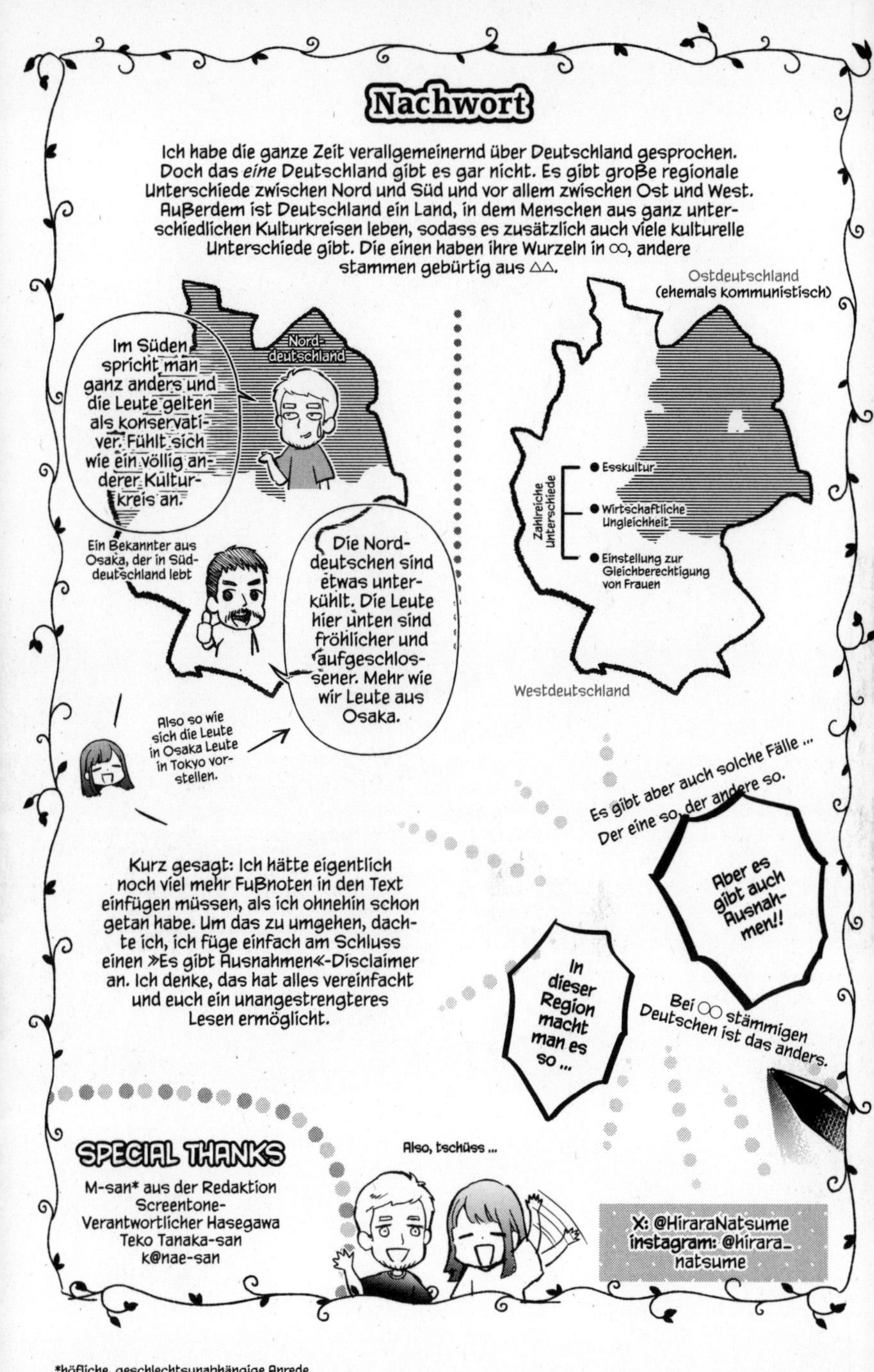

*höfliche, geschlechtsunabhängige Anrede

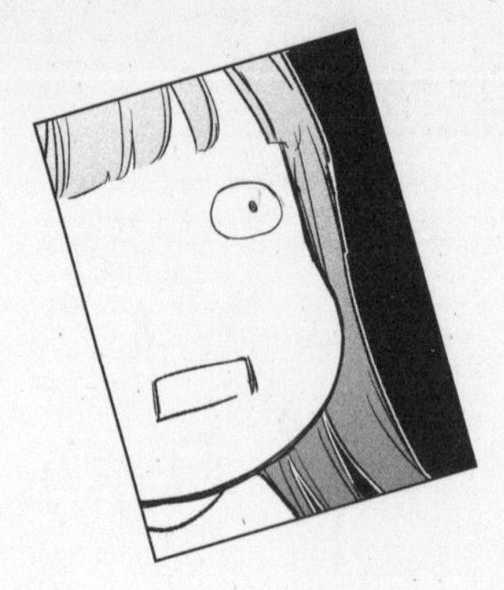

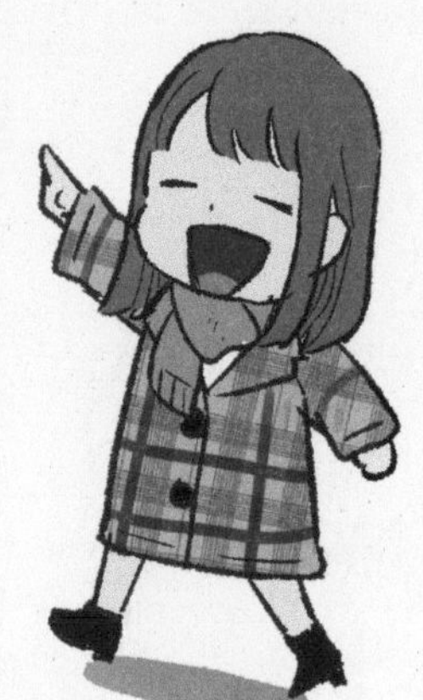

Hirara Natsume

Stammt aus der Präfektur Chiba, wohnhaft in Deutschland.

Auszug bisher veröffentlichter Werke:
Senpai A no kokuhaku, Sērāfuku ni tojikomete und *Shinomiya-san no ureigoto.** Sowie der Deutschland-Hit *Bibi & Miyu*, ein Manga über eine beliebte Kinderhörspielfigur.

X: @HiraraNatsume

Instagram: @hirara_natsume

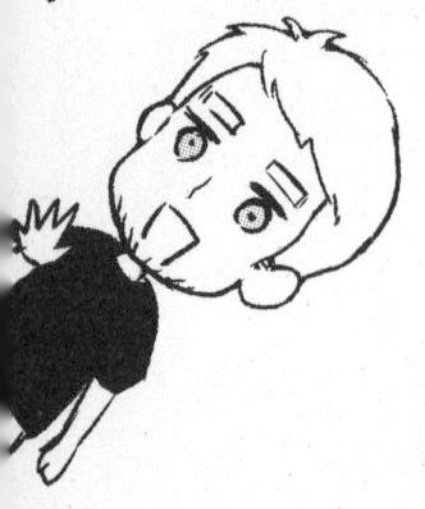

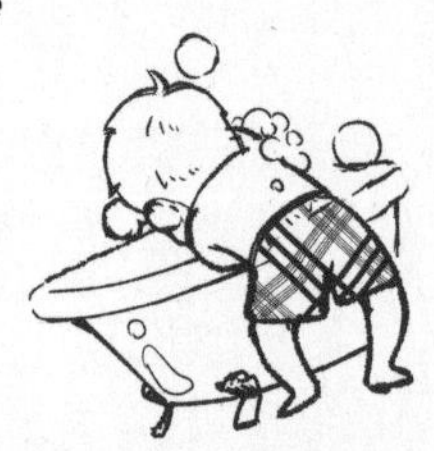

*frei übersetzt: *A-senpais Liebeserklärung*, *Gefangen in der Schuluniform* und *Shinomiya-sans Sorgen*

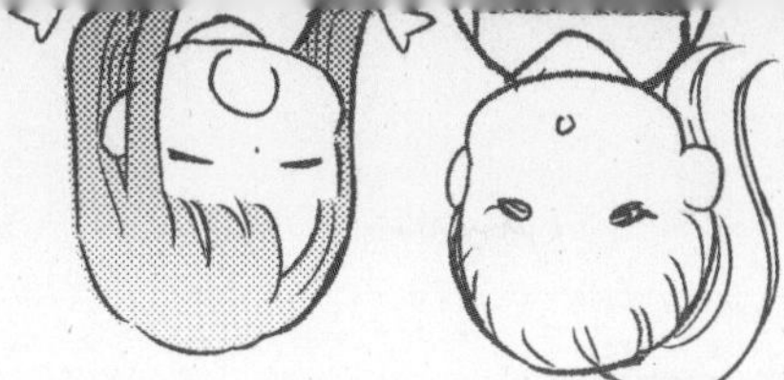

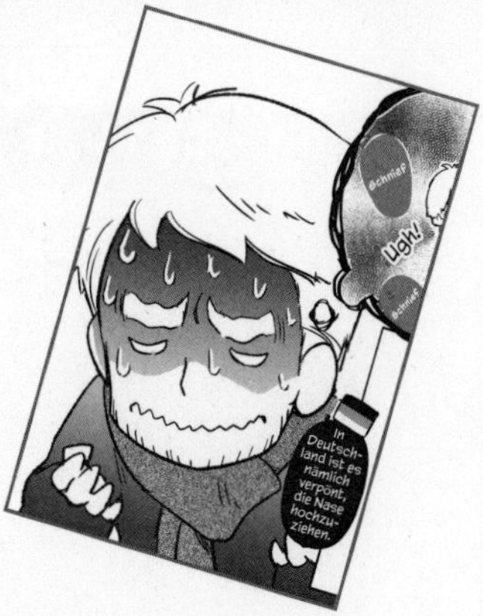

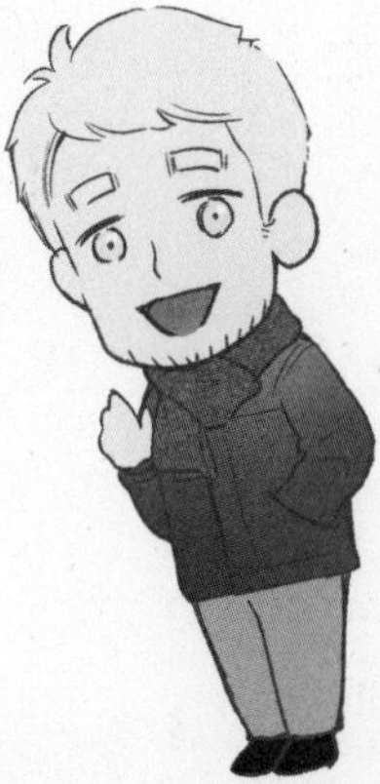

Hasegawa (Spitzname)

Hobbys: Go spielen und sein Gemüsegarten

Stärke: Aufkleben von Rasterfolie (Mitwirkung am Manga)

Japanischer Lieblingsausdruck:
»Daijōbu, daijōbu!«

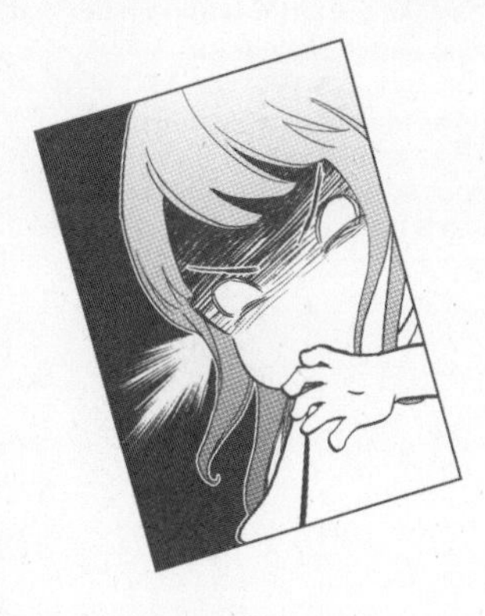

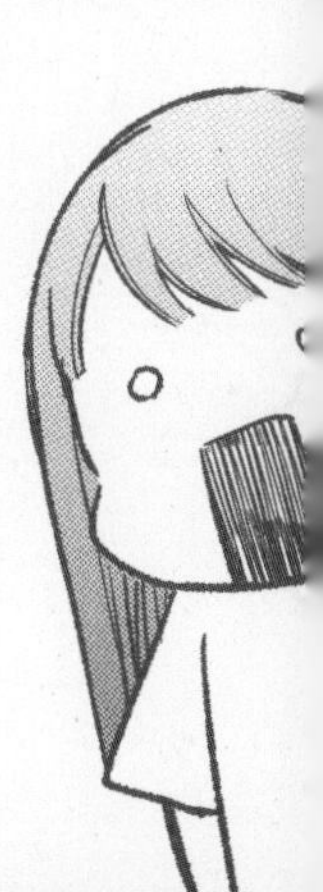

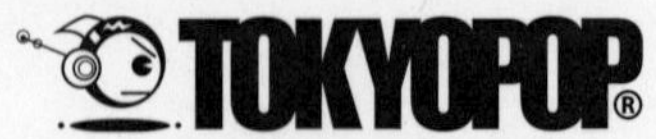

TOKYOPOP GmbH
Hamburg

TOKYOPOP
1. Auflage, 2024
Deutsche Ausgabe/German Edition

Aus dem Japanischen von Noreen Adolf

Shoujo Mangaka vs. Doitsu-jin

First published in Japan in 2021
by Jitsugyo no Nihon Sha, Ltd.
German translation rights arranged
by Jitsugyo no Nihon Sha, Ltd.

Cover Design: Masataka Hamasaki (Hama-De)

Redaktion: Simone Meinecke
Lettering: Vibrant Publishing Studio
Herstellung: Rita Geers
Druck und buchbinderische Verarbeitung:
CPI–Clausen & Bosse GmbH, Leck
Printed in Germany

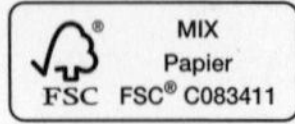

Wir achten auf die Umwelt.
Dieses Produkt besteht aus FSC®-zertifizierten und anderen kontrollierten Materialien.

ISBN 978-3-8420-9751-3

www.tokyopop.de

BIBI & MIYU

Hirara Natsume / Olivia Vieweg

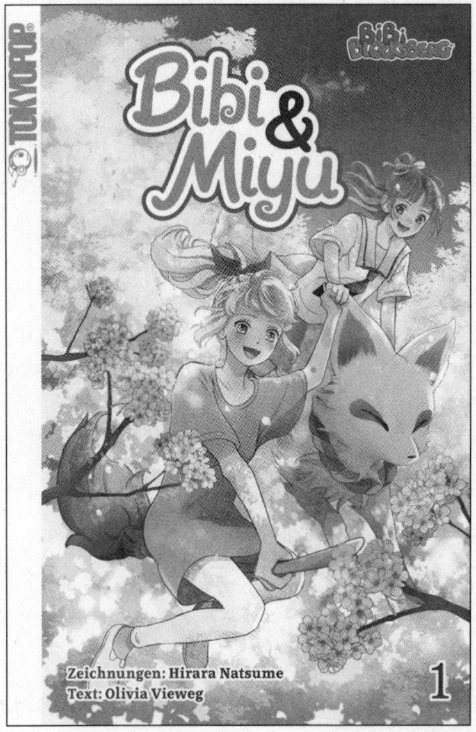

Bibi fliegt nach Japan!

Bibi hat die Nase voll! Erst ein blöder Streit mit ihrem Vater, und dann taucht auch noch eine neue Mitschülerin auf: Miyu aus Japan! Alle können sie sofort total gut leiden. Alle außer Bibi. Denn Miyu verbirgt ein Geheimnis. Es wird Zeit, dem auf den Grund zu gehen! Bibis Reise führt sie direkt nach Japan, ein aufregendes Land voller neuer Regeln und Zauberwesen. Und ganz schnell wird klar: Bibi und Miyu haben das Potenzial, beste Freundinnen zu werden!

STOPP!

Dies ist die letzte Seite des Buches!
Du willst dir doch nicht den Spaß verderben und das Ende zuerst lesen, oder?

Um die Geschichte unverfälscht und originalgetreu mitverfolgen zu können, musst du es wie die Japaner machen und von rechts nach links lesen. Deshalb schnell das Buch umdrehen und loslegen!

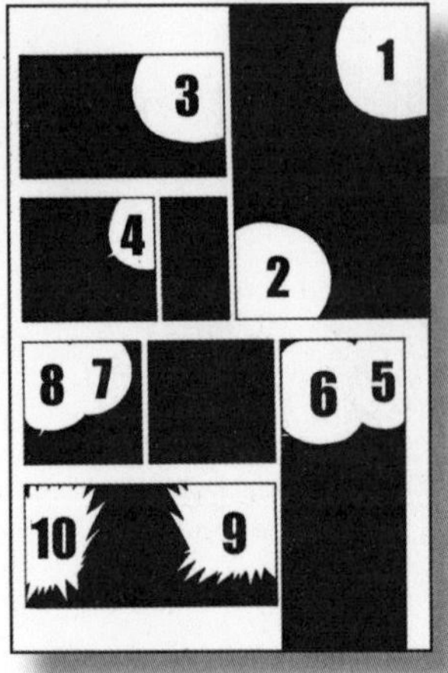

So geht's:

Wenn dies das erste Mal sein sollte, dass du einen Manga in den Händen hältst, kann dir die Grafik helfen, dich zurechtzufinden: Fang einfach oben rechts an zu lesen und arbeite dich nach unten links vor. Viel Spaß dabei wünscht dir TOKYOPOP®!